우리는 흔히 드라마를 통해 사랑을 배운다. 조각 같은 배우들은 적절한 배경 음악 위에서 꿈 같은 사랑을 한다. 하지만 그런 낭만적인 사랑을 우리 일상에 적용하려 들면 현실에서는 거친 파열음을 내며 갈등하게 될 것이다. 꿈 같은 사랑은 말 그대로 꿈처럼 잡히지 않을 때가 많으며, 로맨스는 만들어진 하나의 장치와도 같기 때문이다.

낭만적인 사랑이 결혼의 짧은 단면일 수는 있겠지만 그것이 전부일 수는 없다. 사실 인생은 낭만적 사랑보다는 고해와도 같다. 결혼을 하게 되면 서로에게 부족함을 느끼고 여러 갈등들을 만날 수밖에 없다. 결혼에 대해 묵상하며 언젠가 이런 글을 썼다. "부부가 서로에게 부족함을 느끼는 이유는 스스로 자족할 수 없는 존재라는 반증이기도 하다. 여러 가지를 통해 만족을 얻는 것 같지만 그 만족은 그리 오래 가지 않는다. 그리고 더 큰 만족을 구하게 된다. 사람에게 만족을 구하면 줄 수 없는 사람도, 얻지 못하는 사람도 자신의 무능력과 결핍으로 고통받게 된다."

사람의 빈자리를 사람이 채울 수 있다고 믿는다면 결혼 생활은 서로에게 비극이 될 것이다. 이렇게 서로가 고통받을 수밖에 없는 현실 앞에 저자는 결혼 생활을 어떻게 개선할 것인가를 말하려 하지 않는다. 그보다 더 깊은 질문을 던지고 있다. "결혼의 목적이 행복과 안락을 찾고 마냥 즐거움을 누리는 것이 아니고, 하나님이 우리에게 그 이상의 목적을 가지고 계시다면?" 저자는 결혼을 통한 모든 갈등이 도리어 우리가 영적 성장을 이루는 무대가 된다고 말한다.

"예수님을 더욱 닮아 가고자 한다면 나는 결혼하는 것이 가장 좋다고 생각해. 결혼하면 미혼일 때는 결코 겪지 못할 인간관계에 부딪힐 수밖에 없거든." 결혼하면 필연적으로 겪게 될 어려움 앞에서 결혼의 진정한 목적에 대해 고민할 모든 이들에게 이 책을 추천한다.

이요셉 다큐 사진작가, 『결혼을 배우다』 저자

보통, 결혼에 관한 책들은 행복한 결혼 생활을 위해 무엇이 필요한지를 소개하는 내용이 많다. 하지만 그런 비결은 실천하기가 쉽지 않고, 그래서 결혼 생활은 더욱 미궁에 빠지기도 한다. '내가 이러려고 결혼한 것은 아닌데…'라고 생각하는 이들에게 새로운 비결은 별 도움이 안 된다.

그런 의미에서 게리 토마스의 책은 그동안 읽었던 결혼에 관한 책들과는 구별된다. 이 책은 하나님이 결혼을 주신 목적이 우리의 행복을 위한 것이 아니라고 딱 잘라 말한다. "가장 큰 목적은 결혼 생활을 통해 우리가 이전보다 더 거룩해지는 것이다." 결혼의 행복은, 힘든 결혼 생활을 통해 거룩해진 우리에게 주시는 하나님의 보너스라는 것이다.

결혼 생활이 힘들면 힘들수록 오히려 두 사람에게는 더 거룩해지는 기회가 된다는 저자의 말은 위로와 함께 도전을 준다. 이 사실을 나의 결혼 생활에서 체험했기에 더 실감이 난다. 결혼 생활을 통해 더 성숙하고 거룩한 하나님의 사람이 되려는 모든 이들에게 이 책을 기쁜 마음으로 추천한다.

방선기 직장사역연합 대표, 『그리스도인의 일상다반사』 저자

게리 토마스는 결혼이 영혼을 위한 실험실이 될 수 있음을 우리에게 일깨워 준다. 부부가 단순히 결혼 생활을 행복하게 영위하는 것이 아니라, 부부 관계를 통해 하나님을 발견하고 서로가 그리스도를 닮아 가도록 돕는 현명하고 세심한 조언을 이 책에 담아 놓았다.

존 오트버그 멘로파크장로교회 담임목사, 『평범 이상의 삶』 저자

결혼, 영성에 눈뜨다

Sacred Marriage
by Gary L. Thomas

결혼, 영성에 눈뜨다

게리 토마스

결혼, 영성에 눈뜨다

초판　1쇄 발행 | 2003년 5월 7일
재조판 1쇄 발행 | 2018년 2월 27일

지은이 | 게리 토마스
펴낸이 | 신은철
펴낸곳 | 좋은씨앗
출판등록 제4-385호(1999. 12. 21)
주소 | (06753) 서울시 서초구 바우뫼로 156(양재동, MJ빌딩) 402호
주문전화 | (02) 2057-3041　주문팩스 | (02) 2057-3042
이메일 | good-seed21@hanmail.net
페이스북 | www.facebook/goodseedbook

ISBN 978-89-5874-289-0　03230

Sacred Marriage
Copyright ⓒ 2000 by Gary L. Thomas
Published by the permission of Zondervan, Grand Rapids, Michigan, U.S.A.

This Korean translation edition ⓒ 2017 by Good Seed Publishing, Seoul, Republic of Korea.

This edition published by arrangement with The Zondervan Corporation L.L.C.,
a division of HarperCollins Christian Publishing, Inc. through rMaeng2, Seoul, Republic of Korea.
All rights reserved.

이 한국어판의 저작권은 알맹2 에이전시를 통해 Zondervan과 독점 계약한 도서출판 〈좋은씨앗〉에 있습니다.
신저작권법에 의하여 한국 내에서 보호받는 저작물이므로 무단전재와 무단복제를 금합니다.

결혼의 현실을 마주한
모든 이들에게

차례

감사의 글   10

1장   가장 위대한 도전   13
2장   결혼에서 하나님 발견하기   35
3장   사랑하는 법 배우기   51
4장   존중을 배울 때   69
5장   영혼의 포옹   95
6장   깨끗하게 하는 결혼   117
7장   둘만의 역사 만들기   137

| 8장   거룩한 분투 견디기 | 171 |

| 9장   앞을 향해 넘어지기 | 207 |

| 10장   섬기는 자 되기 | 239 |

| 11장   성욕을 지닌 성자들 | 265 |

| 12장   하나님의 임재 | 305 |

| 13장   두 가지 사명 | 331 |

| 에필로그: 부부란 무엇인가? | 355 |

| 미주 | 360 |

감사의 글

먼저 이 책을 위해 자신의 이야기를 제공해 준 모든 이들에게 감사드린다. 그 가운데 몇몇은 개인적인 이유로 이름을 밝히고 싶어 하지 않으며, 출판사의 변호사가 나름대로의 사정으로 나머지 사람들의 이름도 밝히지 않기를 바라기에 한 사람 한 사람에게 직접 감사를 전하지는 못하지만 진정으로 깊이 감사드린다.

이 책을 써 나가면서 존더반 출판사로부터 아주 많은 도움을 받았다. 존 슬로안의 탁월한 도움을 힘입어 지속적으로 하나의 초점에 맞춰 글을 쓰게 되고 더 좋은 구조를 갖추게 되었다. 더크 부어스마는 지금까지 내가 겪어 본 가장 만족스러운 편집을 해주었다. 보다 정확한 단어를 쓰도록 이끌어 주면서도 내 의견을 충분히 반영해 준 재능 있는 그에게 깊이 감사한다. 마케팅 담당자 존 탑리프 역시 최고의 격려자다.

또한 존더반 출판사를 소개해 준 저작권 대리인 스콧 왁스맨에게 감사를 전한다. 롭과 질 타케무라 부부의 실제적이고 정신적인 우정에 감사한다(이들이 우리 집 가까이에 살지 않았더라면 나와 아내가 어떻게 되었을지 막막하다). 담임 목사 밥 스톤 박사의 격려와 가르침은 계속해서 내게 감동과 도전을 주었다. PDI의 캐롤린 맥컬리의 추천과 우정에도 깊이 감사드린다.

인터넷이 보편화 된 이 세상에서 고군분투하는 이른바 컴맹인 나를 오랫동안 참고 기다려 준 진 브리튼바크의 통찰력 있는 비평과 인내에 감사드린다. 그리고 사랑하는 자녀 앨리슨, 그레이엄, 켈시의 웃음과 포옹과 기도, 또한 내 삶을 환하게 밝혀 준 이들의 충고에 (그리고 다른 사람들을 즐겁게 해 준 이야기에도) 감사한다.

마지막으로, 이 책은 그 누구와도 비교할 수 없는 한 여자 때문에 탄생할 수 있었다. 나는 그녀를 시험했고, 그녀도 나를 시험했다. 나는 그녀에게 죄를 짓기도 하고 용서를 구하기도 했다. 나는 아내와 함께 웃고 울고 기도하고 아이를 낳았다. "리사, 날마다 당신을 더 사랑하오. 당신 없는 인생은 상상할 수도 없소. 이 삶을 나와 함께 나눠 주어 고맙소. 당신의 인격은 우리 결혼 생활에 기쁨을 가져왔고, 당신의 신앙은 우리 결혼 생활을 거룩하게 했소. 당신은 나의 보물이오."

결혼은 반드시 하라.
좋은 아내를 얻으면 행복해질 것이고,
나쁜 아내를 얻으면 철학자가 될 것이다.
소크라테스

덧없이 지나가는 감정의 무의식적 결과가 아니라
시간과 의지가 만들어 낸 창조물인 다른 모든 것들과 마찬가지로
결혼은 그것이 행복한 것이든 불행한 것이든
어떤 열정적인 로맨스보다 훨씬 더 흥미롭다.
W. H. 오든

1.

가장 위대한 도전

"사람의 몸을 절개해서 펼친다."

역사가들은 생각으로만 그치던 그 일을 실행에 옮기기 위해 끝까지 노력한 최초의 의사가 누구인지 확실히 모른다. 그러나 이 생각을 실행에 옮긴 사람이 있었기에 의학에 대혁명이 일어났다. 시체를 절개하고, 피부를 들추고, 두개골의 머리 가죽을 벗겨내고, 뼈를 들어내어 검사하고, 그 안에 든 장기들을 차트로 보여주겠다는 의지는, 사람의 몸이 실제로 어떻게 움직이는지를 알아내는 잔인한 첫 단계였다.

천 년이라는 긴 세월 동안 의사들은 인간의 몸속에서 어떤 일이 일어나는지를 추측해 왔다. 하지만 시체를 해부하는 것에 대해서는 거리낌이 있었고 심지어 혐오감까지 가졌다. 어떤 이들은 종교적 신념 때문에 시체를 해부하지 않았으며, 또 어떤 이들은 인간의 배를 가른다는 기분 나쁜 감정을 극복하지 못했다. 때때로 용감한 이들이 죽은 사람의 몸속을 과감히 탐구했다. 하지만 그것은 유럽 의사들이 일상적으로 시체를 해부하기 시작한 르네상스 시대(대략 14-16세기)에 이르러 가능해진 일이다.

마침내 그 일이 실행되었을 때, 거대한 '전환'이 일어나고 이전의 개념들은 무너져 내렸다. 안드레아스 베살리우스는 범죄자들의 시체를 언제나 제공받을 수 있는 권한을 부여받으면서, 천 년 이상 문제되지 않았던 인간의 해부학에 대한 가설을 명백히 부정할 수 있었다. 베살리우스의 해부학 도표는 매우 가치 있는데, 선뜻 먼저 절개하려고 시도하지 않았다면 그 도표는 만들어지지 못했을 것이다.

나는 이 책에서 그와 비슷한 일, 즉 영적인 '전환'을 도모하고자 한다. 수많은 결혼 생활을 절개해 해부하고, 결혼 생활이 실제로 어떻게 지속되는지 알아내며, 결혼 생활에 놓인 도전들을 통해 영적 의미와 성장을 끌어내려고 한다. '더욱 친밀한 대화 나누기 3단계'나 '더 짜릿한 부부 생활을 위한 6단계' 등과 같이 단순한 해법을 추구하지는 않을 것이다. 이 책은 '더 행복한' 결혼 생활로 나아가는 법에 대해 말하지 않기 때문이다. 결혼 생활에 놓인 도전과 기쁨, 갈등, 축하할 일 등을 통해 부부가 '어떻게 하나님과 더 친밀해지고, 그리스도의 성품을 닮아갈 수 있는지'를 다룬다.

기독교 작가 프란시스 드 살레는 잘 알려진 영적 지도자이기도 하다. 사람들은 영적인 문제에 조언을 구하기 위해 그와 서신을 자주 주고받았다. 한 여성이 자신은 너무나 결혼하고 싶지만, 독신으로 살며 아버지를 보살피는 것이 '더 거룩한' 일일 뿐 아니라 아버지가 세상을 떠난 후에도 독신으로 지내기로 하나님께 서원하라는 친구의 충고 때문에 근심에 빠져 드 살레에게 편지를 보냈다.

드 살레는 해결책을 내놓는 대신, 결혼이 어떤 의미에서는 그녀가 감당해야 할 가장 힘들지만 거룩한 사역이 될 수 있다면서 근심에 빠진 그녀를 다독인다. "결혼 생활에는 무엇보다 큰 미덕과 변함없는 지조가 필요합니다. 게다가 그 생활은 끊임없는 고행의 훈련장이 될 겁니다.… 결혼이라는 사향초 즙은 맛이 쓰지만, 우리는 거기서 거룩한 삶의 꿀을 뽑아 내고 만들어 내야 하지요."[1]

드 살레가 결혼이라는 사향초 즙은 '맛이 쓰다'고 한 것에 주목하라. 결혼 생활에 열매가 있으려면 (스스로에게나 배우자에게) 정직해져야 한다. 그건 정말 힘든 일이다. 결혼 생활 내내 많은 실망을 겪어야 하고, 자신의 추한 내면을 들여다보아야 하며, 자신이 이기심 덩어리임을 직면해야 한다. 더 열심히 기도하고 몇 가지 간단한 원리를 배우면 결혼 생활의 어려움을 극복할 수 있다는 생각 따위도 버려야 한다. 이 '간단한 방법'이란 게 별로 중요하지 않은 피상적 단계에서나 효과가 있음을 우리는 경험으로 알고 있다. 왜 그럴까? 결혼이란 어떻게 '개선'할 것인가의 시각으로 다뤄서는 안 되기 때문이다. 그보다는 우리가 묻고 또 물어야 하는 더 깊은 질문이 있다. "하나님이 결혼을 더 '쉬운 것으로' 만들지 않으셨다면? 우리는 이 세상에서 행복과 안락을 찾고 한껏 즐거움을 누리며 완벽한 결혼을 꿈꾸지만, 하나님이 우리의 결혼에 '그 이상의 목적'을 품고 계신다면?"

하나님이 우리를 행복하게 하는 것 이상으로, 거룩하게 하시려고 결혼을 만드셨다면? 드 살레가 말한 것처럼 '거룩한 삶의 꿀'을 얻기 위해 그 '쓴 즙'을 마셔야 한다면?

낭만적 사랑의 함정

이 이야기가 지금까지 결혼에 대해 들은 주장들과 근본적으로 다르게 들리는가? 그렇다면 영화나 음악, 소설 등에서 끊임없이 노래하는 '낭만적인 사랑'이라는 개념이 실제로 고대에는 없었다는 사실을 알아야 한다. 예외는 있다. 이를테면 구약성경의 아가서가 그렇다. 그러나 대체로 결혼 생활에 열정과 만족과 흥분 같은 게 있어야 한다는 개념은, 역사적으로 비교적 최근인 11세기 말에 들어서야 일반인들에게 인식되었다.[2]

C. S. 루이스가 병약한 여성과 결혼했을 때, 사람들은 '이상한' 일로 받아들였다. 낭만 따위는 안중에도 없는 선택이라는 것이다. 루이스는 이렇게 말했다. "사람들의 문화적 사고에 획기적인 전환을 일으킬 정도로, 낭만적 사랑에 대한 개념이 발전한 예는 거의 없다. 하지만 나는 그런 일들이 실제로 일어나며, (사람들이 이상한 선택으로 받아들이는) 나의 이 낭만적 사랑도 그 중 하나라고 믿는다."[3]

낭만적 사랑 그 자체 또는 낭만적 사랑에 대한 욕구가 나쁘다고 말하려는 게 아니다. 결혼 생활을 잘하려면 낭만적 감정을 유지하려고 애써야 한다. 그러나 결혼이 낭만으로만 유지될 수 있다거나, 배우자를 선택할 때 낭만적 감정이 무엇보다 중요하다는 생각으로 인해 결혼이라는 배가 얼마나 많이 난파되었는지 모른다.

로맨스는 바이런, 셸리, 키츠의 문학적 계승자인 워즈워드, 콜리지, 블레이크 등 18세기 낭만주의 시인들로 인해 힘을 얻었다. 이 시인들은 사람이 (주로 느낌과 감정으로 정의할 수 있는) '사랑' 말고 다른 이유로 결혼하는 것은 자신에게 죄를 짓는 거라고 열렬히 주장했다. 그런데 이들 대다수의 삶은 무책임과 그로 인한 비극의 변주곡이었다.

심미주의 작가 D. H. 로렌스도 낭만주의적 사고의 열렬한 추종자였다. 그의 좌우명은 "의무와 책임감 때문이라면 나는 아무 일도 하지 않겠다!"였다. 그는 유부녀인 프리다 위클리에게 깊이 빠졌고, 남편으로부터 그녀를 떼어놓으려 애썼다. 그것은 '사랑'에서 나온 행위였다. 결코 고상하다고 할 수 없는 계획의 일환으로 로렌스는 그녀에게 영국을 통틀어 가장 아름다운 여성이라며 편지를 보내기도 했다.

자녀가 셋이나 있고, 이미 몇 번의 불륜 관계로 고통을 겪었던 위클리 부인은 로렌스의 감정을 꿰뚫어 보고는, 그가 영국 여성을 제대로 알지 못하는 것이 분명하다며 냉정하게 반응했다.[4]

캐서린 앤 포터는 "오래전부터 낭만적 사랑이 결혼의 침실로 들어와 주인 행세를 하기 시작했다. 그러면서 사랑이란 영원한 봄날 같고 결혼이란 은밀한 모험 같아서 사람들에게 마냥 행복을 가져다줄 거라는 허황된 기대를 품게 만들었다"며 안타까워했다. 포터에 따르면, 인간이 처한 현실은 "인생에서 일어나는 피할 수 없는 고통으로부터 산산조각난 행복을 구원해 내야 하는 형편이다." 나도 동의하는 바다.

포터는 결혼에 대한 놀라운 통찰력이 담긴 에세이를 썼다(제목 역시 흥미롭게도 '없어서는 안 될 적'이다). 그녀는 갓 결혼한 젊은 부인의 사례를 들면서 결혼의 의미와 가치에 대해 주의 깊게 탐구했다.

> 이 젊은 부인은 결혼이 지닌 가장 오래되고 고약한 딜레마에 빠졌다. 그녀는 환멸을 느끼고, 겁을 먹고, 죄책감과 불길한 예감에 휩싸였다. 그토록 사랑하던 남편을 미워할 수도 있음을 차츰 깨달았기 때문이다. 때때로 남편이 지독하게, 말로는 설명하기 힘들 정도로 미웠다. 사실 그녀는 어린 시절에도 사랑하는 부모와 형제자매를 이런 식으로 미워한 적이 있다. 정말 끔찍한 일이었다.
>
> 부인은 그때의 모든 감정에서 벗어났다고 생각했지만 사실은 그렇지 않았다. 그것은 본성상 자신도 어쩔 수 없는 부분이었다. 두려움이 또다시 밀려왔다. 그녀는 그 사실을 남편에게 숨겨야 했다. 예전에 부모에게 숨겼듯 말이다. 그때나 지금이나 초라하고 이기적인 이유 때문이었다.
>
> 그럼에도 그녀는 남편에게 계속 사랑받고 싶어 한다. 무엇보다 남편이 그녀의 사랑을 절대적으로 확신하기를 원한다. 터무니없이 들릴지 몰라도, 때때로 그녀의 감정이 모두를 배반한다고 해도 남편에 대한 사랑만은 진심이기 때문이다. 그녀는 끊임없이 남편의 사랑에 의존한다.

포터는 경고한다. "결혼을 단지 낭만적인 사랑이라는 눈으로만 바라보면 마음의 평화를 잃을 수 있다. 때때로 남편을 향해 품게 되는 적대감 때문에 아파하며 결혼이 실패할지 모른다는 두려움에 빠질 수 있다. 자신이 믿고 있는 사랑이 깨질까 봐 결혼의 현실을 인정하기를 거부하기도 한다."[5]

낭만적 사랑은 유연성과 탄성이 없다. 신축성이 없다. 충격을 받으면 그저 산산조각날 뿐이다. 죄 많은 인간으로서 우리는 (사랑과 적대감 같은) 서로 상충되는 감정을 잘 견뎌내야 하듯, 좋은 결혼 관계에 필요한 성숙한 사랑은 유연성이 있어야 한다. 포터는 이 젊은 부인에 대해 이렇게 말한다. "그녀의 사랑이 실제이듯, 그녀의 적대감도 실제다." 이것이 인간의 마음이다. 죄성을 가진 두 사람이 각자의 결점을 지닌 채 삶이 다하기까지 함께 살기로 맹세했기에 그것은 피할 수 없는 현실이다.

결혼식장에서 우리는 최고와 최선을 다짐하지만, 그것은 거의 불가능한 이상이다. 최고와 최선은 우리가 살아가고자 희망하는 방식일 뿐이다. 결혼이라는 관계 속에서 우리는 철저히 깨어진 세상의 죄 많은 존재로 살아가는 현실을 날마다 경험하지 않을 수 없다. 사랑을 열망하면서도 그 마음은 너무나 자주 미움으로 옮겨간다.

'낭만적' 사랑이 아닌 '성숙한' 사랑의 기초 위에 결혼을 세워야 한다. 그러자면 우리는 그동안 익숙했던 문화에서 벗어나야 한다.

C. S. 루이스는 『스크루테이프의 편지』(The Screwtape letters)에서 요즘 문화가 지닌 지나친 낭만주의 강박 관념을 풍자하며 비웃는다. 악마 스크루테이프는 흡족해 하며 말한다. "성욕을 절제할 은사가 없는 인간인데도 자기가 사랑에 빠지지 않았다는 이유로 결혼을 해결책

으로 선택하지 못하게 할 수 있지. 우리의 공작 때문에 인간들은 '사랑에 빠지는' 것 말고 다른 동기로 결혼하는 걸 뒤떨어진 것으로 여기며 빈정거리게 되었어. 암, 정말 그렇게 생각한다니까. 서로 돕고 순결을 지키며 후손에게 생명을 물려 주기 위해 배우자에게 충실하겠다는 다짐을, 폭풍처럼 몰아치는 감정보다 질이 낮은 것으로 보거든."[6]

실제로 결혼 생활을 잠시라도 해본 사람들은, (결혼을 앞두고 이어지는) 교제라는 '낭만'의 롤러코스터가 결국에는 미국 중서부의 지형처럼 가끔은 교차로가 나오지만 지루하리만치 길고 평평하게 뻗어 있다는 걸 알게 된다. 그래서 교제가 시작되면, 커플들은 각자의 방식으로 그 길을 간다. 많은 커플들이 관계를 끝내고 다른 사람과의 열정적인 또 다른 관계를 찾아나선다. 다른 커플들은 결혼이라는 게릴라전 속으로 들어간다. 흥분감은 사라지고 불만이 쌓이고 상대방을 비난하게 되고 상대방을 향한 적대감을 표출하며 권력 게임을 벌인다. 어떤 커플들은 단순히 '잘 지내는 것'으로 만족한다. 하지만 더 깊은 의미, 즉 결혼을 통해서만 얻을 수 있는 친밀함에 숨겨진 영적 진리를 추구하려는 커플들도 여전히 있다.

우리는 결혼에 자연스레 따르는 여러 도전들로부터 피해 도망칠 수 있다. 죽은 사람을 절개해 실제로 그 안이 어떤지 살펴보기를 꺼리던 의사들처럼 말이다. 아니면 모든 결혼에는 많은 도전이 따른다는 것을 인정하고 그것들이 자신에게 나아오게 할 수도 있다. 다만, 모든 결혼에는 언제나 비슷한 종류의 도전이 따른다는 점을 안다면, 하나님이 어떤 목적이 있어 결혼 가운데 이런 도전들을 허락하셨다고 생각할 수 있다. 그 목적을 발견한다면 우리 앞에 놓인 것들을 기쁨으로 받아들이게 될 것이다.

이 책에서 그 목적과 의미를 찾고자 한다. 우리는 결혼이 주는 도전 속에서 어떻게 하나님에 대해 더 많이 알아 가고, 더 이해하며 더 사랑할 수 있을까?

수많은 부부가 이 책을 위해 자신들의 삶을 나누어 주었다. 우선, 나의 결혼 생활부터 해부하는 것이 공평하겠다.

우리는 왜 결혼했을까?

아내 리사와 나는 종종 궁금해 한다. 그때 리사가 "좋아요"라고 대답했다면 무슨 일이 일어났을지 말이다.

우리가 교제하던 시절, 나는 캠퍼스 사역 수련회 중 어느 한가한 오후에 리사에게 함께 프리스비 골프(원반 던지기를 응용한 골프 놀이)를 하는 게 어떻겠냐고 물었다.

"싫어요." 리사가 대답했다. "나는 산책하는 게 더 좋을 것 같아요." 얼마 전 리사가 멕시코로 여름 선교 여행을 다녀온 터라 우리 둘은 한동안 떨어져 지냈었고, 나는 그 수련회가 리사와 나를 다시 이어 줄 시간이 될 거라고 생각했다. 우리는 중학교 때부터 알아 왔으며, 1년 정도 데이트하면서 '진지한' 사이로 발전했다. 그 당시 리사는 몰랐지만, 나는 절친인 롭 타케무라에게 내가 리사에게 청혼을 고민 중이니 기도해 달라고 부탁한 상황이었다. 그리고 리사와 장모님도 '혹시나

하는 마음으로' 그 전 주말 오후에 웨딩드레스를 보러 갔었다고 한다.

리사의 대답에 다소 실망한 나는 대답했다. "그럼 나도 프리스비 골프를 하지 않을래."

"아니에요. 그냥 해요." 리사는 말했다. "난 혼자 걸어도 괜찮아요."

"아니야. 나도 함께 걷고 싶어." 나는 말했다. 그때는 깨닫지 못했지만 그 일로 우리 두 사람의 삶은 바뀌었다.

우리는 빙하 국립공원 외곽의 아름다운 골짜기 안쪽으로 흐르는 강을 따라 걸으며 40분가량 이야기를 나누었다. 나는 바위 사이를 지나다 말고 갑작스럽게 리사에게 말했다. "당신과 결혼하고 싶어."

"지금 청혼하는 거예요?" 그녀가 놀라며 물었다.

나도 그녀처럼 놀라며 고개를 끄덕였다. 리사는 다가와 나를 안았다.

"이건 허락한다는 뜻이야?"라고 묻자 리사는 확신에 찬 듯 고개를 끄덕였다. 잠시 후 그녀가 말했다. "내가 프리스비 골프를 치러 가겠다고 했으면 어떻게 됐을까요?"

우리는 웃었고, 이제껏 경험하지 못한 강렬한 감정을 느꼈다. 그것은 알 수 없는 여러 감정이 뒤섞인, 신비에 가까운 무엇이었다. 무언가가 우리 안으로, 우리를 둘러싸며, 우리를 통해 흘러들어 왔다.

그 후 9개월이 넘는 시간 동안, 우리는 여느 약혼한 연인처럼 계획을 세웠다. 사명과 가족, 신학교, 하나님을 섬기는 것 등에 대해 서로 이야기를 나눴다. 우리는 종종 이렇게 기도했다. "주님, 우리를 어디로 이끄시든, 어떻게 사용하시든, 우리는 주님의 것입니다."

결혼식 날 밤까지 우리는 잠자리를 함께하지 않았기에 신혼 여행은 설레고 벅찬 시간이 되었다. 그러나 신혼 여행이 끝나자 시애틀의 짙은 안개 같은 현실이 우리를 기다리고 있었다.

신학교에 가려면 돈을 모아야 했으므로 우리는 친구가 무료로 내어준 비좁은 집에서 신혼을 시작했다. 게다가 신혼 여행에서 돌아온 지 이틀 만에 내가 멀리 출장을 떠나야 했다. 리사는 아는 사람 하나 없는 작은 마을에서 오도 가도 못하게 되었고 마침내 울기 시작했다.

그날은 날씨도 쾌청했다. 리사는 내게 전화를 걸어 호숫가로 드라이브를 가고 싶으니 빨리 돌아올 수 있느냐고 물었다. 그녀가 제정신이 아니라는 생각이 들었다. "날씨가 좋다는 이유로, 해야 하는 일을 그만둘 수는 없잖아. 게다가 이제 막 출발했다고!" 나는 단칼에 거절했다.

"결혼하기 전보다 더 얼굴 볼 시간이 없다면 도대체 우리는 왜 결혼한 거예요?" 리사는 불평했다.

우리는 정말 왜 결혼했을까?

10년이라는 세월이 훌쩍 지났다. 그 사이 우리는 자녀를 셋 두었는데, 아직 둘은 기저귀를 차는 아기였다. 나는 기독교 사역을 하고 있었고, 수입은 여전히 '필요한 만큼만' 들어왔다. 버지니아 주 북부에 있는 한 연립 주택이 우리의 보금자리였다. 금요일 밤마다 치르는 행사인 빨래를 마치고, 이제 막 블록버스터 비디오를 한 편 빌려 보려던 참이었다.

자동차 열쇠를 들고 나서면서 리사에게 물었다.

"무슨 영화를 볼까?"

"로맨틱 코미디 어때요?"

나는 순간 움찔했다. 마지막으로 본 세 편의 비디오도 모두 로맨틱 코미디였는데 또? 비현실적으로 아름다운 연인이, 세상 어디에도 없을 만큼 아름다운 장소에서 만나 사랑에 빠지고, 다투고, 그리고 60분 동안 다시 사랑에 빠지는 영화를 한 번 더 본다면 난 죽을 것 같았다.

그래서 한숨을 쉬며 리사에게 말했다. "미안해. 그렇게는 못할 것 같아. 적어도 건물 하나가 내려앉고, 차가 열 대 정도 부서지는 장면이 나왔으면 좋겠어. 거기에 약간의 로맨스가 들어가는 영화를 찾을 수 있다면 그걸 보자."

나는 문 밖으로 세 걸음쯤 나와 생각했다. "하나님, 부디 우리를 통해 세상을 변화시켜 주세요" 하던 우리의 기도가 언제부터 "어벤져스 시리즈를 볼까요, 아니면 러브 액츄얼리같이 달달한 영화를 볼까요" 하는 질문으로 바뀌었지? 흘러가는 시간 속에서 기도가 바뀌기 시작한 어떤 분기점도, 그런 방향을 가리키며 번쩍거리는 네온사인도 없었지만, 언젠가 어디서부턴가 우리는 그렇게 달라져 있었다.

우리가 결혼을 약속하던 그날의 강렬한 느낌, 신혼 여행지에서 누린 벅찬 시간, 사역 단체에 예비 지원서를 내던 날, 첫 아이를 낳아 집에 데려오던 날을 기억한다. 그러나 10년이 지난 지금, 우리는 주말 저녁에 할리우드의 로맨스를 보며 지낼 정도로 '진화되었다.'

그날 밤 나는 아무 해답을 얻지 못했지만, 내가 처한 상황을 정직하게 바라볼 수 있었다. 이런 게 결혼 생활일까? 이렇게 될 때까지 나는 어떻게 지내 왔지? 결혼이란 게 이런 것 말고는 없는 걸까?

"남자가 여자와 결혼하지 않는 것이 좋으니"

아주 어릴 때부터 나는 예수님을 믿었다. 하나님은 내 삶 속에 언제나 살아 계셨고, 나는 그분의 존재를 거의 매 순간 느낄 수 있었다. 이런 이유로 나는 일찍이 예수님께 이끌렸다.

한때는 예수님보다 더 강하게 나를 잡아끈 사람도 있다. 유치원에서 만난 검은 머리 소녀다. 그 소녀와 실제로 손을 잡은 것은 초등학교 5학년 때다. 티나와 나는 스케이트장에서 볼이 발그레해지도록 함께 스케이트를 탔다. 선율이 아름다운 카펜터스의 노래 제목처럼 나는 '세상 꼭대기에 오른 듯한' 기분이 들었다. 정말 그랬다.

나이가 들수록 예수님과 여성을 향한 이 두 가지 이끌림으로 인해 때때로 불편한 긴장감이 생겨났다. 내가 가장 존경하는 남자, 내 삶의 모델이 되기를 소망하는 사람, 나의 비밀을 털어놓고 싶은 그분은 바로 '독신' 남성이었다.

오래전부터 내려온 독신의 전통에 대해서는 충분히 알고 있었다. 하나님께 삶을 드린 수도사와 수녀는 결혼과 성관계를 하지 않을 것을 맹세한다. 나도 때로는 그러기를 소망했다. 주님께 '온전히 집중' 하고 싶었다. 대학교 시절에는 "남자가 여자를 가까이(결혼하지) 아니함이 좋으나"(고전 7:1)라는 사도 바울의 말에 고심도 했다.[7]

실제로 기독교 역사에서, 때로는 공공연히 때로는 암묵적으로, 결혼한 그리스도인들은 자신의 고결함을 손상시킬지도 모르는 성적 충동을 억제하기에는 너무 약한 '이류 그리스도인' 취급을 받았던 적이 있다. 아우구스티누스는 "부부의 성관계는 '탐욕스런 악'으로부터 어떤 선한 것을 만들어 내는 것"이므로 만일 자녀를 낳고자 한다면 그것은 선을 행하는 것이라고까지 했다.[8] 아우구스티누스조차 부부 관계 자체를 긍정적으로 보지 않은 것이다. 성경은 신뢰할 만하며 결코 오류가 없으나, 기독교 역사는 그렇지 않으며 곳곳에 근거 없는 편견들이 산재해 있다.

'최초의 교황'인 베드로가 결혼했다는 데는 이의가 없다(베드로에게 아내가 없었다면 예수님이 어떻게 그의 장모를 치료했겠는가). 그러나 1세기 젊은 미망인들 중에 독신을 서원하는 일이 이미 있었다는 사실을 성경에서 볼 수 있다. 주후 110년경에 독신자들은 결혼 서약을 하듯 독신 서원을 할 수 있었다. 이 의식은 좀 더 제도화되어 3세기경에는 일생을 독신으로 살겠다고 서약하는 것이 드물지 않은 일이 되었다. 4세기에는 철저한 예식 절차를 통해 이런 서원을 했다.[9]

비록 기독교가 결혼을 종교적 의무로 여기는 유대교에서 파생되었지만("결혼하지 않은 남자는 완전한 남자가 아니다"라고 말한 랍비도 있다.[10]), 그리스도인들이 어떻게 믿음 안에서 자라고, 기도를 배우며, 하나님께 더 가까이 나아가는지를 연구하는 '영성 신학'에 관심이 집중되면서 기혼 그리스도인들은 결혼에 대해 다시 생각하게 되었다. 기독교 고전의 대부분은 수도사와 수녀를 위해 수도사와 수녀가 쓴 것들이다. 당시 기혼 그리스도인들은 하나님을 추구하는 데 있어 미혼자들의 모습을 따라하려고 애쓸지언정, 결혼 생활을 통해 하나님을 추구하는 것은 그다지 중요하게 여기지 않았다. 그 대신 결혼했음에도 불구하고 하나님을 추구하는 것에 더 많은 중점을 두었다.

나도 그 사람들과 크게 다르지 않았다. 다행스럽게도 오래지 않아 매우 다른 현실에 눈을 뜰 수 있었다. 남동생이 내게 결혼 생활에 대해 몇 가지 질문한 것이 기억난다. 나는 잠시 생각하다가 이렇게 대답했다. "네가 예수님을 자유롭게 섬기고자 한다면 더 이상 무슨 말이 필요하겠니. 미혼으로 지내렴. 결혼하면 시간을 많이 빼앗기게 마련이지. 그렇지만 예수님을 더욱 닮아가고자 한다면 나는 결혼하는 것이 가장 좋다고 생각해. 결혼하면 미혼일 때는 결코 겪지 못할 인간관계에 부딪힐 수밖에 없거든."

평생 독신으로 사신 예수님을 더욱 닮기 위한 방법으로 결혼을 제안하는 것은 모순처럼 들린다. 그러나 예수님도 가족들과 함께 사셨다. 벳시 리쿠치가 지적하듯, 하나님이 "이는 내 사랑하는 아들이요 내 기뻐하는 자라"(마 3:17)고 말씀하실 때도 예수님은 그런 가족 관계 안에 계셨다. "하나님께 그런 찬사를 듣기까지 예수님은 어떤 일을 하셨는가? 집에 거하면서 부모를 공경하고 부친의 목수 일을 도운 것밖에는 없다. 그런데도 그 일은 분명히 하나님을 기쁘시게 했다."[11]

가족과 함께하는 것은 결코 피할 수 있는 일이 아니다. 그리고 결혼하고 얼마간 시간이 흐르면 독신을 강조하는 것이 다소 과장되었다는 사실을 깨닫게 될 것이다. 아무리 생각해도 성적인 면은 부부 생활에서 일부만 차지하기 때문이다. 친구들 중에서 내가 가장 먼저 결혼했다. 한 친구가, 결혼 전과 마찬가지로 결혼 후에도 여전히 아무 때나 찾아가도 괜찮은지 물었다.

"먼저 전화하고 오는 게 좋겠어." 나는 미혼인 그의 관심을 끌기 위해 진지하게 덧붙였다. "부부끼린 집에서 서로 벗고 다니는 거 아니?"

아주 잠깐이지만, 친구는 내 말에 깜빡 속아 넘어갔다.

결혼 생활은 1년 365일 끊임없이 우리를 변화시킨다. 결혼은 예수 그리스도의 성품을 닮아 가도록 우리를 빚고 다듬어 가는 용광로와 같다. 기도하기 위해 수도원처럼 새벽 3시에 일어날 필요는 없지만, 대신 다른 문제들이 있다. "아이가 한밤에 기저귀를 갈아 달라고 울면 누가 일어날 것인가?"

"결혼은 나를 버리고 헌신하는 전혀 새로운 삶을 요구한다." 몇 년 전 아내가 아이들과 함께 여행을 가고, 나는 집에 혼자 남아 일을 하고 있을 때 이런 깨달음을 얻었다. 결혼하고 오랜만에 맞는 한가한 토요일이었다. 그동안은 주말 아침이면 내가 가족을 위해 뭘 해야 하는지 아내에게 물었다. 내가 뭘 하고 싶은지 이야기한 적은 거의 없었다. 결혼 전에는 토요일마다 나 자신에게 했던 질문인데 말이다.

나의 이기심을 버려야 하는 모든 상황에는 놀라운 영적 가치가 담겨 있었다. 그리고 나는 결혼의 진정한 목적은 행복보다는 거룩에 있다는 사실을 서서히 깨닫게 되었다. 하나님이 행복과 반대되는 무언가를 가지고 계시다거나, 혹은 행복과 거룩은 본질상 상호 배타적이라는 말이 아니다. 그러나 거룩의 렌즈로 결혼을 바라보자 내게 완전히 새로운 시각이 열렸다.

그러나 음행을 피하기 위하여…

바울은 "남자가 여자를 가까이(결혼하지) 아니함이 좋으나"(고전 7:1)라고 말하고 나서 아주 멋진 말을 남겼다. "음행을 피하기 위하여 남자마다 자기 아내를 두고 여자마다 자기 남편을 두라"(고전 7:2).

나는 이 구절이 성적인 관계 이상을 말하고 있음을 밝히기 위해 헬라어 성경 원문에 이의를 제기하려고 했다. 하지만 허사였다. NIV 성경에는 이 구절이 다소 간결하게 표현되어 있지만, 아무리 작은 성경 주석이라도 이 구절이 명백히 성(性)을 의도하고 있음을 밝힌다.

그렇다고 해도 우리는 성적 관계를 넘어서는 진리를 찾아 내기 위해 그 원칙을 자세히 살펴볼 필요가 있다. 우리 안에는 탐욕이나 이기심뿐 아니라 분노, 지배 본능, 심지어 증오심에 이르기까지 많은 부도덕한 것들이 존재한다. 그러므로 그러한 문제들을 다루기 위해 우리는 다른 사람과의 가까운 관계 속으로 들어가야 한다. 그런 측면에서 우리의 결혼 관계는 우리의 행동과 태도에 관해 많은 것들을 드러내 줄 수 있다.

결혼하고 나서 나는 나의 성숙하지 못한 부분을 수없이 발견했다. 해결 방법은 결혼에 대한 시각을 바꾸는 것이었다. 결혼의 목적이 단순히 사랑에 빠지는 것이나 행복에 있다면, 나는 2-3년마다 새로운 사람과 결혼해야 할 것이다. 그러나 하나님이 내 안에 있는 것을 끄집어내어 나를 변화시키시는 것을 경험하고 싶다면, 아내를 바꾸기보다 나 자신을 바꾸는 데 관심을 기울여야 한다. 심지어 "배우자가 까

다로운 사람이라는 걸 알게 될수록 내가 성장할 수 있는 기회는 더 많아진다"고 여겨도 좋다. 육체 훈련이 다소 격렬해야 하는 것처럼 '관계 훈련'도 심장이 제대로 뛰는지 알려면 다소 격렬해야 한다.

나는 긴장할 것이 없는 결혼 관계를 얻기 위해, 또는 결혼 생활에서 보다 행복하고 보다 만족하기 위해 내 자신을 바꾸는 데 초점을 두기로 결심한 게 아니다. 대신 결혼이란 삶의 의미와 목적과 충만함을 하나님으로부터 이끌어 내도록 돕는, 삶에서 겪는 많은 상황 가운데 하나라는 태도를 가졌다. 아내는 궁극적인 차원에서 나에게 행복을 주지 못한다. 분명 우리는 함께 즐거운 시간을 보내고, 그녀는 내게 과분할 정도로 멋진 아내다. 그러나 이 놀라운 시간들과 더불어 우리에게는 그에 따르는 대가로, 자녀를 키우고 생계를 꾸리며, 집 안을 치워야 하는 등의 온갖 필요와 도전과 기대치가 생겨 난다.

내가 추구하는 것은 이렇듯 격렬하고 단 두 사람만이 평생을 함께 하는 관계 이면에 놓인 것들이라고 생각한다. 그것은 보다 평온한 충만함과 보다 깊은 의미와, 하나님의 뜻에 대한 보다 깊은 이해다. 하나님과의 관계에서 궁극적인 의미를 얻는다고 믿는 남자로서, 나는 결혼이 나를 어떻게 하나님께로 가까이 이끄는지 탐구하기 원한다.

이 점을 강조하는 또 다른 이유가 있다. 영원의 시각에서 볼 때, 결혼은 우리 모두에게 잠시 지나가는 과정이다. 사실 나와 리사의 결혼 관계보다 나와 하나님의 관계가 더 오래 지속될 것이다. 우리 중 한 사람은 다른 사람보다 먼저 영원 속으로 들어갈 것이 분명하기 때문이다. 나머지 한 사람은 홀로 남을 것이며, 더 이상 결혼 관계에 있지 않을 것이다.

그리스도인에게 결혼은 최종적 현실이라기보다 끝에서 두 번째 현실쯤 된다. 그렇기에 부부가 함께 하나님을 추구함으로써, 그리고 하나님만이 우리 영혼의 진정한 위로자이심을 인정함으로써 보다 궁극적인 의미를 발견해 갈 수 있다. 우리는 즐겁고 평화로운 가정을 함께 만들고, 만족스런 성생활을 유지하기 위해 함께 고민해 갈 수 있다. 서로를 존중하고 아끼는 태도를 잃지 않도록 작은 변화를 만들어 갈 수도 있다. 그러나 우리는 무엇보다 우리를 만드신 하나님께 가까이 다가가기를 갈망해야 한다. 하나님과의 관계가 올바르다면, 우리는 결혼 생활에서 영적 갈급함을 채우기 위해 서로에게 바라고 기대하는 과한 요구를 하지 않게 될 것이다.

안타깝게도 타락하기 쉬운 인간인 나는 하나님이 리사를 인정하는 것만큼 그녀를 인정하지는 못한다. 그녀가 이해받기를 바라는 것만큼 이해하지도 못한다. 나라도 나 같은 사람과 결혼했다면 따분하겠다 싶다. 리사가 나와 함께 사는 것을 가끔 지루해 하는 것은 당연한 일이다. 그러나 하나님은 우리 두 사람을 기뻐하신다. 하나님은 우리의 변덕을 이해하시고, 우리 마음이 전혀 엉뚱한 행동으로 가려지더라도 그 선한 의도를 인정해 주신다.

한 가지 사실은 분명하다. 리사는 하나님이 그녀에게 하시는 일을 남편인 내게 기대해서는 안 된다. 하나님이 사랑하시듯 그녀를 사랑하려고 아무리 애써도 나는 매 순간 실패할 테니 말이다. 최선을 다해도 늘 역부족이다.

어떤 상황에서도 사랑 발견하기

하나님만이 주실 수 있는 것을 다른 사람에게서 찾으려고 하는 것은 어리석은 일이다. 친구의 네 살짜리 아들이 내게 진지하게 물었다. "게리 아저씨, 아저씨가 더 세요, 하나님이 더 세요?"

옆에서 듣던 친구는 배꼽을 잡고 웃었다. 물론 어른들은 인간이 지닌 물리적 힘을 하나님의 힘과 비교하는 것은 말도 안 된다고 생각한다. 그러나 우리 어른 가운데 얼마나 많은 사람들이 자신도 모르게 이렇게 묻는지 모른다. "당신이 나를 채워 줄까요, 아니면 하나님이 채워 줄까요?" 이 질문은 우리의 힘과 하나님의 힘을 비교하는 것만큼이나 터무니없게 들리지는 않지만 말이 안 되기는 마찬가지다.

우리가 결혼 생활에 만족하지 못하는 상당한 이유는, 결혼에 너무 많은 것을 기대하기 때문이다.

나는 오래된 컴퓨터를 가지고 있다. 그래서 특정 프로그램이나 작업을 수행하기에는 메모리나 프로세스 성능이 부족할 때가 있다. 그렇다고 그 컴퓨터를 불량품이라고 할 수는 없다. 다만 그 컴퓨터가 제공할 수 있는 성능 이상의 것을 합리적으로 기대할 수 없을 뿐이다.

마찬가지로 결혼에 너무 많은 것을 요구하는 사람들이 있다. 배우자와의 관계에서 너무 많은 만족을 얻으려 한다. 물론 결혼 생활은 행복하고 의미 있으며 일반적 의미에서 만족할 만한 순간이 있어야 한다. 그러나 아내는 하나님이 될 수 없고, 내 마음에는 하나님을 갈망하는 마음이 있다. 하나님이 아닌 대상에게, 하나님만이 주실 수 있는 만족을 얻으려 한다면 내가 얻는 것은 고통뿐일 것이다.

결혼 '너머의 것'을 바라보고 살펴보기 위해 나는 이 책을 썼다. 주된 주제는 '영적 성장'이다. 결혼은 우리가 영적 성장을 이루는 주된 무대가 된다. 독신주의자가 영적으로 성장하기 위해 금욕을 추구하고, 종교적 은둔자가 영적으로 성장하기 위해 고독을 추구하듯, 우리는 영적으로 성장하기 위해 결혼을 사용할 수 있다. 결혼을 통해 하나님을 향한 섬김과 순종, 성품, 열심, 사랑을 키워 가는 것이다.

이미 자신의 결혼에 행복을 넘어선 어떤 목적이 있음을 깨달은 사람이 있을지 모르겠다. 이를 거룩이라는 단어로 표현하지는 않더라도, 대중 문화에 묘사된 낯간지러운 로맨스를 넘어서는 초월적 진리가 결혼 안에 있음을 이해할 것이다. 우리는 그 목적을 찾아가려고 한다. 그러기 위해 많은 부부들의 결혼 생활을 해부해 가며, 헌신에 대한 다짐은 어떻게 변해 버렸는지, 무엇이 잘못된 태도였는지, 우리의 약점과 죄를 어떻게 직면할지 탐구해 보려고 한다. 그 과정에서 우리가 어떻게 성장할지 모색해 보겠다.

이 책의 궁극적인 목적은, 배우자를 더욱 사랑하게 되는 것에 있지 않다. 책을 읽다 보면 배우자를 더욱 사랑하게 되겠지만 말이다. 이 책은 하나님을 더욱 사랑하고, 독생자 예수님의 성품을 더욱 닮아 가도록 돕는 데 목적이 있다. 이 여정에 함께하는 배우자에게 새로운 마음을 품게 되는 것은 덤이다.

결혼은 자비심 없는 폭로자,
인간 본성의 가장 어두운 곳을 비추는 거대한 백색 전조등이다.

캐서린 앤 포터

2.

결혼에서 하나님 발견하기

매년 대학 동창생 아홉 명과 함께 주말 묵상회를 가지고 있다. 수년 전, 한 친구가 나를 따로 부르더니 그날 밤 귀가를 할지 말지 고민된다고 털어놓았다. 친구 부부는 아이를 하나 더 가지려고 하는데, 아내의 계산에 따르면 그날 밤이 적기라고 했다.

"어서 가." 나는 재촉하듯 말했다.

"그래도 될지 모르겠어." 그는 망설였다.

"그렇게 하래도." 다른 친구도 거들고 나섰다.

결국 그는 친구들의 충고를 듣고 집으로 갔고, 그날 밤 아이가 잉태되었다. 나는 그 아이를 볼 때마다 그가 얼마나 가까스로 태어났고, 내게 얼마나 큰 빚을 지고 있는지 알까 생각하면서 미소 짓는다. 새로운 생명을 탄생시키기 위해 하나님과 협력하는 것보다 더 짜릿한 일이 어디 있겠는가? 친구 부부가 또 한 달을 기다렸다면 아마도 딸이 태어났거나 좀 더 작은 아들, 또는 검은머리의 남자아이가 태어났을지 모른다.

부모로서 자녀가 세상에 존재하도록 하는 일에 하나님과 협력한다는 개념은 그리스도인에게 특별한 의미가 있다. 하나님이 창조주시라는 진리야말로 그분의 능력과 존재와 목적에서 핵심을 차지하기 때문이다. 실제로 성경은 하나님이 창조주시라는 사실을 바탕으로 구성되어 있다. 우리가 창세기에서 하나님에 대해 가장 먼저 배우는 사실은 무엇인가? 그분이 하늘과 땅을 만드셨다는 것이다(창 1:1). 신약의 마지막 부분도 하나님이 새 하늘과 새 땅을 창조하시는 장면을 보여 준다. 하나님이 "내가 만물을 새롭게 하노라"(계 21:5)고 말씀하실 때, "새롭게 하노라"는 현재 시제, 즉 계속되는 과정이다. 말하자면 하나님은 영원 속에서도 창조의 길을 걷고 계신다.

이처럼 하나님에 대한 이해를 결혼 생활의 다양한 측면과 연결시키는 방법은 여러 가지가 있다. 실제로 성경에는 하나님과 그분의 백성과의 관계를 인간의 결혼 제도로 비유하는 장면들이 수두룩하다. 이 장에서는, 이런 다양한 비유들 속에서 어떻게 결혼이라는 것이 하나님의 본성에 관한 귀한 진리들을 가르치는지 살펴보겠다.

신의 로맨스

호세아는 우리를 놀라운 세계로 인도한다. 남편이 아내를 바라보듯 하나님이 자기 백성들을 바라보신다는 것이다. 하나님은 선포하신다.

"그날에 네가 나를 내 남편이라 일컫고 다시는 내 바알이라 일컫지 아니하리라"(호 2:16).

"내가 네게 장가들어 영원히 살되"(호 2:19).

'남편'과 '바알'(히브리어 '바알'은 '주인'이라는 뜻이다―옮긴이)의 차이를 생각해 보면, 이 모든 이미지가 이해된다. 하나님이 우리와의 관계에서 바라시는 것은, 두려움에서 비롯되는 순종이 아니라 사랑과 친밀함에서 나오는 순종이다. 또한 맹목적으로 따르는 충성심이 아니라 관계 속에서 우러나오는 충성심이다. 남편은 아내에게 열정을 품고 있는 반면, 종을 대하는 주인의 마음에는 이런 열정이 없다.

당신은 하나님을 주인으로 생각하는가, 아니면 남편으로 생각하는가?

이사야는 하나님이 자기 백성을 얼마나 기뻐하시는지 강조하기 위해 결혼을 비유로 든다. "마치 청년이 처녀와 결혼함같이 네 아들들이 너를 취하겠고 신랑이 신부를 기뻐함같이 네 하나님이 너를 기뻐하시리라"(사 62:5). 우리가 살아 가는 세상에서 사람들은 너무 바쁘거나 다른 일에 마음을 빼앗겨 우리에게 관심을 두지 않는다. 그러나 하나님은 우리를 기뻐하신다. 그분의 심장은 우리로 인해 요동친다.

때때로 예수님은 결혼을 비유로 들어 자신을 신랑으로(마 9:15),

하늘에 있는 천국을 혼인 잔치로 설명하셨다(마 22:1-14). 이런 그림은 요한계시록 19장에서 절정을 이룬다. "어린양의 혼인 기약이 이르렀고 그의 아내가 자신을 준비하였으므로"(계 19:7).

하나님에 대한 영적 정절이 깨지는 것 역시 종종 부부 관계에 비유된다. 예레미야는 우상 숭배를 간음에 비교했다. "내게 배역한 이스라엘이 간음을 행하였으므로 내가 그를 내쫓고 그에게 이혼서까지 주었으되"(렘 3:8). 예수님은 마가복음에서 이와 동일한 비유를 들어 음란한 세대를 표현하신다. "누구든지 이 음란하고 죄 많은 세대에서 나와 내 말을 부끄러워하면 인자도 아버지의 영광으로 거룩한 천사들과 함께 올 때에 그 사람을 부끄러워하리라"(막 8:38). 이 본문에서 예수님은 인간이 성적으로 연약하다는 점을 공격하시는 것이 아니다. 영적으로 부정하여 하나님과의 신성한 결혼 관계를 깨트린 세대를 향해 말씀하시는 것이다.

기독교 역사를 보면, 교사들은 믿음의 다양한 신비를 부부의 연합과 비교하여 탐구하곤 했다. 무엇보다, 연합에는 삼위일체의 연합뿐 아니라 그리스도의 신성과 인성의 연합(성육신)이 있다. 그리스도의 살과 피가 떡과 포도주와 결합하는 성만찬도 그 한 가지다. 그리스도와 교회의 연합이 있고 그밖에도 여러 비유가 존재한다.

이 비유들을 살펴보는 것은, 단순히 재미있는 단어 연상 게임을 하자는 뜻이 아니다. 이 비유들은 결혼이라는 것으로부터 영적 통찰을 얻으려는 그리스도인들에게 깊이 있고 유익한 도움을 준다. 하나님이 육신으로 오신 것은 우리가 그분을 알 수 있도록 하기 위해서다. 더불어 하나님이 결혼을 창조하신 이유는, 인류를 번성케 하고 인간에게 안정적이고 이로운 사회 제도를 제공할 유쾌한 수단이기 때문만은 아니다. 하나님은 그분의 영원하고 영적인 임재를 드러내는 하나의 표지판, 즉 상징으로 사람들 가운데 결혼이라는 제도를 만들어 놓으셨다.

생각이 제한된 우리는 상징이라는 힘을 빌려 이해해야 할 필요가 있다. 그러면 단순한 남녀 관계일 수 있는 결혼은 때로는 무한한 의미를 담을 수 있다. 하나님을 알기 위한 교재로 사용될 때 말이다. 단지 배우자의 부족한 면에 우리의 관심을 쏟다 보면 결혼에 담긴 하나님의 신비를 놓치게 되고 마땅한 교훈을 얻지 못하고 말 것이다.

다음 단원에서 우리는 결혼에 관련된 이 그림들을 통해 결혼의 목적이 무엇인지 살피고, 결혼과 우리의 믿음이 어떻게 통합될 수 있는지 모색해 보겠다. 이후 장에서는 좀 더 실천적인 내용을 다루겠지만, 여기서 그리스도인의 결혼 이면에 놓인 교리를 간단히 다루고, 신자의 결혼이 불신자의 결혼과 어떤 점에서 구별되는지 살펴보는 것도 중요한 일이다. 그 차이는 그리스도와 교회를 부부 관계에 연결 짓는 탁월한 비유에 나타나 있다.

화목

그곳에 어떻게 하나님의 거룩한 성전이 세워졌는지에 관한 (랍비들이 전하는) 우리에게 익숙한 이야기가 있다. 두 형제가 있었다. 둘은 농장과 방앗간을 함께 꾸려 나갔다. 형제는 곡식을 거둔 뒤 각자의 몫을 나누어 집으로 돌아갔다.

동생은 혼자 살았고, 형은 결혼하여 가족이 많았다. 독신인 동생은 결혼한 형과 조카들에게 분명히 더 많은 곡식이 필요하다고 여겨 밤마다 형의 곡물 창고에 살금살금 들어가 여분의 곡식을 쌓아 두었다. 한편 결혼한 형은 동생이 혼자인 채로 늙게 되면 부양해 줄 자식이 없음을 알았다. 동생의 미래를 걱정하던 형은 매일 밤마다 몰래 일어나 동생의 창고에 곡식을 조금씩 더 가져다 놓았다.

어느 날 밤, 형제는 곡식을 들고 서로의 곡물 창고로 가던 길에 만나게 되었다. 그동안 무슨 일이 있었는지 알게 되었고, 형제는 서로를 껴안았다. 하나님은 두 형제가 행한 일을 다 보시고는 이렇게 말씀하셨다. "이곳은 거룩한 곳이다. 바로 사랑의 현장이니 이곳에 내 성전을 세우리라." 거룩한 곳, 곧 성소는 백성들로 하여금 하나님을 알게 하기 위해 선택된 곳이다. "사람들이 사랑 안에서 서로를 발견하는 장소"이기도 하다.[1]

결혼은 이런 성소가 될 수 있다. 결혼은 하나님의 사랑을 세상에 선포하는 '관계'가 발견되는 지점이기 때문이다. 그러나 기독교 사상가들조차 결혼을 이런 방식으로 바라본 적이 없었다. 다만 초기 교회 지도자들은 결혼이 가지는 최고의 목표가 '화목'을 비유로 보여주는 것이라는 점에 인식을 같이했다.

아우구스티누스는 결혼에는 세 가지 유익이 있다고 보았다. 자손, 믿음(정절), 성례인데, 그중 성례를 최고의 것으로 꼽았다. 자손과 믿음 없이도 결혼 생활을 유지할 수 있지만, 성례가 가리키는 불가해

소성(하나님이 맺어 주신 것을 사람이 나누지 못한다는 의미) 없이 결혼 생활을 계속 유지하기란 불가능하기 때문이다. 부부는 결혼 관계를 유지하는 한, 그 관계가 불완전하더라도, 그 관계 자체로 그리스도와 교회 사이의 지속적인 헌신을 보여주게 된다. 즉, 단순히 '함께 있는 것'이 매우 중요해진다.

아우구스티누스 이후 오랜 세월이 흘러 영국 개혁주의자들은 이 세 가지 축복을 세 가지 '명분'에 대응시켰다. 1549년 기도서는, 결혼은 아이를 낳기 위한 것이고, 성적 죄에 대한 구제책이며, 상호 위안을 위한 것이라고 말한다.[2] 마지막 명분은 불행하게도 결혼의 성례전적인 측면(이를테면, 그리스도와 교회의 관계)을 훨씬 시시한 것(이를테면, 관계 속에서 누리는 위안)으로 대신해 버렸다.

우리가 왜 결혼하는지, 왜 결혼 관계를 유지해야 하는지를 아는 것은 매우 중요하다. C. J. 매허니 목사는 결혼에 관한 한 강연에서 그 내용을 훌륭하게 풀어 낸다. 핵심 질문은 이것이다. "결혼에 하나님의 관점으로 접근할 것인가, 인간의 관점으로 접근할 것인가?"[3] 인간의 관점에서 보면, 우리는 육체적 안락과 욕망과 기대가 충족되는 한 결혼 관계를 유지할 것이다. 반면 하나님의 관점에서 보면, 결혼이 하나님께 영광이 되고, 죄악된 세상과 화목하시려는 창조주를 보여주기 때문에 우리는 결혼 관계를 지켜 내야 한다.

우리는 결혼을 상호간의 위안으로 보는 차원을 넘어, 하나님과 그분 백성 사이의 거룩한 관계를 보여주는 특별한 그림이자 지금까지 인간에게 전해진 가장 중요한 소식으로 받아들여야 한다. 바울은 에베소에 보낸 서신에서 이 비유를 명백하게 밝힌다. 이미 많이 읽었거나 들어보았을 것이다. "남편들아 아내 사랑하기를 그리스도께서 교회를 사랑하시고 그 교회를 위하여 자신을 주심 같이 하라 이는 곧 물로 씻어 말씀으로 깨끗하게 하사 거룩하게 하시고 자기 앞에 영광스러운 교회로 세우사 티나 주름 잡힌 것이나 이런 것들이 없이 거룩하고 흠이 없게 하려 하심이라"(엡 5:25-27).

나는 그리스도와 그분의 교회에 비유될 만큼 중요한 결혼 관계를, 단순히 성적 범죄를 피하고 세상이 혼란스럽지 않도록 하며 외로움을 덜기 위한 수단으로 격하시킨 중세의 영국 개혁주의자들에게 그것이 얼마나 불행한 일인지 말하고 싶다.

사실 신약과 구약 모두 결혼을 중요한 비유로 사용한다. 구약에서는 하나님과 이스라엘의 연합, 신약에서는 그리스도와 교회의 연합이다. 이 비유가 얼마나 중요한지 이해해야 하는 이유는, 그리스도인의 참된 결혼이 바로 이것에 토대를 두고 있기 때문이다. 결혼의 주된 목적이 교회를 향한 하나님의 사랑을 보여 주는 데 있다고 믿는다면, 우리는 그 관계 속으로 들어가 완전히 새로운 동기를 품고 결혼 생활에 임할 수 있다. 바울은 고린도 교회에 보낸 두 번째 서신에서 이렇게 격려한다. "그런즉 우리는 몸으로 있든지 떠나든지 주를 기쁘시게 하는 자가 되기를 힘쓰노라"(고후 5:9).

무엇이 하나님을 기쁘시게 하는가

"우리는…주를 기쁘시게 하는 자가 되기를 힘쓰노라"는 구절에서 바울은 다양한 물음에 대해 답한다. 거리에 나가 사람들에게 삶의 목적이 무엇인지 물어보라. 아마 놀라울 정도로 다양한 대답을 듣게 될 것이다.

그리스도인들에게 바울만큼 명확한 사람은 없다. 그의 '불타는 열망, 모든 행동의 동기가 되는 동력'[4]은 하나님을 기쁘시게 하는 것이다. 그러나 바울은 하나님을 기쁘시게 하는 것이 단순히 자신만의 불타는 열망이 아니라 우리 모두의 열망이 될 수 있다고 밝힌다. "'우리는'…주를 기쁘시게 하는 자가 되기를 힘쓰노라."

만일 어떤 것이 우리가 행하는 모든 것의 동기가 된다면, 그것은 우리가 내리는 모든 선택의 결정적인 동력이 된다. 바울의 핵심은 이것이다. 우리가 무언가를 할 때마다 반드시 물어야 할 첫 질문은 "이것이 주님을 기쁘시게 하는가?"이다.

결혼의 첫 번째 목적은 (행복, 성생활, 자녀 출산, 동반자 관계, 보살핌과 부양 관계를 넘어) 하나님을 기쁘시게 하는 것이다. 그것은 쉽지 않은 도전이다. 철저히 이타적으로 사는 것이기 때문이다. "나를 행복하게 하는 것이 무엇인가?"라고 묻기보다 "무엇이 하나님을 기쁘시게 하는가?"라고 물어야 한다. 바울은 사람들이 즉시 대답하지 못할 경우를 대비해 몇 구절 뒤에 이렇게 강조한다. "그가 모든 사람을 대신하여 죽으심은 살아 있는 자들로 하여금 다시는 그들 자신을 위하여 살지 않고 오직 그들을 대신하여 죽었다가 다시 살아나신 이를 위하여 살 게 하려 함이라"(고후 5:15).

그리스도인에게 다른 선택의 여지는 없다. 나는 예수 그리스도를 위해 살고, 그분을 나의 불타는 열정이자 삶의 원동력으로 삼고자 한다. 그러자면 날마다 내 자신의 욕망을 죽이며 살아야 한다. 머리를 열심히 굴려 자신에게 가장 이득이 되는 행동과 결정만 하려는 충동을 십자가에 못 박아야 한다. 이와 관련해 바울은 감명 깊은 말을 남겼다. "우리가 항상 예수의 죽음을 몸에 짊어짐은 예수의 생명이 또한 우리 몸에 나타나게 하려 함이라"(고후 4:10).

예수님이 십자가로 향하셨던 것처럼 우리도 늘 '예수의 죽음'을 몸에 짊어지고 십자가로 가야 한다. 그래서 그분의 새로운 생명, 동기, 목적, 은총이 우리의 모든 것을 주관하도록 해야 한다.

이 진리를 따라 우리는 배우자를 그리스도의 눈으로 보아야 한다. "그러므로 우리가 이제부터는 어떤 사람도 육신을 따라 알지 아니하노라"(고후 5:16).

이유는 명백하다. "그런즉 누구든지 그리스도 안에 있으면 새로운 피조물이라 이전 것은 지나갔으니 보라 새 것이 되었도다"(고후 5:17). 이 새로운 정체성은 모든 그리스도인이 받은 새로운 직분(사역)으로, 예수 그리스도가 본래부터 가지고 계셨던 것이다. "모든 것이 하나님께로서 났으며 그가 그리스도로 말미암아 우리를 자기와 화목하게 하시고 또 우리에게 화목하게 하는 직분(사역)을 주셨으니"(고후 5:18).

이에 대해 생각해 보자. 그리스도 사역의 본질은 '화목'하게 하는 일로서 우리를 다시 하나님과 연합하게 하는 것이다. 우리는 자신과 화목함으로써 이에 반응할 수 있다. C. K. 바렛은 화목을 "적대 관계를 끝내고, 그 빈자리에 평화와 은총의 관계를 채워 넣는 것"[5]이라고 정의한다.

바울은 명백히 구원의 메시지를 전하는 것에 대해 이야기한다. 그러나 결혼 생활이 이혼과 다툼과 원한으로 얼룩진다면, 우리는 '적대 관계'를 끝내고 '평화와 은총의 관계'를 여는 것에 대해 말할 수가 없게 된다. 우리가 살아가면서 말하고 행동하는 모든 것은 화목이라는 복음 사역을 뒷받침해야 하며, 우리의 관계, 특히 결혼 관계 안에서 그 화목을 드러낼 때 비로소 우리의 사역은 제대로 시작된다.

우리의 결혼 생활이 우리가 전하려는 메시지와 서로 충돌한다면, 우리는 태업을 벌이는 것과 같다. 우리는 그리스도를 기쁘시게 하거나 화목하게 하는 사역을 제대로 감당할 수 없게 된다. 예수 그리스도를 통해 세상과 화목할 수 있다고 선포할 수도 없게 된다. 우리가 행하고 선택하는 모든 것의 '결정적인 동력'이 바울이 말한 바, 즉 하나님을 기쁘시게 하는 것이라면, 우리는 화목케 하는 사역을 온전히 감당할 수 있는 결혼을 세워 가야 한다. 메시지가 구체적으로 드러날 수 있도록 해야 한다. 용서, 이타적인 사랑, 희생 같은 진리가 세상의 눈에 제대로 보일 수 있는 관계를 마련해 가야 한다.

세상에서 우리와 가장 어울리지 않는 그림은, 누군가를 더 이상 사랑하지 않기로 결심하거나 섬기기를 포기하거나 오래전에 한 약속을 지키지 않는 것이다. 그런데 많은 그리스도인이 결혼 생활을 통해 정확히 그런 메시지를 전달하고 있다. 여론 전문가 조지 바나에 따르면, 스스로 거듭났다고 말하는 그리스도인들의 이혼율은 27퍼센트로, 비그리스도인들의 이혼율인 23퍼센트보다 더 높다고 한다. 심지어 스스로를 기독교 근본주의자로 부르는 이들의 이혼율은 30퍼센트로 최고에 달한다.[6] 먼저 삶으로 보여 주지 않는 한 우리는 메시지를 전할 수 없다.

부모로서 자신은 약속을 지키지 않으면서 어떻게 자녀들에게 하나님의 화목에 대한 약속이 확실하다고 말할 수 있겠는가? 설령 자녀들이 그 점을 극복한다 하더라도, 어쨌든 우리는 복음을 향한 징검다리가 아니라 그들의 길에 놓인 장애물이 되는 것이다.

대부분의 이혼은 최소한 한편이, 어쩌면 양편이 삶에서 복음을 가장 중요하게 생각하지 않았음을 의미한다. 하나님은 이혼하는 것을 미워하신다(말 2:16)고 성경은 분명히 말한다. 그럼에도 이혼을 결심했다면, 더 이상 바울이 가르치는 바 "주를 기쁘시게 하는 자가 되기를 힘쓰노라"는 원칙을 따라 살지 않기로 했다는 의미다. 그러므로 부부의 목표가 하나님을 기쁘시게 하는 것이라면, 이혼과 멀어져야 한다.

예외가 있기는 하다. 바울은 배우자가 신자가 아닐 때는 이혼을 허락한다. 예수님은 배우자의 부정이 이혼 사유가 될 수 있다고 말씀하신다. 적어도 아이가 특정 부모와 함께 사는 것이 위험하다면 예외가 인정되어야 한다. 그러나 그리스도인들이 이혼하는 대부분의 이유는 그렇지 않다. 이들은 주로 삶의 우선순위를 왜곡한 선택의 결과를 경험하는 그리스도인들이다.

내가 결혼 관계를 지켜 가기로 날마다 선택하는 이유는, 그래야 내가 더 행복해지기 때문이 아니다(비록 그렇게 믿지만). 자녀들에게 더 안정된 가정을 주기 위해서도 아니다(비록 그것을 바라지만). 이혼 후 새 출발하는 아내를 보면 괴로울 것 같아서도 아니다(비록 그렇게 되겠지만). 내가 결혼 관계를 지켜 가는 첫 번째 이유는, 그것이 그리스도인의 의무이기 때문이다. 만일 내 삶이 하나님의 메시지를 세상에 전하는 것에 바탕을 둔다면, 나는 그 메시지에 부담이 되는 어떤 것도 하고 싶지 않다. 그런데 이혼할 궁리를 하면서 어떻게 화목을 선포할 수 있겠는가?

우리에게 부여된 '화목케 하는 사역'은 단순히 결혼의 목적을 제공하는 차원을 넘어, 우리 삶에 '벼락이 친다 해도' 우리가 그 목적 실현을 위해 살도록 돕는다.

벼락이 친다 해도

700년 된 나무 아래 서 있으면 경이감이 든다.

"이 나무가 맨 처음 자라기 시작했을 때 무슨 일이 있었어요?" 워싱턴 주 캐스캐이드의 서쪽 경사지를 하이킹할 때 딸아이가 물었다.

"글쎄."

나는 마르틴 루터가 태어났을 때, 이 나무가 200년이나 되었다는 놀라운 사실을 깨닫고는 웃었다.

그 나무가 그렇게 오랫동안 살아남을 수 있었던 이유는 단순하다. 워싱턴 숲은 아주 습해서 벼락이 쳐도 불이 크게 나지 않는다. 일반적인 숲은 누가 돌보지 않으면 50년이나 60년마다 벼락 때문에 불이 난다. 반면 캐스캐이드 근방에서는 200년에 한 번 정도 불이 나곤 한다. 지금도 가끔 벼락이 치지만 그다지 위험하지 않아 나무들이 뿌리내리고 성장할 수 있는 시간이 더 많다.

나는 이것이 화목이라는 사역에 바탕을 둔 결혼 생활의 바람직한 모습이라고 생각한다. 강건한 그리스도인의 결혼 생활도 성적 유혹, 의사 소통 문제, 욕구 불만, 비현실적 기대라는 벼락을 맞을 수 있다. 그러나 하나님을 기쁘시게 하기 위한 흔들림 없는 약속에 결혼 생활이 흠뻑 젖어 있다면, 아무리 벼락이 치더라도 화재는 일어나지 않을 것이다.

내가 행복하기 위해 결혼했고 그 결혼이 어떤 이유로든 흔들렸다면, 작은 불씨 하나에 관계라는 나의 숲은 모두 불타 버렸을 것이다. 그러나 결혼의 목적이 화목하게 하는 하나님의 사역을 수행하고 그 본이 되는 데 있다면, 화재에도 나의 인내심은 끄떡없을 것이다.

결혼을 영적 훈련으로 받아들이는 것은, 우리가 하나님과의 관계를 우선시한다는 뜻이다. 단순히 결혼 관계를 꼭 붙들기만 해도 승리가 있고 영광이 따른다.

나무가 빽빽한 워싱턴 숲의 명성을 높이는 유일한 자격은 700년이라는 수명이다. 순수 미학을 적용한다면, 워싱턴 숲 맨 꼭대기에 있는 이 특별한 나무는 사실 볼품없다. 거미줄로 뒤덮인 채 뻗어 올라간

엄청나게 큰 기둥에 지나지 않는다. 이 숲에는 많은 나무들이 빽빽하게 자리잡고 있지만 국립공원 관리공단은 단 한 가지 이유로 이 나무 앞에 표지판을 달아 놓았다. "이 나무의 수령은 700년입니다. 이 나무는 지금까지 그 세월을 견뎌 왔기에 주목받고 있습니다."

놀라울 정도로 관계가 꾸준히 사라지는 사회에서, 그리스도인들은 결혼 관계를 지켜 가는 것만으로도 주목을 끌 수 있다. 그리고 누군가 그렇게 할 수 있는 이유를 묻는다면, 우리는 그들에게 "화목이라는 복음에 대해 더 들어 보시겠어요?"라고 말하며 하나님의 화목을 위한 메시지를 전할 수 있다.

이런 맥락에서 우리의 결혼은 복음의 토대가 될 수 있다. 결혼은 이 세상을 넘어서는 다음 세상을 가르치는 진리로 이끌 수 있다. 우리는 결혼 생활을 지켜 나감으로 화목에 대한 원칙을 배우고 이를 실습할 수 있다.

오래전에 폴 사이먼이 '연인과 헤어지는 50가지 방법'이라는 노래로 히트를 쳤는데, 그리스도인은 연인과 헤어져서는 안 되는 한 가지 이유가 있다. 그 이유를 그리스도와 교회의 관계에서 찾아보자.

결혼에는 배우자가 바뀌기를 기대하는 동시에
있는 그대로를 사랑해야 하는 의무가 있다.
모든 결혼은 상대방을 높이거나 서로의 품위를 낮추거나
둘 중 한 가지 방향으로 발전한다.
댄 알렌더 • 트렘퍼 롱맨 3세

상대방을 있는 그대로 대한다면, 그는 그 모습 그대로 남을 것이다.
그러나 하나님이 기대하시는, 더 바람직한 모습을 가진 것처럼 대한다면,
그는 더 크고 나은 사람이 될 것이다.
요한 볼프강 폰 괴테

3.

사랑하는 법 배우기

당신이 모세나 여호수아 시대에 하나님을 믿는 남자였다면, 아마 전투가 일상이었을 것이다. 약속의 땅을 눈앞에 두고서도 이스라엘 백성은 두려움과 무기력에 사로잡혀 싸우러 나가기를 거부하다가 종종 징계를 받았다. "너희가 너희 조상의 하나님 여호와께서 너희에게 주신 땅을 점령하러 가기를 어느 때까지 지체하겠느냐"(수 18:3).

오랫동안 하나님은 그들을 불러 모으며 "전장으로 들어가라"고 외치셨다.

예수님이 주신 새로운 도전은 이보다 훨씬 어렵다. 누군가 가장 큰 계명이 무엇이냐고 물었을 때, 예수님은 두 가지로 대답하셨다(마 22:34-40). 마음을 다하고 목숨을 다하고 뜻을 다하여 하나님을 사랑하는 것만으로는 충분하지 않다. 예수님은 우리가 진정으로 하나님을 기쁘시게 하려면 이웃도 사랑해야 한다고 말씀하신다.

결혼은 하나님의 사랑을 경험하고 드러낼 우리의 역량을 키워 가는 체육관이 될 수 있다. 그러자면 사람을 사랑하는 것과 하나님을 사랑하는 것이 서로 떨어진 두 개의 대양이 아니라 지류가 많은 하나의 강이라는 사실을 알아야 한다. 배우자를 충분히 사랑하는 것이 한편으로는 하나님에 대한 우리의 사랑을 드러내는 것이 된다.

사랑은 아무리 많이 해도 넘치는 법이 없다. 문제는 대개 하나님을 너무 적게 사랑하는 데 있다. 그 해결책은 우리가 사람을 덜 사랑하는 데 있지 않고, 하나님이 기뻐하시는 일에 우리 마음을 더 열어 놓는 데 있다.

그런데 결혼이라는 관계 속에 들어가면 이 사랑은 대개 거대한 시련을 겪는다. 문제는 사랑이 저절로 생기는 게 아니라 우리가 배워야 한다는 것이다. 캐서린 앤 포터는 말한다. "우리는 사랑을 계속해서 배우고 또 배워야 하며 그 배움은 끝나지 않는다. 그러나 미움은 가르칠 필요가 없고, 그저 매순간 폭발할 기회를 노린다."[1]

사랑은 우리 안에서 자발적으로 흘러나오는 자연스러운 반응이 아니다. 적어도 관계가 시작될 때는 그 사랑에 심취하지만, 미움은 언제나 옐로스톤의 간헐천처럼 저절로 솟아날 준비가 되어 있다. 반면 그리스도인의 사랑은 우리가 날마다 추구하고 열망하며 실천해야 가능해지는 일이다.

대중 문화는 이 원리를 완전히 잘못 해석하고 있다. 남자들이 다른 여자 때문에 자기 아내를 떠나며 내뱉곤 하는 가장 잔인하고도 자기 경멸적인 표현이 있다. "사실 당신을 사랑한 적이 없어." 이 말을 들은 아내는 충격을 받는다. 아내에게 그 말은 이렇게 들리기 때문이다. "사실 당신이 사랑스러웠던 적이 한번도 없어." 만일 이 말이 그리스도인의 입에서 나왔다면, 그가 그리스도인이 되는 데 철저히 실패했음을 드러내는 고백에 지나지 않는다. 아내를 사랑한 적이 없다면 그것은 아내의 잘못이 아니라 그의 잘못이다. 예수님은 사랑스럽지 않은 사람이라도, 심지어 원수까지 사랑하라고 말씀하신다. 그러므로 "당신을 사랑한 적이 없어"라는 말은 본질적으로 "나는 그리스도인답게 행동한 적이 한 번도 없어"라는 말이다.

우리가 제대로 사랑할 때 하나님은 기뻐하신다. 복잡한 이야기가 아니다. 누군가가 나의 호의를 입는 가장 좋은 방법은 나의 자녀를 다정하게 대하는 것이다. 모든 그리스도인은 하나님의 자녀다. 그러므로 타인을 사랑할 때, 하늘에 계신 아버지는 정말 기뻐하실 것이다.

나는 정기적으로 도서관에 간다. 도서관에 자주 가는 사람들이라면, 추운 날 그곳에 들어오는 노숙자들과 마주칠 때가 있다. 하루는 컴퓨터 실에 들어갔다가 한 남자에게서 나는 지독한 냄새에 소스라치게 놀라고 말았다. 책상 앞에 쭈그리고 있는 그 사람의 너덜너덜한 옷과 텁수룩한 머리를 보니 영락없는 노숙자였다.

그런 사람들에게 헌신하여 사랑의 손을 내미는 이들이 있다. 대부분의 도시에는 거리의 사람들을 돌보는 사역 단체가 있다. 때때로 사람들은 하나님이 거리의 사람들을 위해 나를 얼마나 '쓰시는지' 묻지만, 나는 고개를 저을 뿐이다. 집 안에서 컴퓨터 앞에 앉아 좋아하는 일을 할 때 하나님께 '쓰임받는' 것은 너무 쉽다. 모든 게 갖춰진 호텔 방에 머물거나 비행기를 타고 다니면서 그것을 희생이라고 말하기는 어렵다.

그리스도인의 사랑은 사랑하기 가장 힘든 사람을 사랑할 때 비로소 드러난다. 작가 필립 얀시는 "시대를 막론하고, 진실한 그리스도인들은 가장 비천한 이들을 사랑하기로 선택한다"[2]고 말한다. 이것이 예수님의 부르심에 대한 우리의 응답이어야 한다. 예수님은 잔치를 열 때 우리가 베푼 호의에 호의로 되갚을 사람들을 초대하는 대신 가난한 자들과 병신들과 저는 자들과 소경들을 초대하라고 하셨다. 갚을 능력이 없는 사람들 말이다(눅 14장 참조).

예수님의 이 부르심은 따르기가 어렵다. 어찌 보면 하나님을 사랑하기란 쉽다. 그분에게선 냄새가 나지 않는다. 그분의 입에서는 구린내가 나지 않고 거친 말이 나오지 않는다. 선을 악으로 갚지도 않으신다. 이런 의미에서 하나님을 사랑하기란 쉽다. 그러나 예수님은 하나님을 사랑하는 것이 이웃을 사랑하는 것으로 드러날 때 진정한 하나님 사랑이 가능해진다고 말씀하신다.

결혼 관계 속에서 우리는 변명할 여지가 없다. 하나님은 우리에게 사랑할 사람을 '선택'하게 하셨다. 우리가 '선택'하고서도 그 사람을 제대로 사랑하기 힘들어 한다면, 어떤 변명으로 그 사랑을 거둘 수 있겠는가? 하나님은 우리에게 결혼하라고 명하지 않으신다. 다만 결혼을 하나님 사랑을 온전히 드러낼 기회의 장으로 마련해 주신다. 일단 우리가 결혼 관계 속으로 들어가기로 선택한다면, 배우자를 사랑하지 않고서는 하나님을 사랑할 길이 없다.

이혼은 우리가 예수님의 명령을 지킬 능력이 부족하다는 사실을 드러낸다. 이혼은 예수님이 우리에게 위탁하신 부르심을 포기하는 것이다. 아내를 사랑하지 못하는 사람이 어떻게 도서관에 들어온 노숙자를 사랑할 수 있겠는가? 약물 중독자를 어떻게 사랑할 수 있겠는가? 때로는 배우자를 사랑하는 것조차 어려울 때가 있다. 바로 그것이 결혼이 추구하는 바다. 그 시간들을 견디며 사랑하는 방법을 배워 가는 것이다.

결혼 생활을 통해 당신의 사랑이 확장되고 사랑할 능력이 배가되기를 바란다. 결혼을 통해 진실한 그리스도인이 되는 법을 배우기 바란다. 당신의 결혼 생활이 다른 사람을 받아들이고 섬기는 법을 배울 수 있는 훈련의 장이 되게 하라. 사랑을 (기도와 설교와 권면 같은) '영적인' 것으로만 제한하지 말라. '세상의' 방식으로도 서로를 기쁘게 할 수 있어야 한다. 뒤에서 살펴보겠지만, 이것 또한 성경이 말하는 진리이기 때문이다.

거룩한 행복

이스라엘의 젊은 남자들은 전쟁에 나가 싸우면서 하나님을 섬기도록 부르심을 받았다. 그런데 신명기에 예외가 하나 나온다. "사람이 새로이 아내를 맞이하였으면 그를 군대로 내보내지 말 것이요 아무 직무도 그에게 맡기지 말 것이며 그는 일 년 동안 한가하게 집에 있으면서 그가 맞이한 아내를 즐겁게 할지니라"(신 24:5).

신학을 공부하면서도, "하나님은 내가 아내를 행복하게 하는 데 헌신하기 원하신다"는 생각을 거의 하지 못했다. 내가 복음을 전하고, 성경을 연구하고, 새신자를 가르치는 등, 소위 사역자로 일할 때 아내는 늘 함께해 주었다. "하나님은 내가 아내를 행복하게 하는 일에 집중함으로써 그분을 섬기기 원하신다"는 생각은 전혀 뜻밖이었다. 그러면 아내가 행복하지 않다면, 나는 하나님을 섬기는 일에 실패한 것인가?

신명기 24장 5절은 결혼 후 첫 1년 동안을 이야기하지만, 실제로 모든 부부가 배우자를 행복하게 하려면 어떻게 해야 하는지 상당한 고민이 필요하다. 배우자를 행복하게 하는 일이 하나님을 기쁘시게 하는 일이라는데 그보다 심각한 사안이 어디 있겠는가? 그렇기에 실제로 남편이 틈틈이 아내를 웃게 하려고 고민하고 있다면 그것은 하나님을 섬기는 일이 된다. 아내가 남편에게 잊지 못할 즐거움을 주기 위해 고민한다면 그것 역시 하나님을 섬기는 일이 된다. 아내의 기분 전환을 위해 하루를 온전히 희생하는 남편이라면 그는 하나님을 사랑하는 사람이다.

예수님은 "주 너의 하나님을 사랑하고…이웃을 사랑하라"고 말씀하시면서 사랑의 한계를 없애고 우리를 가로막는 벽을 무너뜨리셨다. 하나님을 사랑하는 것과 사람을 사랑하는 것이 결코 다르지 않다는 것이다. 주님은 우리가 알고 있던 사랑과 종교의 개념을 훨씬 더 크고 거룩한 것으로 바꾸어 놓으셨다.

이것은 오늘 우리 사회를 향한 예언적 말씀이다. 매년 자기계발을 위한 책들이 쏟아져 나온다. 이 사회가 갈수록 깨어지면서 자신만 돌보고 자신만 드러내며 자신만 가꾸는 일이 강박 관념이 되다시피 했다. 자신의 필요를 채우라고 강조하는 모습이 우스꽝스럽지 않은가? 언젠가 광고에서 이런 제목의 책을 본 적이 있다. 『자위: 자신을 사랑하는 기쁨』.

이 사회가 자기 관리에 전문가가 되어 가면서 우리는 다른 사람을 돌아보는 기술을 잃어버린 것 같다. 사람들에게 이기적으로 보일까 봐 두려워하기보다는 '서로 의존'하는 것을 더욱 두려워하는 것을 보면, 희생이라는 말에 부정적인 느낌을 가지고 있는 것 같다.

그래도 성경은 "아내를 즐겁게 하라. 날마다 자신을 희생하라. 먼저 자기 생명을 버리는 자는 생명을 얻을 것이다"라고 말한다.

캠퍼스 사역자 브래디 보빙크는 사랑에 대한 성경의 권면을 진지하게 받아들이기로 했다. 브래디는 다소 늦은 나이에 결혼했다. 그는 제자 양육과 독신 생활에 관한 강연자로 알려져 있고, 가르치는 은사를 사용해 '하나님을 섬기는' 기회가 많은 유명인이었다.

셜리에게 청혼하면서 그의 삶은 극적으로 변했다. 셜리는 이혼녀이고 아이가 둘 있었다. 브래디와 셜리가 둘만의 아이를 갖고자 기도한 지 얼마 되지 않았을 때다. "이 상황에서 아내를 사랑한다면 내가 무엇을 해야 할까?" 브래디는 자신에게 물었다. 기도를 하면서 그는 셜리가 아이를 낳으면 1년 동안은 현재 맡고 있는 사역 외에 다른 어떤 외부 강연에도 가지 않기로 다짐했다. 그 후 셜리는 임신해 첫 사내아이 미카를 낳았다.

몇 개월 후, 브래디는 싱가포르에 와서 강연해 달라는 제안을 받았다. 그는 역사학도였고, 여행을 좋아했다. 극동 지역으로 가는 것은 그에게 평생 한 번 있을까 말까 한 일인 데다가, 다른 문화권의 그리스도인들을 가르칠 좋은 기회이기도 했다.

그는 흥분해 셜리에게 이 좋은 기회에 대해 이야기하다가 문득 자신이 했던 다짐이 떠올랐다.

"아니야. 가지 않을래." 그는 큰소리로 말했다.

셜리는 남편이 그 다짐에 얽매이지 않게 하려고 애썼다.

"여보, 나는 괜찮아." 그녀는 말했다.

브래디가 하나님의 뜻 운운하며 싱가포르에 가려 했다면 어렵지 않았을 것이다. 그러나 그러지 않았다. "다른 문화권 사람들에게 설교한다는 건 대단한 일일지 몰라. 하지만 내 열정이 정말 그 일에 사로잡힌다면 실은 아내와 아이들을 데리고 그곳으로 이사를 가는 게 맞겠지."

브래디가 다른 민족에게 복음을 전함으로 하나님을 기쁘시게 할 기회를 놓쳤다고 생각하는 사람이 있을지 모르겠다. 그러나 그는 아내에게 많은 도움과 보살핌이 필요한 시기에 그녀를 사랑함으로 하나님을 기쁘시게 할 수 있다는 사실을 깨달았다. 집에 남아서 도움이 필요한 아내를 보살피는 것은, 미혼일 때 집을 떠나 복음을 전하는 것만큼이나 '그리스도인다운 섬김'이다.

브래디는 "다른 사람을 올바르게 사랑한다는 명분 아래 아내와 아이들을 올바르게 사랑하지 못하는 것은 부끄러운 일"이라고 말한다.

존 버거, 사랑하는 법을 배우다

존 버거 박사는 1987년 12월 12일 남성들을 위한 집회에서 특별한 강연을 했다. 그는 자신이 어떻게 지배적인 남편에서 섬기는 남편으로 바뀌었는지 간증했다. 메시지의 요점은, 남편으로서 더 잘할 수 있다는 것이 아니었다. 우리는 모두 그 사실을 안다. 버거 박사의 메시지에서 가장 감동적이었던 것은, 아내를 사랑하는 법을 배움으로써 그가 어떻게 하나님을 더 사랑할 수 있는지 잘 알게 되었다는 것이다.

버거 박사의 이야기를 나누어 보겠다. 그의 간증은 많은 남자들이 여자를 어떻게 바라보는지 고백하는 데서 시작한다.

> 여성을 무시하기는 쉽습니다. 많은 남자들이 그렇게 하지요. 우리는 여성을 신체적으로 약하고, 위협하기 쉬우며, 집에서 하찮은 일을 감당하고, 감정적이고 비논리적이며 속 좁은 존재로 생각합니다. 아니면 성적인 대상으로만 보기도 합니다. 외모에 점수로 매기고 그녀들로 장식된 잡지들을 뒤적이면서도, 행여 성적으로 남자를 휘두르는 여성은 극도로 경계합니다. 남자들은 여자들이 (어머니와의 관계, 친구와의 관계, 여비서와의 관계, 아이와 교회와 심지어 하나님과의 관계에 이르기까지) 자신들의 모든 관계에 영향을 미치는 걸 싫어합니다.

여성을 무시했다고 '여러분을' 비난하려는 게 아닙니다. 제가 그랬습니다. 바로 저 말입니다. 제 나이의 사람들은 경제 대공황 시절에 거리에서 성장했고, 어릴 때부터 비참한 상황에서 분노와 경멸을 배웠으며, 그것으로 성격이 굳었습니다. 폭음을 하고, 현실을 도피하기 위해 여성을 성적 대상이나 종으로 보았습니다. 그 결과, 저는 결혼하고 나서 오랫동안 아내 수전과 일곱 자녀를 엄격하게 통제하면서 으스대는 동시에, 성경을 저의 특권과 권위를 앞세우기 위한 요긴한 증거물로 이용해 왔습니다. 성경은 분명히 남편에게 복종할 것을 아내에게 명령하고 있으니까요.

아내와 아이들을 지배하면서, 이들이 저에게 습관적으로 분개하고 두려워하면서도 제가 화를 낼까 봐 반항하지 못하도록 만든 것입니다. 아내나 자녀들과의 사이가 멀어지게 만든 장본인이 바로 저입니다. 저는 그들의 사랑을 잃었습니다. 우리 가족에게 집은 행복한 장소가 아니었습니다. 아이들만 아니었다면 수전은 5년 전에 저를 떠날 수도 있었습니다. 그때는 자녀라는 접착제마저 힘을 잃고 있었습니다.

그 후로 극적인 사건들이 많이 일어났습니다. 그로 인해 저의 도덕적, 정신적, 영적 삶이 근본적으로 변화되었습니다.[3]

극적인 사건들 가운데 첫 번째는, 아내가 힘들게 해산하면서 고통을 겪는 모습을 버거 박사가 본 것이었다. 태반이 떨어져 출혈이 시작되었고 아이는 사산되었다.

버거 박사는 그 일을 자세하게 설명한다.

새벽 2시, 삭막한 분만실에서 저는 생명이 없는 자그마한 아기를 품에 안은 채 믿기지 않는 죽음에 넋이 나갔습니다. 저는 아기의 죽음과 아내에 대한 분노심에 휩쓸려 가족의 삶을 더 힘들게 할 것인지, 아니면 올바르게 사랑하는 법을 배워 그들에게 더 나은 삶을 열어 줄 것인지 선택해야 했습니다. 제 품에 안긴 작고 무력한 아기의 주검을 보면서, 선택은 분명해졌습니다. 그 중대한 순간에, 하나님의 은혜로 말미암아, 저는 몹시 힘들고 극적이지도 않으며 때론 낙담을 겪게 될 선택을 내렸습니다. 선해지기로 애쓰는 길 위에 들어서는 것입니다.

이후로 4년 동안 우리가 견딘 고통을 다 이야기하기에는 시간이 너무 부족합니다. 아이들의 질병, 갑작스러운 어머니의 죽음, 저의 실직, 세 번에 걸친 아내의 유산, 그리고 뼈에 사무치는 슬픔…. 이 많은 고통을 겪으면서 저는 사랑을 배웠고, 더 이상 다른 사람에게 아픔을 주지 않을 유일한 방법이 제 안의 분노와 적개심, 경멸, 질투, 욕망, 자만 그리고 수십 가지의 다른 악덕을 참고 견디며 이에 맞서 싸우는 것임을 깨달았습니다.

저는 잠자코 있기 시작했습니다. 잘못을 인정하고 사과하기 시작했습니다. 너무 가혹한 판단을 받을 때도 제 자신을 변호하지 않았습니다. 중요한 것은 누가 옳고 그른 게 아니라 사랑이기 때문입니다.

이미 제 자신에게만 지나치게 관심이 있었기 때문에 이제는 저의 수고와 슬픔에 대해서는 이야기하지 않았습니다. 대신 아내의 수고와 슬픔을 헤아리고 그녀가 인내하도록 돕고자 노력했습니다.

진정으로 아내의 말에 귀 기울이고 그녀에게 말할 기회를 주고는 그녀의 상처와 슬픔이 얼마나 크고 많은지 알게 되어 너무 놀랐습니다. 대부분은 아내 혼자만이 아니라 모든 여성이 느끼는 슬픔이었습니다. 특별한 생리적 기능으로 막대한 책임과 의무를 지면서도 물질적 충족과 정신적 위로는 남편에게 의존해야 하는 구조 속에서 경험하는 슬픔이었습니다. 남편과 자녀들을 더없이 사랑하지만 이들에게 당하는 피해를 감당할 수 없어 생긴 슬픔이었고, 아무리 정숙한 여성이라도 남성의 음란한 시선과 말로 협박을 받아야 하는 사회에서 살아가면서 생긴 슬픔이었습니다. 여전히 여성을 어리석고 경솔하며 천박하게 여기는 사회에서 오는 슬픔이었고, 여성의 가치를 높게 보지 않고 존중하지도 않는 데서 오는 슬픔이었습니다.

대부분의 남자들이 깨닫는 것보다 여성은 훨씬 더 자주 깊이 상처받고 그로 인한 고통을 겪습니다. 여성은 남자들이 물어보지 않는 한 대개는 이런 슬픔에 대해 말하지 않습니다. 아마 우리 남자들이 그들의 문제를 가볍게 여기거나, 여자는 원래 그렇게 약하고 칭얼대는 존재라고 넘겨짚었기 때문일 테지요.

남자들이 모든 여성의 마음을 찌르는 이 슬픔의 칼을 다시 칼집에 넣을 수 있을까요? 저는 그렇게 생각하지 않습니다. 여성이 겪는 문제들은 대부분 무슨 해결책이 있는 게 아니고 그들이 존재하는 방식이기 때문입니다.

하루 종일 일하고 돌아온 남편에게 아내가 여러 잡다한 일과 걱정거리와 집안일에 대한 불평을 늘어놓습니다. 이야기를 듣던 남편은 끝내 화를 내며 이렇게 말합니다. "당신이 일하러 나가고 내가 살림을 하면 좋겠어?" 남편의 이 말이 무슨 의미인지 아시겠습니까? 한마디로 그는 아내의 문제를 해결해 줄 수 없다는 겁니다. 그러면 아내는 남편에게 무엇을 바라고 이런 불평을 한 걸까요?

제가 대답하지요. 아내는 남편이 자기 이야기를 들어 주고 이해하며 공감해 주기를 바랐습니다. 피곤에 찌들고 부스스한 차림새에도 불구하고 남편이 자신을 사랑해 주기를 바랐습니다. 자신의 힘든 사정을 남편이 안타깝게 여기며 할 수 있다면 대신 짐을 져 주고 싶어 한다는 것을 알기 원했습니다.

아내의 사랑을 되찾기 위해 버거 박사가 들인 수고와 생각의 전환은 효과가 있었다. 하지만 인내하고 귀 기울이며 부부간에 신뢰를 쌓는 데 3년이 걸렸다. 그 시간은 그에게 수백 년 같았다. 마침내 아내의 분노는 흩어졌고, 그녀는 냉소주의를 극복하고 '부드럽고 온화한 수전'이 되었다.

새롭게 변화된 결혼 생활은 특히 더 달콤하다. 존과 수전은 자신들 앞에 길고 행복한 결혼 생활이 놓여 있다고 믿었다. 두 사람에게 비극이 들이닥치기 전까지.

수전은 말기 암 판정을 받았다.

이후로 8개월에 걸친 투병 생활이 시작되었다. 병세가 깊은 환자를 돌보기란 상당히 어려운 일이지만, 버거 박사는 그것을 '얼마나 진정으로 아내를 사랑하는지 보여 주는' 기회로 받아들였다.

남편의 극진한 보살핌에도 불구하고 끝내 수전은 암을 이기지 못했다. 그녀는 가족들과 가장 친한 친구들에게 둘러싸여 마지막 숨을 거두었다. 그 손은 사랑하는 남편의 손을 잡고 있었다.

버거 박사에게 아내와 함께한 삶은 좋기도 하고 슬프기도 했다. 고통은 새로운 관계와 마음속에 묻혔다. 부부는 이제 최고의 친구가 되었고, 진정한 사랑의 의미를 알게 되었는데 그만 작별해야 했다. 그러나 버거 박사는 자신이 대부분의 사람들이 열망하지만 발견하지 못한 교제를 경험했음을 깨달았다. 그것은 영적으로 깊이 있는 사귐이었다. 아내는 떠났지만 이제 그 특별한 사랑에 대한 달콤한 기억이 그에게 남았다.

버거 박사는 아내와의 경험을 통해 자신이 어떻게 하나님과의 관계를 돌아보게 되었는지 말한다.

아내와 깊은 관계를 가지기 위해서는 인내와 경청, 겸손, 섬김, 그리고 신실하고 온유한 사랑이 필요하다는 제 말을 기억하시기 바랍니다. 이상하게 들릴지 모르겠지만, 하나님은 우리를 다루실 때 여러 면에서 여성처럼 행동하십니다.

여성은 우리 남자들이 두려움과 떨림이 아니라 깊은 경외심 가운데 깨닫게 하는 놀라운 능력이 있으며, 그런 위대한 행동을 합니다. 여성은 조용히 사랑하며, 그 사랑을 말할 때도 속삭입니다. 그러므로 우리는 주의 깊고 신중하게 그 사랑의 목소리를 듣고 알아차려야 합니다.

하나님도 그렇게 하시지 않습니까?

하나님도 우리가 자신을 돌아보지 못하고 주의를 기울이지 않거나 신중하지 않으면 속삭임으로 간섭하십니다. 우리가 지속적으로 그 사랑의 속삭임을 듣고자 애쓴다면 어떻게 될까요? 진정으로 여성을 사랑하고 되돌아오는 그 사랑을 진실로 받아들이기 위해서는 인내와 경청, 겸손, 섬김, 신실한 사랑과 같은 미덕이 필요합니다. 이것은 우리가 하나님을 사랑하고, 그분이 베푸시는 사랑을 받는 데 필요한 미덕이기도 합니다. 여성을 알고 그들과 더 친밀해지려면 그 위에 군림해서는 안 되는 것처럼, 하나님을 알고 그분과 더 친밀해지려면 그분 위에 군림할 수 없습니다.

여성과 하나님의 사랑을 제대로 요구하는 법을 잘 모르기에 우리는 기다려야 합니다. 우리가 우리의 연약함을 겸손히 인정할 때 우리 안에서 그 연약함을 보고 여성의 마음이 누그러지는 것처럼, 우리의 연약함을 겸손히 인정할 때 하나님의 마음도 가장 부드럽고 자비롭게 녹아내립니다.

이 이야기는 주로 남성을 대상으로 하지만 여성에게도 같은 원리를 적용할 수 있다. 사랑하는 데 정말 서툴렀던 이 남자의 이야기에서 우리는 하나님을 사랑하는 법을 배울 수 있다. 이것은 성경적 진리다. 사도 요한은 분명하게 이야기한다. "누구든지 하나님을 사랑하노라 하고 그 형제를 미워하면 이는 거짓말하는 자니 보는 바 그 형제를 사랑하지 아니하는 자는 보지 못하는 바 하나님을 사랑할 수 없느니라 우리가 이 계명을 주께 받았나니 하나님을 사랑하는 자는 또한 그 형제를 사랑할지니라"(요일 4:20-21).

사람들이 당신과 참 다르다는 생각이 들지 않는가? 정말 다르다. 당신은 이렇게 생각하는데 상대방은 저렇게 생각한다. 당신은 이 관점이 가장 바르다고 확신하는데, 상대방은 완전히 다른 각도에서 이야기한다. 그럴 때 우리는 '나와 완전히 다른 사람을 어떻게 사랑할 수 있을까?' 자문하게 된다.

다음 질문에 솔직하게 대답해 보라. "당신은 어떻게 하나님을 사랑할 수 있었는가? 그분은 영이시고, 당신은 살과 뼈에 둘러싸여 있다. 그분은 영원하시고, 당신은 시간에 매여 있다. 그분은 온전히 거룩하시고 완전하며 죄가 없지만, 당신은 나처럼 죄에 물들어 있다."

원리적으로는, 사람이 사람을 사랑하는 것이 사람이 하나님을 사랑하는 것보다 훨씬 쉽다. 그러나 우리는 사랑에 너무 서툴다.

그래서 결혼은 결혼 그 이상의 의미가 있다. 결혼은 자신에게서 벗어나 '다른 것'을 사랑하는 법을 배우기 위한 부르심이다. 결혼 관계 속에서 당신이 배우자와 가장 친밀한 상황을 생각해 보라. 당신은 당신과 전혀 다른 사람과 결혼했다. 그 사람과 같은 집에 살며, 같은 침대를 쓰며, 함께 몸을 섞는다. 당신과 결혼했지만, 당신과는 철저히 다른 상대방을 존중하고 인정해야 가능해지는 일이다.

우리는 부족하고 연약하기에 자기 자신에게서 벗어나야 하는 부르심을 받았다. 하나님은 우리가 '전적 타자이신' 그분 안에서 이 완전함을 발견하고 만족을 얻도록 만드셨다. 결혼은 우리 자신이 그 자체로 전부가 아니라는 사실을 보여 주고, 우리 자신을 내어 줌으로 다른 사람 안에서 기쁨과 행복, 환희까지 발견하게 한다.

남편이 아내를 지배할 때 배울 수 있는 교훈은 없다. 아내가 남편을 교묘히 이용할 때 앞다투어 지킬 만한 감동적인 본보기는 없다. 그러나 사랑은 우주의 영적 비밀을 드러내 보인다. 사랑은 영원으로 향하는 문을 열고 영원에서 쏟아지는 빛줄기를 우리에게 내려 준다.

기독교는 어떤 것을 믿는 종교임에 분명하지만, 기독교를 알리고 드러내고 영광스럽게 만드는 것은 지식으로 이루어진 진리가 아니다. 기독교의 아름다움은 사랑을 배우고 행하는 데 있으며, 결혼만큼 그것을 확실하게 시험할 수 있는 장도 없다.

그렇다. 배우자를 사랑하기란 어려운 일이다. 그러나 진정으로 하나님을 사랑하고자 한다면, 바로 지금 왼손가락에 낀 반지를 보며 그것이 무엇을 의미하는지 새롭게 탐구해 보라. 그리고 열정적으로, 미친 듯이, 끈기 있게 그 반지를 끼워 준 육체를 지닌 사람을 사랑하라.

그것은 당신이 할 수 있는 가장 영적인 일 가운데 하나다.

우리는 모두 시궁창 속에 있다.
하지만 그 가운데 몇몇은 별을 바라본다.
오스카 와일드

우리는 결혼을 원죄로부터의 안전한 피난처라고
여겨서는 안 된다. 순진한 생각이다.
삶의 가장 깊은 갈등은, 원죄의 영향을 받은
가장 기초적인 관계에서 일어난다.
바로 결혼에서.
댄 알렌더 • 트렘퍼 롱맨 3세

4.

존중을 배울 때

"하루 종일 쉴 틈이 없어." 브라이언은 푸념을 늘어놓았다. "집에 오면 저녁 차리는 것을 돕고, 아이들과 놀아 주고, 설거지하고, 다음에는 아이들을 재우고…. 그제서야 일이 끝나! 그러면 밤 9시 30분이야. 완전 기진맥진해."

"그 시간에 부인은 뭘 하는데?" 나는 물어보았다.

"인터넷을 해. 온종일 채팅만 해."

"심각한 정도야?"

"응, 아내는 하루 종일 컴퓨터로 사람들과 이야기하는 데 시간을 보내. 나나 아이들보다 그들과 이야기하는 시간이 더 많아. 정말 넌더리가 나."

몇 시간 후, 브라이언이 갓난아이의 기저귀를 갈아 주고 있을 때였다. 그의 아내 셰릴은 브라이언이 빚에 쪼들리며, 아이들과 놀아 주지 않고, 가장 역할도 못하며 어떻게 결혼 생활을 망쳐 놓았는지 이야기하기 시작했다.

셰릴의 말을 듣고 내 아내는 깜짝 놀랐다. 아내는 고등학교 때부터 브라이언을 알고 지냈는데, 브라이언은 늘 아이들을 잘 돌봐 주고 검소하게 생활한다고 생각해 왔기 때문이다.

같은 결혼 생활을 두고 두 사람의 말이 이렇게 다를 수 있다는 사실이 당황스러웠다. 브라이언과 셰릴은 그날 내내 서로에게 상처가 되는 말을 했고 동지가 아니라 적이 되었다.

"좋아요, 게리. 그를 아예 뭉개 버려요."

내가 브라이언과 카드 놀이를 하면서 그의 점수를 다 딸 지경에 이르렀을 때 셰릴이 한 말이다. 친한 사이에 웃자고 하는 농담이기보다는 적의 몰락을 즐거워하는 심술이 묻어나는 말이었다.

나는 그날 일을 회상하다가 전에 읽은 책이 떠올랐다. 『경건한 삶으로의 안내』(*An Introduction to a Devout Life*)를 쓴 프란시스 드 살레가 어느 편지에 쓴 문구인데, 단순하지만 아주 강력한 메시지를 담고 있다. "멸시감을 멸시하라."

브라이언과 셰릴은 서로에 대한 경멸로 가득 차서 상대방의 실수를 끄집어 내느라 시간 가는 줄 몰랐다. 두 사람 중 한 명은 (아니면 둘 다) 분명 집에서 일어난 상황에 대해 거짓말을 하거나, 실제로 그들의 결혼 생활을 왜곡된 시각으로 보고 있었다.

이 장에서는 특별히 배우자를 존중하는 법을 살펴보려고 한다. 상대방에 대한 존중을 주님의 명령이나 영성 훈련으로 생각하는 그리스도인이 거의 없다는 것은 슬픈 현실이다. 우리는 존중받는 데 집착하지만, 상대방을 존중해야 한다는 의무에 대해서는 별로 생각하지 않는다.

성경은 이에 대해 많이 언급하고 있다. 우리는 부모(레 19:3 참조), 노인(레 19:32 참조), 하나님(말 1:6 참조), 배우자(엡 5:33, 벧전 3:7 참조), 그리고 모든 사람을 똑같이 존중하라는 명령을 받는다. "뭇 사람을 공경하며 형제를 사랑하며 하나님을 두려워하며 왕을 존대하라"(벧전 2:17).

우리에게는 존중받고자 하는 본능이 있다. 거기에는 예외가 없다. 그러한 욕구가 채워지지 않을 때 우리는 파괴적인 모습을 보이고 싶은 유혹을 느낀다. 존중받기 위해 노력하기보다는, 사람들의 존중하지 않는 행동이 무의미하다는 것을 자신에게 확신시키기 위해 상대방을 꺾으려고 한다. 영적으로 이것은 깨뜨리기 아주 어려운 굴레이며 악순환되면서 우리를 약화시킨다.

하나님은 이 문제를 해결할 방책을 가지고 계신다. 그것을 받아들인다면 우리는 그동안 문제를 겪던 관계를 새롭게 바꿀 수 있다. 많은 사람들이 존중'받기 위해' 애쓰지만, 그리스도인은 상대방을 존중'하라는' 부르심을 받았다. 상대방에게 치명적인 성격적 결함이 있다는 것을 너무 잘 안다 해도 우리는 그를 존중해야 한다. 자신과 가까운 사람들을 존중하는 법을 배우려면 자신을 유연하게 확장시키는 일부터 해야 한다. 그리고 그 과정에서 "멸시감을 멸시해야" 한다.

탐사가 끝난 강은 따분하다

결혼 후 첫 주에 있었던 일이 아직도 생생하게 기억난다. 한번은 약품 상자에서 손잡이가 가위처럼 생기고, 끝부분에는 집게 같은 것이 달린 금속 제품을 발견했다.

"대체 이건 뭐야?"

"속눈썹을 말아 올리는 도구예요."

"당신도 그런 걸 해?"

"물론이죠."

세상에 이런 물건도 있다니 나는 깜짝 놀랐다.

"여자들은 거리를 지나다가 이렇게 말할 수도 있겠네. '어머, 저 여자 좀 봐. 속눈썹 말아 올리는 걸 잊었나 봐.' 그리고 그 사람을 따돌리기도 해?"

"바보 같은 소리 좀 하지 말아요." 아내는 뷰러를 낚아채며 말했다.

결혼 초에는 이렇듯 서로를 알아 가는 과정이 이어진다. 당신은 처가에서 현관 앞에 쓰레기통을 두는 것을 보기 전까지는, 모든 가정의 쓰레기통이 싱크대 왼쪽 아래에 놓여 있다고 생각할 것이다.

"쓰레기통을 거기 놔두면 안 돼!"

"왜 안 되는데요?"

"우리 엄마는 거기에 쓰레기통을 둔 적이 없어."

아내가 곧잘 양념통에 약을 넣어 둔다는 사실을 받아들이는 데도 몇 년이 걸렸다. 비상용 위장약을 바닐라 향신료나 소금 옆에 두는 것은 뭔가 상식적이지 않다. 그런데 처가집 식구들은 그렇게 했다.

그러나 시간이 흐르면서 이렇듯 소소한 신비들은 아주 익숙한 것이 되는데, 바로 이때 멸시하는 감정이 침투하기 시작한다.

마크 트웨인은 자신이 그토록 사랑했던 미시시피 강을 깊숙이 탐험한 이야기를 솔직하게 들려준다. 그는 강의 만곡과 굽이침과 선회점을 거의 다 기억해 가며 경이로운 마음으로 강을 따라 내려갔다. 그러던 어느 날 아침에 눈을 뜬 마크는 더 이상 미시시피 강에서 시적 감흥을 느끼지 못하는 자신을 발견하고 괴로웠다. 거대한 물길에서 느끼던 신비감이 지루한 예측으로 바뀌었던 것이다. 그는 강을 사랑한 게 아니라 강에 대한 자신의 사랑을 사랑한 것이다.

모든 결혼이 이런 단계를 거친다. 황홀한 사랑은 예측 가능한 일상으로 사라져 버린다. 신비감은 대체로 우스꽝스러운 친숙함으로 바뀐다. 아내는 남편이 어떤 모습으로 소파에 앉을지 정확히 알고, 남편은 아내가 어떻게 전화를 받을지 너무 잘 안다.

내가 아는 한 부부가 있다. 그 아내는 남편의 생일에 골프채를 사주기로 마음먹었다. 그래서 골프 용품점에 들러 주인에게 말했다. "골프채 값을 미리 계산할게요. 내일 밤에 남편과 함께 올 거거든요. 남편은 아마 이 골프채를 가장 마음에 들어하고 저와 상의한 후 채를 집어들 거예요. 그때 그에게 이렇게 말해 주세요. '부인이 이미 계산하셨습니다. 생일 축하드립니다.'"

주인은 반신반의하면서 그러겠다고 했다.

다음 날 아내는 일부러 골프 용품점 바로 옆에 있는 레스토랑으로 남편을 데려갔다. 저녁을 먹은 후 남편은 (예상대로) 골프 용품점을 가리키며 말했다. "저기 잠깐 들르는 게 어때?"

"좋아요." 아내는 대답했다.

남편은 가게에 들어가 골프채 두 세트가 있는 곳에서 발걸음을 멈추었다. 그러고는 아내와 상의한 후 가장 마음에 드는 물건을 집어들었다. 주인은 전날 부탁받은 대로 자신의 임무를 완수했다.

사랑하는 사람을 이토록 친숙하게 알아 버린 뒤에도 '사랑에 대한 사랑'이 아닌 한 사람으로서 상대방을 사랑하는 것이 가능할까?

위대한 시인 로버트 브라우닝과 엘리자베스 바렛 브라우닝(많이 인용되고 패러디되는 시 "당신을 어떻게 사랑하냐고요? 헤아려 볼까요"를 씀) 부부는 서로 완전히 벗은 모습을 한 번도 본 적이 없다고 한다. 이들 부부의 열정은 전설처럼 전해지는데, 육체에 대한 신비감이 둘의 열정을 그토록 오래 굳건히 지킨 건지도 모르겠다.

배우자와 그의 약점에 익숙해질수록 그를 존중하기가 어려울 수 있다. 그러나 상대방을 존중하지 못하는 것은 결혼 생활에서 피할 수 없는 좁은 길이라기보다는 자신이 영적으로 미성숙하다는 표시다.

바울이 고린도 교회에 쓴 서신을 보라. 비록 그는 분쟁이 있는 교회에(고전 1:11 참조), 지혜가 없고 능하지 않은 자들(1:26 참조), 육신에 속하여 그리스도 안에서 어린아이 같은 자들(3:1-3 참조), 스스로 교만한 자들(4:18 참조), 아버지의 아내를 취한 자(5:1 참조), 불의한 자들 앞에서 고발하는 자(6:1 참조), 지혜에 아이 같은 자(14:20 참조)에게 말하고 있지만, "내가 너희를 위하여 항상 하나님께 감사하노니"(1:4)라는 말로 그들을 높이고 있다.

바울은 그 모든 허물을 알 정도로 그들과 가까웠지만, 늘 그들로 인해 하나님께 감사했다. 왜일까? 그 핵심이 1장 4절에 나온다. "그리스도 예수 안에서 너희에게 주신 하나님의 은혜로 말미암아."

C. J. 매허니가 감동적으로 설명하듯, 잘못보다는 '은혜의 증거'를 찾고자 애쓸 때 우리는 가까이 있는 죄인들로 인해 감사할 수 있다. 아내가 점차 성화되어 가는 과정에서 하나님이 베푸신 은혜의 증거를 내가 얼마나 목격하고 있는지 깨닫지 못한 채, 그녀가 얼마나 내 눈에 차지 않는지만 생각한다면, 나는 바리새인과 다를 바 없이 율법적인 남편일 것이다. 상대방을 존중하는 것은 호의가 아니라 의무다. 이는 하나님의 선하신 은혜를 깊이 이해하는 데서 나오는 성숙한 행위다.

편견에 맞서는 도전

어느 날 아내가 내게 전화기를 건네며 말했다. "게일이 흥분했나 봐요. 제임스가 당신과 통화하고 싶대요."

나는 전화기를 받아들었고, 게일과 제임스 부부가 무척 어려운 시기를 지나고 있음을 알게 되었다.

"게일은 내가 자기를 억압한대. 자기를 존중하지 않고 무시한다나 뭐라나." 제임스는 다소 빈정거리는 투로 말했다.

"정말이야?"

"게일의 상담가가 여자래. 그 상담가를 믿을 수 있을지 모르겠어."

"제임스, 내가 이해한 대로 말할게. 자네는 사실이 아니라고 생각하겠지만, 게일은 자네가 자신을 여자로서 존중하지 않는다고 생각해. 그런데 자네는 게일의 상담가가 여자라는 이유로 함께 상담하러 가고 싶지 않고, 그 상담가를 믿지도 못하겠다는 것 아냐?"

긴 침묵이 흘렀다. 나는 결국 이런 일이 생길 줄 알았다. 게일을 처음 보았을 때, 왜 제임스가 그녀를 선택했는지도 알았다. 제임스는 상남자로 자랐고, 배우자로 '남자의 여자'를 찾았다. 사실 우리는 그가 데이트했던 여성들에 대해 이야기했다. 나는 그에게 도전하거나 그를 이용하거나 위협하거나 어떤 방법으로든 그와 맞서려는 여성은 본 적이 없다. 그가 데이트하는 상대는 엄하고 윽박지르기 좋아하는 아버지 밑에서 자라 남편 말에 무조건 동의하고, 예쁘고, 날씬하고, 금발인데다 남편의 오른팔에 안기며 미소 짓는 법, 이야기하며 걸을 때 웃는 법, 사랑하고 아기 돌보는 법을 알고 있는 여성들이었다.

한편, 게일은 진정한 관계를 원했다. 단순히 남성의 액세서리가 되고 싶지 않았다. 그래서 제임스에게 위기가 찾아온 것이다. 그러나 그가 처음 생각했던 것처럼 게일이 흥분한 것 자체는 위기가 아니었다. 위기는 제임스가 일반적으로 여성에게, 특별히 게일에게 편견을 가지고 대하는 태도를 고쳐야 한다는 압력을 받은 것이다.

예수님은 제자들이 알게 모르게 가지고 있던 그와 비슷한 태도에 일부러 맞서셨다. 우물가에서 여인과 대화함으로 랍비들의 전통을 공개적으로 깨셨다(요 4장 참조). 당시 랍비 혼자 여성과 함께 있거나 신학에 대해 논의하는 것은 있을 수 없는 일이었다. 여성에게 특별한 상황에 관한 율법을 배울 기회를 주자는 제안이 있었을 때, 한 랍비가 이렇게 대답했다고 한다. "딸에게 율법을 가르치는 것은 음란을 가르치는 것과 같습니다."[1]

예수님이 우물가에서 한 여인과 대화하는 것을 본 제자들의 반응(요 4:27 참조)을 서술하는데 '이상히 여겼다' 또는 '놀랐다'는 표현으로 '쉽사리 믿지 못한다'는 뜻의 헬라어 다우마조(*thaumazo*)가 쓰인 이유가 이것이다. 그들은 이렇게 생각했다. '어떻게 이런 일이 있을 수 있지? 내가 지금 보고 있는 게 정말 실제로 일어나고 있는 일일까?'

제자들이 놀랐던 이유는 당시의 노골적인 반(反) 여성 풍토에 익숙했기 때문이다. 예수님이 살던 시대에 팔레스타인 여성은 많은 제약을 받았다. 회당이 시작되는 데 필요한 최소 구성 인원 10명에 여성은 포함될 자격이 없었다. 여성의 증언은 법정에서 효력이 없었다. 여성은 교육 대상도 아니었다(탈무드는 "토라의 말씀을 여성에게 가르치느니 불태우는 게 낫다"고 말한다). 그리고 종종 사회로부터 격리되어 집안에서 입을 다물고 있어야 했다. 고대의 유대인 남성은 여성을 멸시하는 내용이 뚜렷한 기도문을 종종 낭독하곤 했다. "저를 이방인으로 태어나지 않게 하신 하나님께 찬양드립니다. 저를 여자로 태어나지 않게 하신 하나님께 찬양드립니다. 저를 무식하지 않은 사람으로 창조하신 하나님께 감사드립니다."

예수님은 용기 있는 말씀과 함께 담대한 방법으로 여성의 지위를 높이고, 그녀들을 자신의 친한 친구이자 따르는 이들 무리에 포함시키면서 여성에 대한 기존의 태도에 도전하고 맞서셨다(눅 8:1-3 참조). 예수님은 여성을 존중하셨고, 그들이 가까이에 있기를 바라셨다. 그러면서도 진정한 사랑과 순수함으로 행동하셨기에 추문 비슷한 어떤 일도 없었다.

내 친구 제임스는 결혼하고 나서야 비로소 자신이 지니고 있던 여성 혐오적 관점에 도전을 받았다. 그는 아내에게 "내가 여자라는 이유로 당신은 나를 존중하지 않는 군요"라는 말을 듣고 나서야 자신의 잘못된 태도를 깨닫기 시작했고, "상담가가 여자래. 그 상담가를 믿을 수 있을지 모르겠어"라고 내뱉은 말은 그에게 올무가 되어 돌아왔다.

차이점

우리가 만난 많은 부부들의 문제는 짐과 수전, 마크와 다이앤, 롭과 질 등 각 부부만의 문제가 아니었다. 주로 남자와 여자의 문제였다. 또한 배우자와 자신이 실제로 얼마나 다른지 충분히 이해하고 아는 일에 게으르거나 이기적이어서 생기는 문제였다.

나는 그 점을 매우 힘들게 배웠다. 그 모든 지난한 과정을 당신은 겪지 않기를 바라며 얘길하자면 자초지종은 이렇다. 강연 요청이 들어왔고 나는 미국 북서부의 맨끝 워싱턴 주 벨링엄에서 대륙을 횡단하여 노스 캐롤라이나 주 롤리까지 가는 동안 다섯 시간을 운전하고, 네 군데의 공항을 거쳐 세 번이나 렌터카를 예약해야 했다. 몹시 지쳤지만, 시트콤 '사인필드' 시리즈에 나오는 인물처럼 행동하는 완전히 정신 나간 택시 운전사까지 만났다.

    나는 당시 열 살 된 큰딸과 함께 길을 나섰다. 내가 롤리에 가 있는 동안 딸을 북부 버지니아의 친구 집에 잠시 맡겨 놓을 계획이었다. 그런데 항공기 운항이 취소되는 바람에 밤 11시가 넘어 앨리슨을 맡길 수 있었고, 기진맥진한 상태로 새벽 1시까지 운전하다가 중간에 예정에 없던 호텔에서 묵어야 했다.

    다음 날 아침 일찍 눈을 뜨자마자 다시 운전대를 잡았고, 많은 청중들 앞에서 강연하기로 한 당일 저녁이 돼서야 롤리에 도착하여 운전석에서 내려올 수 있었다. 집회 전에는 전화 인터뷰를 마쳐야 했고, 교정본을 출판사에 우편으로 보내야 했으며, 몇 통의 전화를 추가로 받아야 했다.

    회의장에 있어야 할 시간보다 겨우 한 시간 앞서 호텔에 들어갔고, 아내에게 전화했다. 그런데 아내가 몇 마디 하기도 전에 말 끝을 흐리며 울기 시작했다. 컴퓨터에 문제가 생겨서 새 것을 사려면 돈이 들 거라는 이야기였다. 나는 그날 할 강연 준비에 여념이 없었다. 힘든 여정 끝에 집중해서 강연을 준비하려면 1분 1초가 아까운 상황에서 아내가 눈물을 흘리자 화가 났다. '내가 출장 중일 때만이라도 좀 더 강해질 순 없나?'

    나는 기도하려 애썼지만 혼란은 가시지 않았다. '잘하는 짓이다. 사람들 앞에 나서기 직전에 이런 생각이 드는 건 뭐야!' 아내가 내 기분을 이렇게 만든 것에 대해 비난하지 않기로 했지만 100퍼센트 성공하지는 못했다.

"출장 다니는 남자의 아내는 집에서 더 강해져야 해." 전화를 끊고 나서도 나는 계속 이렇게 혼잣말로 중얼거렸다. 그리고 갈수록 그 말을 더 크게 하고 있다는 사실을 깨달았다.

2주 후, 나는 〈워싱턴 포스트〉지에서 주목할 만한 체험 기사를 읽었다. 리자 먼디라는 여자가 회의에 참석했다가 겪은 일을 기고한 내용이다. 먼디는 자기도 모르게 갑자기 눈물이 나왔다고 했다. 특별한 일이 일어난 것도 아닌데, 그저 이런저런 일들이 겹치면서 그녀는 화가 나고 짜증이 났으며 피곤해졌다. 그리고 이 모든 감정이 한꺼번에 몰려와 울기 시작했다. 그녀는 이렇게 썼다. "갑자기 얼굴이 달아오르며 눈물이 났다. 참아 보려고 아무리 눈을 깜빡여도 소용이 없었다. 나중에 한 친구가 내게 한 말이 맞았다. '너는 다른 사람들이 한 말 때문에 운 게 아니야. 눈물이 나니까 운 거지.' 정말 그랬다."

한 문단 뒤에 먼디는 이런 글을 덧붙였다. "이런 눈물에 너무 신경 쓰지 마라. 별 의미가 없다. 사실 그날 그곳에서 일어난 대화 때문에 화가 난 게 아니라 그저 피곤하고 스트레스를 받았으며 화가 났을 뿐이다! 나도 대부분의 여자들처럼 때로는 눈물이 땀처럼 별 의미 없음을 안다."

남자인 내가 생각하기에 눈물은 망연자실하여 아무것도 할 수 없을 때 나는 것이다. 직장에서 운다는 것은 갑자기 울 수밖에 없는 비극적인 일이 있다는 뜻이다. 그러나 먼디의 글을 읽고 나서, 내가 생각하는 눈물과 아내가 의미하는 눈물이 완전히 다름을 비로소 알게 되었다. 나는 아내의 눈물을 보면서 그녀가 무너지고 있다고 생각했다. 그런데 아내는 마치 땀을 흘리듯 눈물을 흘렸던 것이다.

아마 아내보다 정서적으로 더 강한 여성과 결혼했더라도 같은 상황에 처했을 것이다. 리사로 인해 껄끄럽게 느꼈던 점을 다른 여성들에게서도 똑같이 느꼈을 것이다. 그것은 나와 리사의 문제가 아니라 남성과 여성의 차이에서 오는 문제이기 때문이다.

몇 달이 지나, 리사가 성 금요일에 눈물을 참으려고 애쓰는 모습을 보았다. 막내딸 켈시가 셔츠에 반짝이를 묻혀서 세탁소에 맡겼는데 깨끗이 세탁되지 않아 교회에 못 입고 가게 생겼다. 리사는 눈이 둥그레지더니(지난 14년간 너무 많이 본 모습이다) 울지 않으려고 눈을 깜빡거렸다.

나는 현관 앞에 서서 생각했다. '왜 우는 걸까? 반짝이 때문에? 아니면 셔츠? 큰일이군!'

하지만 나는 곧 아내를 존중하자고 생각했다. '게리 그만해! 리사의 눈물은 좀 달라. 아내를 판단하지 마.'

나는 입을 다물었다. 아내의 눈물은 곧 들어갔고 우리는 큰 소란 없이 교회에 갈 수 있었다.

이 과정을 눈여겨보라. 나는 진정으로 아내를 존중하기 전에 먼저 더 잘 이해하는 법을 배워야 했다. 아내를 온전히 사랑하기 전에 존중해야 했다. 놀랍게도 그것은 영적 치료의 과정이며, 나의 자아를 비우고 그 자리에 다른 사람에 대한 사랑을 키우는 일이었다.

찰스 윌리엄스는 "상호 침공이 있고 나면, 각자의 자아가 부서지고, 두 사람은 자신이 받은 사랑으로 변화될 수 있다"[2]고 말한다. 나는 부서져야 한다. 그래야 변화될 수 있다.

판단하는 태도로는 나를 부술 수 없다. 의기양양해지고 자만으로 가득 차게 될 뿐이다. 그러나 존중하는 법을 배울 때, 나는 그 과정을 통해 변화되었다.

영적 평등

남자와 여자는 하나님 앞에서 평등하다. 이 진리는 남녀가 같다거나 남녀의 역할이 같아야 한다는 의미가 아니다. 성경이 가르치듯, 남자와 여자가 모두 하나님의 형상으로 만들어졌다는 것이다. 이것은 창세기 1장 27절에 나오는 가르침이며, 신약에서 사도 바울이 "남자나 여자나 다 그리스도 예수 안에서 하나이니라"(갈 3:28)고 썼을 때 주장했던 바다.

아내가 하나님의 형상대로 지음받았다는 사실이 나에게는 어떤 의미가 있을까? 어떤 이유로든 아내에 대한 우월감은 잘못이며, 무엇보다 아내를 무시하지 않도록 조심해야 한다. 그런데 단순히 아내를 무시하지 않는 것만으로는 하나님의 형상대로 지음받은 아내를 존중한다고 보기 어렵다.

한번은 가족들과 함께 렘브란트 작품이 전시된 국립 미술관에 갔다. 한참 무언가를 만지는 데 재미를 붙인 우리 아이가 그림에 손을 대려 했다. 아내는 엄하고 낮은 소리로 주의를 주며 아이의 손을 붙잡았다. 아내는 경비의 눈을 피해 나지막히 말했다. "이건 진짜 렘브란트 그림이야. 손대면 안 돼!"

아내는 진짜 하나님의 작품이다. 그러니 내가 어떻게 아내를 함부로 대할 수 있겠는가? 아내에게 손대기 전에 잠시 멈칫이라도 해야 하지 않겠는가? 창조주의 딸이니 말이다.

그럼에도 배우자를 존중하기가 어려운 이유는, 그것이 단순히 상대방을 낮추는 일을 하지 않는 차원을 훨씬 넘어서기 때문이다. 벳시와 게리 리쿠치가 지적한 것처럼 "존중은 수동적인 행위가 아니라 능동적인 행위다. 우리는 사람들 앞에서 아내를 칭찬하고, 아내의 소질과 재능을 인정하고, 아내가 한 모든 일에 고마움을 표현해야 한다. 표현하지 않은 존중은 존중이 아니다."[3]

내가 아내를 존중하는 데 가장 큰 장애는 바쁘거나 깜빡하는 것이다. 아내를 존중하지 않는 것이 아니라 능동적으로 아내를 존중하는 것을 나도 모르게 잊어버리는 것이다. 그래서 아내를 존중하는 일은 노력이 필요한 영적 훈련이다.

예외는 있다. C. J. 매허니는 아내를 존중하는 마음이 거의 본능처럼 각인된 사람이다. 많은 부모들이 흔히 자신들의 아이를 자랑하는 데 열을 올리지만 매허니는 다르다. 누군가 그에게 "장담하는데 그 애는 자네 눈에 넣어도 아프지 않을 걸세"라고 말하자 그는 잠시의 주저함도 없이 아내를 바라보며 이렇게 말했다. "아니, 아내야말로 내 눈에 넣어도 아프지 않지."[4]

부모가 되는 것만큼이나 아내를 존중하는 것도 영적 훈련이 되는 이유는 단순하다. 나는 특별히 아내를 존중하면 할수록 다른 여성들도 존중하게 된다는 사실을 깨달았다. 그 반대도 마찬가지다. 혹시 "뭐 저런 여자가 다 있어!"라고 말한 적이 있다면, 당신은 지금 영적으로 심각한 병에 걸렸다고 보아야 한다. 모든 '저런' 여자가 하나님의 형상대로 만들어진 존재다. 그러니 그 말은 모든 여자를 지금 모습 그대로 창조하신 분을 무시하는 것과 같다.

다른 사람을 존중하면 우리 삶에 빛과 생명이 들어온다. 우리 모두를 그분 보시기에 좋은 형상으로 창조하신 하나님에 대한 인정으로 이어진다. 이는 매우 중요한 영적 훈련이며, 결혼은 우리가 이 부분에서 자랄 수 있는 기회를 날마다 제공한다.

우리의 관계에서 멸시감을 멸시할 수 있는 실제적 방법을 함께 살펴보자.

멸시감을 멸시하라

나의 이중 잣대

슬프게도 결혼하고 나서 수년 동안, 나는 아내와 나의 다양한 성격적 특성 중 플러스 요소와 마이너스 요소를 따지는 데 시간을 허비했다. 문제는 단순했다. 나의 장점과 아내의 단점에 집착한 것이다. 이후에 나는 위대한 청교도 신학자 존 오웬이 쓴 글을 읽게 되었다. "자기 마음에 있는 악을 깨달은 사람만이 유익한 열매를 맺으며 견고한 믿음과 순종을 지켜낼 수 있다. 반면 자기를 기만하는 사람은 가족과 교회와 다른 모든 관계를 망친다. 자기를 높이고 남을 비판할 때마다 그것

이 얼마나 이중적인지 깨닫지 못한다."⁵

'나만큼은 의롭다'라는 감정에 휘둘려 내가 얼마나 기만적으로 살아 왔는지 깨달았다. 아내를 개선시키는 데 초점을 맞출 게 아니라 하나님 앞에 무릎을 꿇고 나 자신을 변화시켜 달라고 애원해야 했다. 어느 날 아침에 일어나서 성경을 따라 기도하면서 이 생각은 더욱 확장되었다. 갑자기 이런 물음이 떠올랐다. "아내는 자신이 예수님을 닮은 사람과 결혼했다고 느낀 적이 있을까?"

이런 생각을 하는 내가 엉뚱하다 싶어 웃음이 났다. 웃을 일이 아니었다. 성경을 읽을 때마다 곳곳에서 나는 예수님을 닮아 가라는 음성을 듣는다. 그 음성은 내가 순종해야 하는 명령이다. 그러므로 아내는 나와 지내면서 최소한 서로 닮아가는 가족이 된 듯한 기분이라도 느낄 수 있어야 한다. 아내를 위해 나 자신을 개선시켜야 한다는 의무에 내가 얼마나 부족하고 소홀했는지 깨달아야 했다.

"잠깐!" 이기적인 내 자아가 외쳤다. "그럼 아내는 어떤데?"

나는 아내가 얼마나 나아졌으며, 그것이 우리 결혼 생활에 얼마나 도움이 되었는지 생각하기 시작했다. 그 순간 위대한 작가 윌리엄 로우의 글이 떠올랐다.

긍휼의 마음으로 죄인을 바라보지 않는 자에게는 그리스도의 영이 없다. 너무 약하고 흠이 많은 이들을 향해 사랑과 긍휼의 마음으로 가득할 때 당신은 그 어느 때보다 완전한 사람이다. 반면, 다른 사람이 당신에게 행동한 것 때문에 너무 화가 나고 감정이 상했을 때 그 어느 때보다 기뻐하기 바란다. 모든 죄는 미워하고 혐오해야 마땅하지만, 그 다음엔 그 죄와 맞서 싸울 수 있기 때문이다. 병이 들어 아픈 이들에게 사랑과 긍휼의 손길을 내밀어 우리가 그 질병에 맞서 싸울 수 있는 것처럼 말이다.[6]

이것은 받아들이기 참 힘든 말이다. 그러나 윌리엄 로우는 나의 존중심이 멸시감으로 바뀐다면, 그것은 아내가 부족해서가 아니라 내가 연약하기 때문이라고 말한다. 내가 충분히 성숙하다면, 그리스도가 그러셨듯, 아내의 연약함을 향해 긍휼의 마음을 품을 것이다. 존중은 영적 훈련이며 아내에게 실천해야 하는 나의 의무다.

다행히 내 삶에 변화가 일어났고, 그로 말미암아 나는 다른 관점으로 모든 것을 바라보게 되었다.

새로운 이해를 얻다

내가 프리랜서로 일하게 되면서 우리의 결혼 생활은 새로운 국면에 접어들었다. 생활비를 아끼려고 나는 집에서 일했다. 문제는 우리가 세 자녀와 함께 비좁은 집에서 살았다는 것이다.

다시 말해, 나는 침실에서 일을 했다.

다른 부부들은 우리의 결혼 생활에 놀라워하며 이렇게 물었다. "그런데도 여전히 서로 좋아 보여?"

사실 집에서 일하면서 나는 처음으로 아내가 하루를 어떻게 보내는지 알게 되었다. 물론 주말마다 보기는 했지만, 아내를 힘들게 하는 것은 주말 이틀의 긴장감이 아니라 일주일 내내 누적된 것이었다. 청소하고 밥하고 성경공부를 준비하고 아이들을 홈스쿨링하는 책임이 날마다 끝없이 그녀에게 주어졌다. 그러면서도 남편이 퇴근하면 아내 역할을 할 에너지도 남겨 두어야 했다.

한편, 아내도 하루 종일 컴퓨터 앞에 앉아 있는 게 어떤 일인지 알게 되었다. 가끔씩 나는 지친다. 어떤 날은 아프기도 하다. 날씨가 아무리 화창해도 엉덩이를 계속 붙이고 앉아 일해야 한다. 내키지 않는 전화 통화도 해야 한다. 아내는 내가 마감일에 쫓기거나 고될 줄 알면서도 필요한 돈을 벌기 위해 압박을 받으며 일을 수락하는 모습을 곁에서 지켜보았다.

우리는 차츰 서로가 하는 일에 깊이 감사하게 되었다. 서로에게 주어진 일들을 더욱 분명히 이해하고, 완벽한 남편 또는 완벽한 아내로 사는 것이 때때로 왜 그리 힘든지 알게 되었다. 우리는 아무런 걱정 없는 에덴 동산에서 결혼하지 않았다. 우리의 에너지를 빼앗아 가는 수많은 책임 가운데서 결혼했다. 이 사실을 새롭게 이해함으로써 우리는 서로의 연약한 부분과 고유한 역할에 대해 더 깊이 공감할 수 있었다.

그렇다고 당신도 재택근무를 해야 한다는 말은 아니다. 배우자가 나를 이해하지 못하는 것에 대해 분노하기 전에 먼저 그를 이해하는 마음을 키우라. 영적 훈련이라고 생각하며 배우자의 일상이 정말 어떤지 알아보기 바란다. 아내에게 물어보라. 남편에게 물어보라. 그리고 답을 알아 내라. "일상에서 가장 힘든 일이 뭐예요? 포기하고 싶을 때는 언제예요? 사는 게 너무 단조롭지 않아요? 자꾸 두려워지는 일은 없어요?" 배우자의 결점을 나열할 게 아니라 배우자가 겪는 힘든 일들을 꼽아 보라.

감사를 연습하다

감사, 즉 '고마움을 표현하는 것'은 삶에서 긍정적인 요소를 만들어 내는 특별한 기술이다. 또한 감사는 우리의 의무이기도 하다. "여호와께 감사하라 그는 선하시며 그 인자하심이 영원함이로다"(시 136:1). "범사에 감사하라"(살전 5:18). 바울이 고린도 교인들에게 어떻게 감사했는지 기억해 보라(고전 1:4 참조).

아내에게 고마움을 표현하면서, 그동안 익숙함을 너머 나를 지배하던 멸시감으로부터 자유를 얻게 되었다. 감사 거리를 새롭게 찾는 나를 발견했다. 전에는 아내가 매일마다 하던 일을 당연하게 여겼다면, 감사가 시작된 후부터는 일상적인 것들을 당연한 것으로 보지 않게 되었다. 남의 집에 가서 식사 대접을 받을 때는 감사하면서, 매일 밥을 차려 주는 아내에게는 감사하지 않는 이유가 무엇인가?

아내와 아이들로부터 "우리를 위해 열심히 일해 줘서 고마워요"라는 말을 들으면 얼마나 힘이 나는지 모른다. 등에 얹힌 무거운 짐이 한순간 가벼워진다.

기대가 클수록 멸시도 커진다. 반면 감사가 많아질수록 존중하는 마음도 커진다. 우리는 둘 중 하나를 선택할 수 있다. 기대인가 감사인가? 그 선택에 따라 결과는 달라진다.

타락이 끼친 영향을 기억하다

우리는 이 세상이 얼마나 심각하게 깨어졌는지 알아야 한다. 죄는 우리 존재에 근본적인 상처를 남겼다. 인간이 타락한 결과, 나는 고통 가운데 근심하며 노동을 한다(창 3:17-19 참조). 리사는 고통 가운데 엄마가 되고 잘못된 동기와 기대로 인해 남편과의 관계에 어려움을 겪는다(창 3:16 참조).

아무리 건강한 결혼 생활이라 해도, 죄의 저주가 우리 각 사람과 사회에 끼친 영향을 완전히 지워 버리지는 못한다. 댄 알렌더와 트렘퍼 롱맨 3세는 이렇게 말한다. "우리는 결혼을 원죄로부터의 안전한 피난처로 여겨서는 안 된다. 순진한 생각이다. 삶의 가장 깊은 갈등은, 원죄의 영향을 받은 가장 기초적인 관계, 즉 결혼에서 일어난다."[7]

문제는 인류가 타락하기 전의 아름다운 존재로 돌아갈 수 없음에도 불구하고, 원죄 이전의 모습을 우리가 알고 있다는 점이다. 다시 말해, 우리의 관계가 어떠해야 하는지 잘 알지만 그 이상적인 관계를 완벽하게 재현하지는 못한다. "우리 영혼은 에덴이 새 하늘과 새 땅에서 회복될 때까지는 결코 누리지 못할 기쁨을 요구하고 있다. 우리는 에덴에서의 아득한 기억을 지닌 채로 지음받았다."[8]

이로 인해 나는 아내에게 더 자상하고 더 관용해야 하는 부르심을 안고 있다. 나는 아내가 예수님의 부르심을 따라 온전히 성숙한 사람이 되기를 바라며, 그 일을 위해 내 마음을 다해 긍정적인 조력자가 되어 주고 싶다(반대의 경우도 마찬가지다). 그러나 하늘 아래 이 땅에서 아내는 결코 완전해질 수 없으며, 따라서 나는 죄로 얼룩진 세상에서 출발한 이 결혼이라는 현실에서 아내를 사랑하고 인정해야 한다.

타락의 결과로 이 세상이 우리에게 가혹한 실망과 육체의 한계와 감당할 수 없는 요구들을 안겨 준다는 사실을 인정할 때, 삶이 아내에게 얼마나 힘들고 어려운지도 이해할 수 있다. 그리고 멸시감을 멸시하는 법도 조금씩 배워 간다.

출퇴근하며 일하던 시절에 나는 아내와 낭만적인 밤을 계획한 적이 있다. 둘만의 '뜨거운' 밤을 고대했다. 낭만이 불타오르면, 잠시나마 이 세상은 사라지고 가장 달콤한 친밀함을 맛볼 수 있다.

그날 하루 종일, 둘만의 은밀한 시간을 그리며 즐거워했다. 집에 돌아왔을 때, 나를 문 앞에서 맞이한 아내는 아무것도 원하지 않고 혼자 샤워하고는 일찍 잠자리에 들었다.

"당신이 여전히 원한다면 그럴 마음은 있어." 아내는 말했다.

'너무해!' 나는 생각했다. '나는 그럴 마음만 있는 게 아니라 열망하는 아내를 원한다고!'

이제 나는 그날 밤 아내가 그런 반응을 보이기까지 어떤 일을 겪었는지 알고 있다. 생쥐 가족이 3년 동안 넉넉히 겨울을 날 수 있을 만큼 부엌 바닥에 널려 있는 시리얼을 치우고, 점심 준비를 하고, 빨랫감은 쌓였는데 홈스쿨링 수업도 급하고, 발레 연습실과 축구장에 아이들을 데려 가야 하는 등 많은 일들로 지쳤을 게 분명하다.

아내는 내가 싫어서가 아니라 피곤해서 그렇게 반응한 것이다. 그것이 타락한 세상을 살아가는 모습이다. 아내인들 피곤하고 싶겠는가? 피와 살로 이루어진 그녀에게 내가 무엇을 더 기대하겠는가?

나는 많은 집회를 다니며 이 점을 계속 강조한다. "남편 여러분! 여러분은 깨어진 세상에서 원죄를 가진 여성과 결혼했습니다. 아내 여러분! 여러분은 죄 많은 세상에서 죄인인 남성과 결혼했습니다. 그러니 배우자가 당신에게 죄를 짓고, 당신을 실망시키고, 좌절하게 하고, 슬프게 할 만한 육체적 한계를 가진 것이 당연합니다. 남편이 아주 즐거운 기분으로 귀가했다가도 그 마음을 잃어버릴 수 있습니다. 아내가 온갖 열정을 다 가진 것 같다가도 그 마음을 잃어버릴 수 있습니다."

우리는 타락한 세상에 살고 있다. 다시 말하지만, 원죄에 영향을 받지 않은 배우자는 어디에도 없다. 약점이 있다고 해서 배우자를 존중하지 못한다면 세상 어떤 배우자도 존중하지 못할 것이다.

서로 배려하기

출장을 마치고 우리 집 현관에 들어설 때면, 수백 킬로미터를 걸어서 온 것 같은 느낌이 든다. 몇년 전에도 그랬다. 나흘 동안 강연을 여섯 차례 했고, 목적지에 이르기까지 네 개의 다른 주를 거쳐야 했다. 주차를 하고 집에 들어서면서 이렇게 생각했다. '너무 피곤해. 빨리 들어가서 축구 경기나 봐야지.' 그런데 집에 들어서는 나를 보며 아내는 이렇게 생각했다. '좋아라. 남편이 드디어 돌아왔네! 주말 내내 혼자 아이들을 돌보느라 너무 힘들었는데 잘됐다.'

이것이 바로 부부 싸움이 일어나는 첫 번째 원인이고, 집이 지옥 같다고 느끼게 되는 상황이다.

그런데 그때 놀랍게도 나는 우리 부부가 성숙해졌다는 사실을 알게 되었다. 나는 최선을 다해 아이들과 놀아 주려고 애썼다. 아이들에게 간식을 가져다주었고, 아이들이 간식을 먹는 동안 우리 부부는 식탁에 앉아 대화를 나누었다. 아내는 내가 얼마나 피곤할지 신경을 많이 썼다.

"당신 피곤할 텐데, 오늘 밤은 내가 아이들을 볼게요." 아내는 말했다.

그러나 아내의 그 말에 나는 오히려 아이들을 돌보고 싶은 마음이 들었다. 아내는 그날 밤의 의무를 나에게 돌릴 만한 명백한 이유가 있었지만 내가 쉬도록 배려한 것이다. 그러자 힘이 좀 들더라도 아내를 편하게 해주고 싶은 마음이 생겼다.

우리 부부가 늘 이렇게 행동하는 것은 아니지만 그럴 때면 기분이 아주 좋다. 우리는 이러한 태도를 "죄인 중에 내가 괴수니라"(딤전 1:15)고 고백했던 사도 바울에게서 배웠다. 성경을 통틀어 더 나은 배우자가 되는 데 이만한 비법은 없다고 생각한다. 배우자가 너무 힘든 길을 가고 있는데 그런 줄도 모르고 자기 마음대로 행동한다고 치자. 그러면 당연히 결혼 생활이 이건 아닌데 하는 혼란스러운 상황을 맞게 될 것이다.

멸시하는 감정은 배우자의 약점에 집착할 때 생겨난다. 누구나 약점이 있으며 약점을 파헤치고 들자면 드러나는 게 당연하다. 그러나 집착할수록 약점은 더 크게 보일 것이고, 당신은 그 부분에서 성장할 수 없다.

예수님은 아주 단순하지만 실천하기에는 어려운 처방전을 주셨다. 먼저 우리의 눈 속에 있는 들보를 뺀 다음, 형제의 눈 속에 있는 티를 빼라고 하셨다(마 7:3-5 참조).

'하지만 배우자의 눈 속에 들보가 있는 걸!'이라고 생각하는가? 그렇다면 당신에게 비밀 하나를 알려 주고 싶다. 예수님이 이 말씀을 바로 당신에게 하고 계신다. 예수님은 법적인 문제를 말씀하시는 게 아니다. 겸손의 영을 말씀하고 계신다. 주님은 우리가 멸시하는 마음을 내버리기 바라신다. 멸시감을 멸시하기 바라신다. 그리고 존중이라는 영적 비결을 배우라고 하신다.

예수님이 이 땅에 계실 때 사랑했던 사람들을 생각해 보라. 유다(배반자), 우물가의 여인(성적으로 문란한 자), 삭개오(재물을 속여 취하는 자) 그리고 그들과 비슷한 많은 사람들이다. 예수님은 죄가 없으셨지만 그 사람들은 죄에 깊이 빠져 있었다. 그러나 예수님은 그들을 존중하셨다. 유다의 발을 씻기셨고 우물가의 여인과 대화를 나누셨고 삭개오의 집에 들어가 함께 식사하셨다. 이 땅에서 유일하게 완전한 인간이신 예수님이 죄 많은 사람들에게 다가가셨다. 그분은 우리에게도 먼저 그 같은 일을 하라고 명하신다.

멸시감을 멸시하라. 존중 받아 마땅한 사람을 존중하라. 그리고 그 일을 당신의 배우자에게 먼저 시작하라.

참으로 아름다운 결혼은
서로를 아는 것이 아니라, 하나님을 아는 것에서 시작한다.
게리 • 벳시 리쿠치

5.

영혼의 포옹

신혼 초에 우리는 다른 부부와 침대를 바꾸기로 했다. 그들은 무거운 물침대를 쓰고 있었는데, 아파트 위층으로 이사하면서 사용할 수 없게 되었다. 우리는 1층에 살고 있어서 물침대의 무게가 문제되지 않아 가벼운 마음으로 허락했다.

하지만 금세 후회하고 말았다.

무엇보다 내가 미혼일 때부터 혼자 자는 것에 익숙해져 있던 터라 힘들었다. 아내는 '껴안기 선수'였다. 누군가와 붙어서 함께 잠을 자는 데 익숙해지기까지 시간이 꽤 걸렸다.

물침대가 불편하다는 것도 몰랐다. 우리 중 한 사람이 움직이면 물이 출렁거려 해일 꼭대기에 누워 있는 것 같았다. 더욱 난감한 것은 아내가 자면서 나를 자꾸 밀어내는 것이었다. 어느 날은 침대 프레임에 얼굴이 짓눌린 채 새벽에 잠에서 깼다.

그래서 아내 반대편으로 자리를 옮겼다. 침대의 4분의 3이나 되는 공간이 있었다. 그 다음에 무슨 일이 일어났는지 짐작할 것이다. 똑같이 침대 반대쪽 프레임에 얼굴이 짓눌린 채 아침에 잠에서 깼다.

"이 침대 다시 보내야겠어." 나는 주장했다.

결혼하고 나서 자는 것만큼이나 힘든 문제는 기도하는 것이었다. 하루아침에 모든 게 바뀌었다. 그동안의 일상적 의식과 영적 습관이 더 이상 내 생활과 '맞지' 않았다. 새로운 방법을 찾아야 했다.

결혼 생활에서 기도의 중요성

나에게 기도는 중요하다. 그리스도인의 삶에 기도가 필수라는 사실은 2천 년의 기독교 전통은 말할 것도 없고, 예수님과 제자들의 동일한 말씀이 그 증거다. 기도 없이는 신앙도 없다. 강건한 그리스도인이 되기 위해서는 강건한 기도의 사람이 되어야 한다. 다른 방법은 없다.

바울은 쉬지 말고 기도하라고 권면한다(살전 5:17 참조). 이 말은 기도를 단순한 간구 그 이상의 위치에 둔다. 기도가 우리 경건 생활의 중심이라는 의미다. 기도를 통해 하나님의 임재에 지속적으로 깨어 있고, 그분의 뜻에 변함없이 순종하며, 그분에게 경배와 찬양을 드리기 때문이다.

영국의 설교자 존 헨리 뉴먼은 이렇게 말했다. "맥박이 뛰는 것과 숨쉬는 것이 육체에 생명이 있음을 뜻하듯, 기도는 영혼의 생명을 뜻한다."[1] 마르틴 루터는 "재봉사가 옷을 만들고 구두 수선공이 구두를 고치듯, 그리스도인은 기도한다"고 외쳤다.

J. C. 라일은 이렇게 말한다. "기도는 그리스도인에게 생명을 주는 호흡 그 자체다." 작가인 테리 글래스피는 기도를 잘 요약했다. "우리 삶이 영생의 빛 안에 있음을 이해시키려면, 기도에 매진해야 한다."

기도는 우리가 삶의 우선순위를 회복하고, 성경에 담긴 지혜를 분별하며, 올바른 판단을 할 수 있게 돕는다. 글래스피는 "기도하지 않는 사람은 일시적인 가치를 위해 일시적으로만 사는 사람이다"라고 말했다. 기도할 때 우리 삶은 영원 속으로 들어가며, 하나님은 우리가 걸어가는 삶의 길이 되신다.

기도에 실패한 그리스도인은 성장하는 데도 실패하여 영구적인 영적 사춘기에 갇히고 말 것이다. 라일은 또 이렇게 말한다.

> 신자들 가운데 어떤 이들은 왜 더 밝고 더 경건할까? 그 차이는 십중팔구 개인의 기도 생활에서 온다고 본다. 어떤 이는 기도를 적게 하고 어떤 이는 기도를 많이 한다. 그것이 경건의 차이를 만든다.

그리스도인의 영성에서 기도가 차지하는 중요성을 이해한다면, 베드로전서 3장 7절만큼 놀라운 구절도 없다. "남편들아 이와 같이 지식을 따라 너희 아내와 동거하고 그를 더 연약한 그릇이요 또 생명의 은혜를 함께 이어받을 자로 알아 귀히 여기라 이는 너희 기도가 막히지 아니하게 하려 함이라."

베드로는 남편들의 기도가 어떤 것에 의해서도 막히지 않게 하려면 더 연약한 그릇인 아내를 귀히 여기라고 권면한다. 아내를 대하는 남편의 태도와 기본적인 영성 훈련을 직접 연결시키고 있다.

기도가 영성의 핵심이고 결혼 생활의 잘못된 태도로 기도가 막힐 수 있다면 특별히 남자들은 더 깊은 주의를 기울여야 한다.

결혼한 남자가 기도하는 것이 더 어렵다는 사실을 깨달은 사람은 비단 나만이 아니다. 마르틴 루터도 같은 고민을 했다. 베드로전서 3장 7절은 그 이유를 설명한다. 결혼하면 규칙이 바뀌기 때문이다. 기도 생활에 조건이 하나 붙는데, 그것은 내가 아내를 어떻게 바라보고 대하느냐와 직접 연결되어 있다는 것이다.

일단 결혼하면, 나는 더 이상 독신자일 때처럼 기도할 수 없다. 하나님은 아내를 통해 나를 보신다. 그것은 내가 아무리 기도의 사람으로 성장하고 싶다 해도 배우자를 둔 이상, 독신 수도사처럼 스스로를 여겨선 안 된다는 뜻이다. 하나님을 추구하는 일에 독신 남녀가 행하듯 해서는 안 된다는 것이다.

그럼에도 그리스도인의 가르침 가운데 상당 부분은 완전히 그와 상반되는 방향으로 흘러갔다. 건강하고 친밀한 결혼 생활을 유지하려면 기도의 삶을 향상시켜야 한다고 우리는 배웠다. 그러나 베드로는 결혼 생활을 향상시켜야 우리의 기도 생활이 향상될 수 있다고 말한다. 기도가 더 나은 결혼 생활을 위한 도구가 되는 대신, 결혼이 더 나은 기도 생활을 위한 도구가 된다!

권위 있는 설교를 하고, 영감 있는 책을 쓰며, 성경을 처음부터 끝까지 인용할 수 있는 사람이라 할지라도, 아내를 섬기며 아내를 이해하는 법을 배우지 못했다면, 그의 영성은 여전히 유아기 수준이라 하겠다. 그러면 영혼의 동맥인 기도 생활도 엉터리가 될 것이다.

공허한 업적

우리는 사람들이 이룬 업적을 중시하는 경향이 있다. 이런 경향 때문에 우리의 배우자가 이 업적의 최대 희생자가 되곤 한다. '진짜' 영성도 고통을 받는다.

빌 매카트니는 기독교계에서 하루아침에 유명해진 인물이다. 그는 고등학교 미식축구 코치로 크게 성공했으며, 그 시대 가장 뜨거운 사역인 '프라미스 키퍼스'(Promise Keepers)를 운영했다. 하지만 당시 그의 아내는 "감정적으로 급속 냉동 상태"라고 고백할 만큼 외로웠고 상처를 받았다. 우울증이 심해 몸무게가 36킬로그램이나 줄었다.[2] 매카트니는 아내를 신경 쓰기보다는 미식축구 팀과 '프라미스 키퍼스'에 빠져 있었다. 모순이 아닐 수 없었다.

매카트니의 인기가 올라가고 있을 때, 그의 아내 린디는 결코 잊지 못할 고백을 했다. "나는 갈수록 작아지고 작아지고 작아지는 느낌이었어요." 매카트니는 그의 책 『매진』(Sold Out)에서 이렇게 회상한다. "믿기지 않겠지만, 나는 프라미스 키퍼스 사역에 영적으로 고취되어 있는 동안, 본질을 놓치고 있었다. 나는 내 가족에게는 진정한 프라미스 키퍼스가 되지 못했다."

다행히 그는 자신과 가족에게 무슨 일이 일어나고 있는지 깨닫고 미식축구 코치 자리를 내려놓았다. 그것은 아내가 마음을 회복할 수 있었던 작지 않은 희생이었다. 그들의 결혼 생활은 다시 제자리를 찾았다.

다른 사람을 보잘것 없는 존재로 느끼도록 만들면서 자신은 대단한 존재가 된 듯 하는 것은 그리스도인의 믿음과 정반대되는 일이다. 겸손과 희생과 섬김이라는 그리스도인의 미덕을 완전히 저버리는 행위다. 우리는 대중의 환심을 얻기 위해 개인, 특히 배우자를 내버려 두는 것을 합리화하지만, 예수님은 한 사람을 양육하기 위해 무리를 내버려 두신 일이 많다.

경건은 이타적이어야 한다. 결혼할 때 우리는, 자신들을 더 이상 두 사람의 개인들로 보지 않고 부부로 연을 맺은 단일의 연합체로 보겠다고 맹세했다. 결혼할 때 나는 내가 원하는 대로 살 자유를 잃는다. 더 이상 독신이 아니기 때문이다. 나는 한 팀의 일원이 되며, 나의 꿈과 야망과 에너지는 그 사실을 고려해야 한다.

내게 있는 야망의 고삐를 죄는 노력은 영적으로 매우 가치 있는 훈련이다. 진실을 말하자면, 하나님 나라는 우리 중 어느 한 사람이 없다 하더라도 거침없이 확장될 것이다. 그런 현실을 감안할 때, 우리가 꼭 필요한 존재라는 생각은 대개는 충성된 마음보다 교만한 마음에서 나올 때가 많다. 반면 우리가 섬길 때 다른 사람들은 하나님 나라에 충성되이 참여하고픈 도전과 격려를 얻는다. 우리의 섬김은 다른 이들을 위축시키지 않는다. 공동체로 있을 때, 그리고 공동체를 섬길 때 하나님의 진리는 구체화되고, 이런 공동체는 결혼이라는 관계로부터 시작한다. 그러나 만일 남자와 여자가 제각각 자신의 야망을 추구하면서 배우자를 내버려두거나 희생하려 한다면, 그들은 다른 사람을 대하는 일에서도 마찬가지로 자신의 지칠 줄 모르는 야망을 앞세울 것이며, 하나님 나라를 함께 섬기기 보다 배우자를 끌어들여 자신의 목적을 위해 섬기게 만들 것이 분명하다.

예를 들어, 자기 혼자만 하나님을 섬기고, 아내는 그저 집에서 요리나 하고 자신에게 성적 만족을 제공하는 사람으로 생각하는 남자는 다른 사람에게도 "내 앞에서 기어!" 하는 식으로 윽박지를 것이다. 또한 가족을 버리고 하나님을 섬기는 일에만 열중하는 여자는, 그녀의 빈자리를 가슴 아프게 느낄 가족에게 그러하듯 다른 사람에게도 전혀 연민이나 공감을 가지지 못할 것이다. 나는 이런 사람들을 많이 보았다. 이들은 남자든 여자든 무정하고 바라기만 하고 자기에게만 몰두하는 경향이 크다. 모든 업무와 관계 속에서 다른 사람들을 하나님께 가까이 인도하기보다 자신의 계획에 합류하도록 조종하는 방법을 찾는다. 겉으로는 신실하게 보이지만 한 꺼풀 벗기면 역한 냄새가 나는 영혼들이다.

우리는 겉으로 드러나는 업적만 보고 그들의 잘못된 행동에도 불구하고 그들에게 높은 점수를 주었다. 우리의 인간관계, 특별히 결혼은 우리의 사역에서 중대한 부분이다. 세상에서 참된 증인으로 바로 서고 하나님 나라를 섬기고자 한다면, 론 사이더의 말을 마음에 잘 새기라. "급진적인 페미니스트들의 대화 주제가 복음주의 남성으로 바뀌었을 때 처음 나왔던 말은 충격적이다. 그들은 십자가에서 돌아가신 예수의 값진 희생을 본받아 자신들의 결혼 서약을 지켜 내고 아내를 섬긴다는 최고의 명성을 얻었다는 것이다."3

나는 베드로전서 3장 7절이 의미하는 바를 처음 깨달았을 때 깜짝 놀랐다. 이제 나는 결혼했고, 내 기도의 삶은 또 다른 시험을 거쳐야 한다. 무쇠 같은 의지를 훈련하는 것만으로는 충분하지 않다. 기도를 방해받지 않으려면 먼저 아내를 배려해야 한다. 아내를 존중하고 소중히 여기며 예우해야 한다.

나이가 들수록 이른바 업적보다는 관계에 그 사람의 영적 진실이 담겨 있다는 사실을 깨닫는다. 우리 교회의 짐 머피 목사는 목회자로 부르심을 받기 전에 배관공으로 일했다. 안수를 받았으나 신학 대학에서 더 이상의 학위는 없었다. 그러나 그는 열정적인 사명 의식을 품고 10년이 넘도록 신실하게 목사직을 감당했다. 1,500여 명이 모이는 비교적 큰 교회에서 서열 '2인자'가 되는 데 결코 관심을 두지 않았다.

하지만 그는 내가 아는 가장 경건한 사람 중 하나다. 그의 아내가 한 말에 나는 깊이 감동받았다. "짐은 말 그대로 성자(saint)예요. 정말 그래요." 페기 사모가 이 말을 할 때 짐 목사는 그 자리에 없었다. 페기 사모는 자신이 무슨 말을 했는지 기억하지 못할 테지만, 내가 들은 것 중에서 가장 도전이 되는 설교였다. 나는 지금도 짐 목사를 본받아 살려고 노력한다. 내 아내도 다른 사람에게 "게리는 말 그대로 성자예요. 정말 그래요"라고 말할까? 정말 그럴 수 있을까? 자신이 없다.4

남자들이여, 이렇게 자문해 보라. "나는 아내를 존중하는가?" 기도하는 데 어려움이 있다면 가장 먼저 이 질문을 해보라. 뒤이어 아내에게 또 다른 질문을 할 수 있다. "내가 당신을 배려하고 있어요?" 아내에게 솔직하게 말해 달라고 해보라. 당신이 아내에게 "저 여자처럼 좀 해봐"라고 했던 말을 아들이 들었다면 아내의 마음이 어땠을지 물어보라. 아내는 날마다 반복되는 현실 속에서 게으름도 피우고 잠도 더 자고 응석도 부리고 싶지만, 남편이라는 사람이 언제 저녁 밥상을 차려 줄지에만 관심을 두면 어떤 느낌이 드는지 물어보라. 용기가 있다면, 자신이 잠자리에서 아내를 얼마나 배려하고 있는지 물어보라.

하나님 앞에서 자라고자 한다면 더 튼튼한 기도의 삶을 세워야 한다. 기혼자라면, 더 튼튼한 기도의 삶을 세우기 위해 먼저 배우자를 존중하고 배려한다는 사실을 기억해야 한다.

성관계와 기도

결혼과 기도를 연결 짓는 또 다른 성경 구절이 있는데, 섹스에 관한 내용이다. 바울은 남편과 아내가 결혼 생활에서 성관계를 삼가는 것에 대해 도전한다. 고든 피의 고린도전서 주석에 따르면,[5] 바울은 성관계를 삼가는 것을 위험하게 보고 매우 실제적인 제안을 한다. "서로 분방하지 말라 다만 기도할 틈을 얻기 위하여 합의상 얼마 동안은 하되 다시 합하라"(고전 7:5).

과거에는 성관계가 종종 우리의 기도를 방해한다는 식으로 이 구절을 이해했다. 또다른 가능한 해석은 "결혼 생활에서 성관계를 삼가면 기도에 방해가 된다"는 것이다. 어떻게 그럴까?

성적으로 좌절감을 경험하고 있는 기혼 남자나 여자는, 영원한 세계에 생각을 집중하기가 힘들기 때문에 기도하는 것도 어려울 수 있다. 건강한 사람은 성적 욕구를 충분히 만족시킬 수 있다. 우리는 배우자와 잠자리를 가짐으로써, 한동안은, 마음과 정신과 영혼이 자유로운 상태에서 흐트러짐 없이 기도로 하나님을 추구할 수 있다. 바울의 핵심은 이것이다. "하나님이 의도하시는 방식으로 결혼을 사용하라. 배우자와 사랑을 나눔으로 당신의 성적 필요를 채우라. 그러면 마음과 생각이 기도에 더욱 열릴 것이다."

바울은 현실적인 목회자다. 그는 우리 현실에 생물학적인 성적 충동이 존재한다는 사실을 인정한다. 영구적이고 평생 이어지는 결혼 관계 속에서 성 관계를 가짐으로, 우리는 거대한 유혹과 방해에서 벗어나고, 우리의 심령은 쉼을 얻을 수 있다. 특히 마음이 방해받지 않고 자유로워야 하는 묵상 기도를 할 때 이것은 중요한 문제다.

이상하게 들릴지 모르지만, 바울은 그리스도인 남편과 아내가 서로를 성적으로 섬길 때 서로의 관계가 풍성해질 뿐 아니라 기도의 삶이 한층 풍성해지는 환경을 만들 수 있다고 말한다. 우리의 복음주의권 문화에서는 이런 설명을 받아들이기 어려울 수 있다. 이런 식의 단계를 제시하는 기도 설명서를 읽어 본 적이 있는가? "결혼했다면 정기적으로 성관계를 가지세요." 그러나 바울의 말은 분명 이것을 의미하는 것으로 보인다.

나에게 그것은 하나님이 나의 삶을 '이음새 없이 통으로 만들어진' 옷처럼 보심을 의미한다. 나는 '거룩한 게리'나 '세속적인 게리'로 나뉘지 않는다. '남편 게리'와 '그리스도인 게리'는 서로 충돌하지 않는다. 기도를 잘하고 싶은 욕구와 성적으로 표출하고 싶은 욕구는 서로 타협할 문제가 아니다.

하나님은 나와 당신을 철저히 인간으로 만드셨다. 아내에게 부끄러움 없이 열정적으로 나를 내어 주면서도 여전히 하나님께 거리낌 없이 나를 드릴 수 있다. 부부 관계에서 성적 욕구를 표출하면서도 여전히 기도에 열정적일 수 있다. 두 가지가 함께 간다. 어느 하나가 더 강하게 표출될 수는 있지만, 이 둘은 서로 보완 관계에 있다. 성적 욕구뿐 아니라 영적 필요도 경쟁 관계가 아니라 상호 보완 관계다.

기도와 말다툼

결혼은 또 다른 측면에서 기도 생활에 지대한 영향을 미친다. 계속되는 말다툼이다. 부부 사이의 말다툼은 종종 심한 갈등을 일으킨다. 특별히 결혼을 염두에 두지는 않았지만 다음에 나오는 예수님의 말씀은 결혼 관계에 잘 맞는 권면이다. "그러므로 예물을 제단에 드리려다가 거기서 네 형제에게 원망 들을 만한 일이 있는 것이 생각나거든 예물을 제단 앞에 두고 먼저 가서 형제와 화목하고 그 후에 와서 예물을 드리라"(마 5:23-24).

이 본문에는 기도하러 하나님께 나아가는 한 사람이 나온다. 무릎을 꿇을 때, 그는 다른 사람과의 사이에 현존하는 적절치 않은 무언가가 생각난다. 기도를 계속하기에 앞서, (배우자일 수도 있는) 그 사람과 화해해야 하며 그 일은 전적으로 그에게 달렸다(롬 12:18 참조). 하나님은 이간하는 것을 미워하시며(잠 6:19 참조) 연합을 소중히 여기신다(시 133:1 참조).

결혼 관계 속에서 우리는 더 강한 사람이 되라는 압력을 받는다. 기혼자로서 건강한 기도 생활을 유지하려면, 반드시 용서하는 법을 배워야 하기 때문이다. 우리는 화해 전문가가 되어야 한다. 갈등은 불가피하게 더 커질 것이다. 때로 분노도 일어날 것이다. 그러므로 우리는 성숙한 그리스도인으로서 갈등을 다루는 법을 배워야 한다. 그렇지 않으면 기도 생활이 통째로 날아가 버린다.

결혼은 사실 우리를 화해하지 않을 수 없는 상황으로 몰아간다. 절대로 가깝게 지낼 일이 없는 사람과 사이 좋게 지내기란 쉽다. 독신으로 산다면 나의 이기심과 판단하는 마음을 어느 정도는 그냥 두고 볼 수 있다. 실제로 그런 일이 비일비재하다. 자랑스러운 일은 아니지만, 함께 있는 것조차 너무 힘든 사람이 내 주변에 한두 명 있었다. 나는 그들과 더 깊은 관계를 갖지 않기로 결심하고 이를 실천에 옮겼다. 모든 사람과 관계를 유지할 의무는 없기에 혈압을 오르게 하는 사람을 단순히 피하는 것은 본질적으로 그리 나쁘지 않다.

그러나 결혼하고 나서 더 이상 그런 선택을 할 수 없게 되었다. 아내와 나는 날마다 함께 산다. 살다 보면 어떤 문제에 의견이 다를 수 있을 텐데, 나는 당연히 아내와 친밀함을 유지할 의무가 있다. 상대방이 깨닫지 못하는 일을 기대하거나, 서로에게 실망하거나, 서로 악의적으로 상처를 줄 때, 자신이 우위를 차지하기 위해 하나님이 미워하시는 불화를 허용하겠는가, 아니면 연합을 위해 관계 회복에 필요한 일을 할 것인가?

방해받지 않고 기도 생활을 하기 원한다면, 마지막 문장에서 감명 깊게 끝난 이 질문에 대해 생각해야 한다. 하나님과 살아 있는 기도 생활을 유지하고자 한다면 연합을 택하라는 뜻을 예수님은 분명히 하신다. 불화는 기도를 죽이는 주범이다. 이런 관점에서 본다면, 결혼이라는 제도를 통해 우리는 화해자가 될 수밖에 없다. 그것이 우리가 영적으로 살아남을 수 있는 유일한 방법이다.

역설적이게도, 결혼은 우리에게 배우자에게서 시선을 돌려 하나님께로 향하라고 가르친다. 이것은 무슨 의미일까? 신약 교회의 기둥 중 한 명인 야고보의 지혜에 귀를 기울여 보자.

> 너희 중에 싸움이 어디로부터 다툼이 어디로부터 나느냐 너희 지체 중에서 싸우는 정욕으로부터 나는 것이 아니냐 너희는 욕심을 내어도 얻지 못하여 살인하며 시기하여도 능히 취하지 못하므로 다투고 싸우는도다 너희가 얻지 못함은 구하지 아니하기 때문이요 (약 4:1-2).

부부 싸움의 상당 부분은 정확히 이것 때문에 일어난다. "너희가 얻지 못함은 구하지 아니하기 때문이요." 야고보는 우리가 잘못된 곳을 바라보고 있기 때문에 얻지 못한다고 한다. 배우자에게 요구 사항을 늘어놓는 대신, 그 필요가 채워지도록 하나님을 바라보라. 그렇게 함으로써 섬김의 마음으로 배우자에게 다가갈 수 있다.

잠시라도 결혼 생활을 해본 사람이라면 '미혼의 환상'을 버리게 된다. (전부는 아니지만) 일부 미혼 남녀들은 자신들에게 진짜 필요한 것은 진정한 '내 짝'이라고 생각한다. 그들은 일생의 동반자를 찾으면 다른 모든 문제들이 단번에 해결된다고 생각한다. 외로움과 불안함, 존재에 대한 염려, 그 밖에 많은 문제가 결혼의 열정이라는 불에 신비하게 녹아 사라질 것이라고 기대한다.

아주 잠시는 맞는 말일 수 있다. 흠뻑 빠지면 내면에 있던 어떤 연약함도 일시적으로 느끼지 못하는 환각을 겪을 수 있다.

하지만 결혼은 나를 '완성시키기' 위해 또 다른 사람을 찾는 것이 잘못된 일임을 밝히 보여 주는 장이다. 환각이 깨질 때 우리는 두 가지 선택을 할 수 있다. 배우자를 버리고 새로운 다른 사람에게 흠뻑 빠지거나, 잠시의 환각 이면에 놓인 메시지를 찾는 것이다. 즉 또 다른 인간이 아닌 창조주 하나님 안에서 나의 중요성과 의미와 목적을 찾아야 한다.

결혼이 바른 방향으로 자리잡을 때, 우리는 다른 사람에게 의존하는 경향성을 포기하고, 대신 하나님과 우리의 관계를 풍성케 함으로 영적 성장을 도모하게 된다. 어떤 인간도 우리가 바라는 사랑을 주지 못한다. 하나님이 우리 안에 두신, 오직 하나님만이 해결하실 수 있는 영적 고뇌를 온전히 이해하고 경감시킬 사람은 어디에도 없다.

결혼은 이런 진리를 드러내는 매우 고마운 장이지만 그에 상응하는 위험이 있다. 불화에 휩쓸릴 수 있다. 기도하려면 반드시 연합을 이루어 살아야 한다. 연합을 이루기 위해 우리의 열정과 갈망은 하나님을 향해야 한다.

기도의 범위

"아빠 어디 가세요?"

아들이 아주 어렸을 때 내가 구두끈을 단단히 매고 집을 나서는 모습을 뚫어지게 바라보며 물었다.

"전쟁터에 가지."

"비가 올 것 같아요." 아들은 바깥을 쳐다보며 말했다. "근데 거기는 왜 가세요?"

나는 한숨을 쉬었다. 당시 우리는 비좁은 집에서 세 자녀와 함께 살고 있었다. "거기 가면 기도하기가 더 낫거든."

아들은 고개를 끄덕였다.

결혼한 이후로, 그리고 자녀를 낳은 이후로 나는 더 많이 기도할 필요를 느꼈다. 눈 감고 고개를 숙여 아무도 방해하지 않는 조용한 기도 시간을 찾는다면 새벽 4시에 일어나야 했다. 큰딸은 제 엄마와 비슷하게 올빼미족이어서 나보다 늦게 잘 때가 많다. 아들은 나처럼 신경이 예민해 보통 창문에 햇빛이 들기 전에 일어난다. 이런 저런 이유로, 비좁은 집에서 개인 시간을 갖기가 쉽지 않았다.

그러나 여러 면에서 이것은 축복이었다. 한때마나 기도를 단지 침묵하는 행위, 심지어 사색하는 행위로 보았던 것이 안타깝다. 기도를 눈 감고 고개를 숙여 하는 것으로 제한한다면, 하나님과 관계를 맺는 범위와 그 능력을 제한하는 것이 된다. 그런데 결혼은 그 한계를 말끔히 허물어 버린다.

자크 엘룰은 『기도와 현대인』(Prayer and Modern Man)에서 참된 기도는 "말과 언어가 갖는 한계를 뛰어넘어 풍성함을 더할 수 있다"고 설명한다. 그는 구약에서 기도를 설명하는 단어로 '껴안다' 또는 '자신을 굴복시키다/자신을 내어주다' 같은 "행위 동사"가 사용되었다고 말한다.[6]

여기서 결혼을 그리스도인의 믿음과 연결시키면, 기도의 능력을 새로운 방식으로 배울 수 있다. 아내를 부드럽고 사랑스럽게 껴안는 것의 의미를 몸으로 직접 경험함으로써, 기도를 새로운 차원에서 이해할 수 있는 것이다. 우리는 어떻게 하나님을 만지고 껴안을 수 있을까? 입술로 드리는 나의 찬양이 사랑스럽게 볼을 어루만지는 손과 어떻게 같을 수 있을까?

이런 식으로 생각하게 되기까지 많은 시간이 걸렸다. 어릴 때 '섹스'란 내게 신비에 싸여 있었고, 나는 그것을 거의 죄와 동일시했다. 결혼한 후에도 다음과 같은 생각은 감히 하기 힘들었다. '우리의 성 또는 성관계 속에서 하나님을 발견할 수 있을까?' 우리는 성 행위를 하는 동안에도 "할렐루야!"를 외치고 싶은 때가 있을지 모른다. 그러나 하나님이 항상 그런 감탄사를 외치는 이유와 대상이 되실지는 확신하지 못했다.

함께 살펴보자. 구약 성경의 동사 '자신을 굴복시키다/자신을 내어주다'는 우리에게 다시 생각할 여지를 준다. 우리는 피조물에 대한 예배에 결코 빠져서는 안 된다. 그런데 결혼의 연합, 심지어 육체적 연합의 황홀경을 경험할 때 우리는 다른 사람 앞에서, 자신을 온전히 내어주고 싶은 열망 가운데, 경외감에 빠지는 강렬한 순간들이 있다. 아내가 남편에게 "날 가져요. 나는 당신 거예요"라고 말한다면, 그녀는 남편이 진정한 사랑과 관심과 배려로부터 무엇을 행하든 그것에 대한 신뢰를 드러내는 것이다. 친밀함에서 비롯된 기쁨을 누리고 있을 뿐 아니라 자기를 내어주고 있다는 확실한 증거다.

역사상 가장 유명한 연인, 아벨라르와 엘로이즈도 이런 사랑을 경험했다. (비록 이들 사랑의 시작은 순수하지는 않았지만 말이다.) 아벨라르는 12세기 신학자이자 철학자다. 교사였던 그는 오래 전 독신을 서원했으나, 제자인 엘로이즈에게 깊이 빠지면서 가혹한 시험을 당했다. 서원한 독신자로서 육체적 사랑이 금지되고 결혼은 의문의 여지가 없었기에 얼마 동안은 버틸 수 있었지만 결국 실패했다. 엘로이즈는 그의 아이를 낳았고 두 사람은 은밀하게 결혼했다. 두 사람의 관계를 뒤늦게 알게 된 엘로이즈의 아버지에 의해 아벨라르는 거세를 당하고, 아벨라르는 이를 당연한 처벌로 받아들여 수도사가 되었다. 뒤이어 엘로이즈는 수녀가 되었다.

아벨라르에 대한 엘로이즈의 열정적인 '내어줌'의 헌신은 그녀가 쓴 첫 번째 편지에 잘 나타나 있다. "제가 갈망한 것은 당신이 가진 것들이 아닌 오직 당신뿐입니다. 제가 당신에게서 오직 당신만을 사모해 왔다는 것은 하나님이 아시는 바입니다."[7]

　엘로이즈의 사랑은 너무 강렬했다. 아벨라르가 태양이라면 자신은 그저 그 빛을 받아 되비추는 달 정도로 여겼다. 그녀는 사랑하는 이의 명예가 실추될까 봐 자신의 품위를 떨어뜨리는 데 주저함이 없었다. 그녀는 이렇게 고백했다. "고상한 아내라는 표현보다 차라리 정부(情婦)라고 불리는 게 낫겠어요. 아니면… 화내지 마세요. 차라리 첩이나 매춘부를 택할래요. 당신 앞에서 저는 더 낮아지고, 그만큼 당신이 더 영광을 얻으시길, 제가 당신의 명성에 누가 되지 않기를 바랄 뿐입니다."

　이처럼 다른 사람을 위해 자신을 낮추고 자신의 품위를 떨어뜨리고자 하는 열망은 선의에서 비롯된 자신을 버리는 행위, 자기를 굴복시키고 내어준다는 구약의 개념을 담고 있다. 기독교 고전을 많이 읽었던 나는 이것이 성자들의 기도문에서 종종 찾아볼 수 있는 겸손의 고백과 상당히 비슷하다는 사실을 깨닫고 깜짝 놀랐다. 그것은 거룩한 자기 낮춤으로, 초기 그리스도인들의 금욕적 행위를 촉발시키기도 했다. 그들은 하나님에 대한 헌신, 사랑, 경배의 뜻을 나타내기 위해 수십 년 동안 높은 장대 위에 앉고, 비좁은 동굴에 살며, 몸에 거머리를 기르는 생활을 했다. 그런 것들이 비록 잘못된 측면이 있기는 해도, 우리는 그것이 영적 진리를 육체적으로 표현하기 위한 시도였음을 알고 있다. 그들이 고백하려던 진리는 이런 것이다. "하나님이 전부이시고, 우리는 아무것도 아니다. 그 사실이 얼마나 참된 진리인지를 하나님께 보여드리고자 우리는 이렇게 살기로 했다."

이런 육체적 행위 의식을 거행하던 시대로 돌아가야 한다는 뜻은 아니지만, 그 이면에 놓인, 이 거만한 세대에서 우리가 회복해야 할 겸손한 마음을 놓치지 않았으면 한다. 나의 고민은 이것이다. 결혼 관계 속에서 이런 겸손을 다시 회복하는 것이 가능하지 않을까? 우리가 성관계를 가지는 동안 죄 있는 인간 앞에서 이러한 자기 굴복/내어줌을 조금이라도 경험할 수 있다면, 완전한 사랑과 절대적 인자하심 가운데 계신 하나님께 주저함 없이 자신을 굴복시켜 내어드리는 법을 배울 수 있지 않을까?

우리의 논의에 대한 답변이라도 하듯 아벨라르는 이렇게 썼다. "하나님은 아벨라르가 엘로이즈를 사랑하는 수준으로 사랑받으려 하지 않으시고, 엘로이즈가 아벨라르를 사랑하는 수준으로 사랑받기 원하십니다." 그리고 이렇게 덧붙인다. "설령 그분이 우리에게 약속하신 복을 전부 거두어 가실지라도, 하나님은 그 자체로 완전하시기 때문입니다."

우리는 하나님께 받은 것 때문에 하나님을 사랑할 때가 많지만, 엘로이즈는 아벨라르를 있는 그대로 사랑했다. 그 은밀한 사랑은 엘로이즈에게 고통만 안겨 주었지만, 그녀는 아벨라르가 없는 평화와 행복보다는 그가 있는 수치와 고통을 택하기로 했다.

하나님을 향한 우리의 사랑도 이와 같다고 할 수 있을까?

자기를 내어주는 기도에 깊이 이끌리면, 우리는 하나님 자신만을 즐거워하기 위해 하나님이 우리에게 주신 모든 것을 절대적으로 포기하게 된다. 결혼 생활에서 이러한 내어줌을 조금이라도 맛본 적이 있다면 우리는 기도에 대한 새로운 통찰을 얻을 수 있다. 하나님께 드리는 기도 안에서 우리 자신을 잃어버리는 법을 배울 수 있다.

결혼과 신앙을 그런 방식으로 연결 지을 수 있다면, 그 경험은 상대방을 만족시키는 방향으로 가야 한다. 배우자를 껴안을 때 그 포옹이 당신의 기도 생활에 새로운 길을 어떻게 열어 줄지 생각해 보라. 배우자를 향한 열정에 사로잡힐 때, 어떻게 그와 동일한 수준에서 우리 자신을 하나님께 내어드릴 수 있을지 생각해 보라. 우리의 기도 생활을 확장하는 일에, 성적인 부분을 포함하는 결혼의 모든 양상들을 두려움 없이 사용하라.

그럴 때, 우리는 결혼이 얼마나 다양한 방식으로 기도 생활을 돕는지 깨닫게 된다. 다른 사람을 존중하는 법을 배우고, 배우자의 성적 필요를 채우고, 불화를 극복하고, 보다 창의적인 기도를 세우기 위해 결혼이라는 관계를 활용함으로써, 우리는 보다 역동적이고 성장이 이루어지며 의미 있는 기도의 삶을 세우고 지켜갈 수 있다.

결혼은 세상에서 가장 큰 시험 무대다.
하지만 나는 결혼을 두려워하는 대신 맞아들이기로 했다.
결혼은 많은 이들의 생각처럼 성품의 온화함을 시험하는 게 아니라
성품 전반을 시험하는 것이며, 이는 모든 행동에 영향을 미친다.
T. S. 엘리엇

결혼은 여성의 허영심과 남성의 이기심을 마취 없이 뽑아 내는 수술이다.
헬렌 로울랜드

하나님이 주신 결혼의 큰 선물 중 하나는 배우자라 불리는 전신 거울이다.
그 거울에 메모가 붙어 있다면, 아마 이렇게 쓰여 있을 것이다.
"이 거울은 당신이 진짜로 어떤 사람인지 보여 줍니다."
게리 • 벳시 리쿠치

6.

깨끗하게 하는 결혼

그날의 만남은 분명 일반적인 데이트는 아니었다. 고등학교 때 사귀던 여자 친구가 대학으로 나를 찾아왔다. 당시 그녀는 무디성경학교에 다녔고, 우리는 주말에 캐나다 브리티시 컬럼비아에 있는 수도원을 방문하기로 했었다.

사제 한 분이 우리를 따뜻하게 맞아 주었다. 마침 그의 어깨 너머로 이제 갓 십대에서 벗어났을 앳되어 보이는 수도사가 우리 쪽으로 다가오는 것이 보였다. 그는 나와 동행인 젊은 여자를 보고는 즉시 시선을 떨구고 고개를 숙인 채 우리 옆을 지나갔다.

대학 시절, 나는 하나님을 향한 뜨거운 마음을 품고 있었다. 그 젊은 수도사 역시, 그가 선택한 길을 본다면, 하나님을 향한 뜨거운 마음을 품고 있었을 것이다. 시선을 떨구던 그의 단순한 행동은 전능자를 추구하는 우리의 방식이 서로 얼마나 다른지 웅변해 주고 있었다. 나는 그날 하루 종일을 여자 친구와 함께 보냈지만, 그 젊은 수도사는 우연히 단 몇초라도 여자와 시선이 마주치는 걸 허락하지 않았다. 그날의 마주침이 있고 나서도 나는 그의 앳된 얼굴, 고개 숙인 각도, 옆을 지나치던 잰 발걸음을 떠올리곤 했다.

기독교 전통을 존중하고 아끼는 사람으로서 나도 역사적으로 그리스도인들이 독신을 통해 영성 훈련에 몰입할 수 있었음을 부인하지 않는다. 많은 교사들은 말한다. "결국 예수 그리스도도 독신이셨다. 이것은 반박의 여지가 없다." 하지만 참된 경건과 성결을 추구하려면 반드시 독신이어야 한다는 것, 이것은 결코 부인할 수 없는 편견이다.

때때로 이러한 생각은 사려 깊은 그리스도인에게 상처를 주었다. 메리 앤 맥퍼슨 올리버는 고백한다. "한 사람과의 친밀한 동반자 관계를 유지해 온 지난 30여 년이 나에게는 나 자신과 영적 삶에 매우 중요했다. 그럼에도 기독교 전통 안에서 '둘'이란 신학적으로 그리고 영적으로 결코 유의미한 하나의 단위로 존재하지 않는다는 사실을 깨달았다. 나의 30여 년이 이상해지는 순간이었다. …이제야 나는 글이나 가르침에서 나오는 영성은 기본적으로 독신자나 수도사의 것임을 알았다. 그러나 나는 독신이 아니다."[1]

그날 수도원에서 마주친 세 사람은 모두 거룩함을 추구하지만 철저히 서로 다른 길을 걷고 있었다. 젊은 수도사는 계속해서 수도사의 길을 걷고, 나는 결혼해서 전업 작가이자 교사로 미국에서 살며, 그 여자 친구는 결혼하고 이집트 선교사가 되었다. 결혼했다고 해서 거룩함에 대한 나의 관심이 사라지지는 않았다(리젠트 칼리지에서 성화 교리에 관한 석사 논문도 썼다). 그런데도 내가 타협한 걸까?

여기에 가장 중요한 부분이 있다. 수도원의 젊은 수도사는 거룩함을 추구하기 위해 의식적으로 독신의 길로 '들어갔다.' 그렇다면 거룩함을 추구하기 위해 의식적으로 결혼의 길로 들어갈 수도 있지 않을까? 어떻게 그럴 수 있을까?

결혼과 성화

교회의 초기 지도자들은 모든 성적 행위에 대해 (출산을 위한 경우를 제외하고) 부정적인 생각을 가지고 있었고 때로는 죄악된 것으로 여기기도 했지만, 독신 생활에 비해 결혼 생활을 마냥 쉽고 넓은 길이라고 생각하지는 않았다. 실제로 일부 그리스도인은 결혼 생활이 독신 생활보다 더 좁은 길이 될 수 있음을 알았다.

수세기 전, 스스로를 아타나시우스라고 주장하는 사람이 신클레티카라는 여교사가 한 말을 인용했다. "그러므로 우리는 세상에서 살아가는 사람들은 근심 걱정이 없을 거라는 생각에 미혹당하지 않을 것이다. 비교해 보면 그들은 우리보다 훨씬 힘들게 살아가기 때문이다. 그렇게 보면 세상에서 멸시 당하는 여성들은 위대하다고 말할 수 있다. 그녀들은 죽음의 위협 속에 해산의 고통을 겪고, 아이에게 젖을 물려 키우는 수고를 감당하고, 아픈 자녀들과 함께 아파하며, 고된 노동의 대가를 받지도 않은 채 이 모든 것을 겪고 나서도 살아 남기 때문이다."[2]

암브로시우스도 이와 비슷한 생각을 했다. "결혼한 여성이 누리는 유익과 미혼으로 남는 여성이 누리는 유익을 비교해 보자. 결혼한 여성들은 운다. 눈물로 얼마나 많은 다짐을 하는지 모른다. 그녀들은 임신하고 그 열매는 해산의 고통을 가져온다. 왜 양육, 교육, 결혼이 고통스럽다고 얘기하는가? 이것은 운이 좋은 사람들이 겪는 불행이기 때문이다. 어머니는 상속자를 낳지만, 그로 인해 슬픔만 늘어날 뿐이다."[3]

결혼 초기의 몇 해 동안, 밤늦도록 아이들을 돌보는 아내의 인내심에 나는 놀랐다. 당시 우리에게는 아이가 둘 있었다. 나도 그때는 매우 힘든 시기를 보내고 있었는데, 그 와중에 아내는 나를 위로하려고 낭만적인 저녁 시간을 계획했다. 그러나 그날 밤 늦게 아이들이 아프기 시작했다. 둘째는 이제 돌이 지났고, 큰 아이도 엄마의 보살핌이 필요한 시기였다.

리사는 이미 지쳤다. 저녁도 제대로 먹지 못했다. 그래도 아내는 보채는 둘째에게 이제는 나오지도 않는 젖을 계속 물렸다. 어찌어찌해서 둘째를 살짝 내려놓은 뒤에는, 칭얼대는 첫째를 무릎에 눕히고 열이 나는 머리를 어루만지며 물수건을 이마에 올려놓았다.

아이들을 헌신적으로 보살피느라 정신없는 아내를 보며 이런 생각이 들었다. '리사는 성자야!' 그날 밤 아내는 차라리 수녀가 되는 것이 더 편했을 것이다. 영웅적인 헌신이 필요한 삶에서 거룩함을 키워 가는 그녀를 보고 과연 결혼으로 신앙을 타협했다고 할 수 있을까?

사실, 독신을 (감정적으로나 상황에 따라) 이기적인 생각으로 시작했다면, 그것은 방종한 호색만큼이나 우리의 모든 부분을 파괴할 수 있다. C. S. 루이스는 우리의 마음에 대해 이렇게 말한다.

> 만일 아무런 상처 없이 마음을 고스란히 간직하고 싶다면, 당신의 마음을 누구에게도, 심지어 동물에게도 주지 말아야 한다. 취미나 작은 사치 같은 것들로 조심스럽게 마음을 포장하고, 모든 얽히는 관계를 피하라. 마음을 당신의 이기심이라는 상자나 관 속에 넣고 안전하게 잠가 두라. 그러나 그 안전하고, 어둡고, 미동도 없고, 공기도 통하지 않는 상자 안에서 그것은 변질될 것이다. 부서지지는 않을 것이다. 절대로 부서지지 않을 테지만, 뚫고 들어갈 수도 없고, 구원받지도 못할 것이다.[4]

거룩함을 위해 독신이나 결혼 중 어느 길이 더 나은지 논쟁하는 것은 비생산적이다. 그리스도인들은 두 길 모두 성공적으로 걸어왔다. 삶의 특별한 상황 속에서 도전을 성장의 발판으로 삼는 것이 중요하다. 실력을 진심으로 키우고자 하는 운동 선수는 대충하는 훈련을 기대하지 않는다. 자신을 가장 많이 변화시킬 만한 훈련을 찾는다. 결혼은 분명 우리에게 도전을 주지만, 그것에 정면으로 맞설 때 우리는 비로소 헌신적인 삶에서 풍성하게 자라갈 수 있다. 그 방법 중 하나가 우리의 죄와 상처 받은 태도를 벗겨 내고 겸손한 심령에 이르는 것이다.

드러난 민낯

바울은 에베소서 5장 25절에서 이렇게 말한다. "남편들아 아내 사랑하기를 그리스도께서 교회를 사랑하시고 그 교회를 위하여 자신을 주심 같이 하라." 바울은 그리스도가 교회를 위하여 자신을 주신 것은 교회를 "깨끗하게 하사 거룩하게 하"기 위함이며, 그리하여 "티나 주름 잡힌 것이나 이런 것들이 없이 거룩하고 흠이 없게 하려 하심이라"고 말한다(엡 5:25-27 참조).

무언가를 사랑하는 것과 깨끗하게 하는 것은 관련이 있다. 아내를 진심으로 사랑하는 남편은 아내가 깨끗하게 성숙해 가는 모습을 보기 원할 것이다. 남편을 진심으로 사랑하는 아내는 남편이 깨끗하게 성숙해 가는 모습을 보기 원할 것이다. 그런 두 사람은 경건에 이르게 될 것이다.

나에게 결혼은 나의 죄를 보여 주는 거울이었다. 결혼을 통해 나는, 내 의지와 상관 없이, 내 자신과 정직하게 대면하고 나의 흠 많은 성격, 이기심, 그리스도인답지 못한 태도 등을 발견했다. 또한 결혼을 통해 나는 성화되고 깨끗해지며 경건한 사람으로 자라가도록 격려받았다.

캐슬린과 토마스 하트는 이렇게 말한다. "결혼 첫해에 내가 견디기 힘든 일은 때때로, 배우자가 아니라 나 자신에게서 발견한 것이었다. 결혼한 지 1년 된 젊은 여성이 말하듯, '나는 늘 스스로 인내심이 많고 용서를 잘한다고 생각했다. 하지만 그것은 내가 누구와도 이토록 가까운 적이 없었기 때문이다. 결혼하고 남편과 내가 서로 다른 점들 때문에 고민하면서, 내가 얼마나 속이 좁고 용서하지 못하는 사람인지 깨달았다. 전에는 결코 깨닫지 못했던 내 안의 완고한 마음을 발견했다.'"5

나도 이런 경험을 했다. 중학교 3학년 때 학교에서 '가장 친절한 급우'로 뽑혔던 나는, 늘 스스로를 인내심 많고 착하다고 생각했다. 하지만 결혼 후에는 냉동실에서 빈 얼음통을 꺼내면서 내가 얼마나 짜증이 심한지 깨달았다.

어린 시절 우리 가족에게는 간단한 규칙이 하나 있었다. "얼음을 썼으면 빈 얼음통에 물을 채워 냉동실에 다시 넣기." 그런데 얼음통에 얼음 부스러기만 남아 있는 것을 보면 기분이 어떻겠는가?

그 사소한 일에 내가 얼마나 화를 냈는지 생각하면 놀랍다. 나는 아내에게 물었다. "나를 얼마나 사랑해?"

"온 세상보다 더 사랑해요."

"그만큼 사랑하지 않아도 돼. 단 7초만 사랑해 줘."

"그게 무슨 말이에요?"

"방금 얼음통에 물을 채우는 데 얼마나 걸리는지 재 봤더니 7초가 걸리더군."

"여보, 아직도 그 이야기예요?"

어느 날, 나는 아내가 얼음통을 채우는 데 단 7초가 필요하다면 나 역시 마찬가지라는 사실을 깨달았다. 7초로 인한 불편함을 결혼 생활의 심각한 문제로 다룰 정도로 나는 그렇게 이기적이었던가? 나의 선함을 보여 줄 수 있는 능력이 그것밖에 되지 않았던가?

실제로 그랬다.

그러니 결혼해서 누군가와 그토록 가까워지는 것은 세상에서 가장 큰 영적 도전일지 모른다. 비좁은 집에서 일하며 사실 거의 하루 24시간 감시 상태에 있으니 '휴식'이 없다. 아내가 그렇게 만드는 것이 아니라 내가 그렇게 느낀다는 것이다. 영화 비디오를 고를 때마다 아내가 내 옆에서 볼 수 있다는 생각을 해야 한다. 잠시 짬을 내어 휴식을 갖더라도 아내는 다 알고 있다. 점심으로 어디서 무엇을 먹을지, 다이어트를 어떤 방법으로 할지, 나의 식욕과 탐욕과 열망이 모두 아내 눈앞에 드러난다.

이것은 물론 내가 죄와 맞서고자 할 때 아내에게 물어볼 것이라는 뜻이기도 하다. "내게서 경건치 않은 모습을 본 적이 있어? 무엇인지 알고 싶어. 바꾸고 싶어."

그러자면 큰 용기가 필요하다. 그것은 내가 부족함을 먼저 인정하는 용기다. 아내에게 싫은 소리를 듣게 되거나, 아내가 나를 덜 사랑하게 되거나, 내 안에 있는 죄가 드러나 아내가 나를 떠날 수도 있다는 두려움을 감수하는 용기다.

나는 원래 변화를 위해 정직하게 드러내는 사람이 아니다. 나의 자연스런 죄의 성향으로만 보면 나는 숨기고 그 대신 화려한 이미지를 내세우는 사람이다. 댄 알렌더와 트렘퍼 롱맨은 그러한 이분법을 강력한 언어로 묘사한다. "인간은 삶의 신비 속으로 뛰어들어 그것을 더 아름다운 모습으로 빚어내는 대담한 창조 예술가로 지음받았다.

그러나 타락 이후로 인간은 겁 많고 극단적인 자기 옹호자가 되었다. 친밀감과 개방성은 감추고 미워하는 마음으로 대체되었다."[6]

그들은 이렇게 덧붙인다. "결혼이란 타락이 가장 잘 노출되는 관계이자, 우리의 존엄이 가장 잘 드러나는 관계다."[7] 아담과 하와가 살던 시대로 가 보자. 인류 최초의 결혼은 최초로 죄가 등장하는 무대가 되었다. 타락이 가져온 첫 번째 명백한 결과는, 부부간의 친밀감이 붕괴되는 것이었다. 아담과 하와 둘 다 자신들이 마치 어린 소녀가 처음으로 화장을 시도한 것처럼 어설프다는 사실을 분명 알았다. 갑자기 그들은 벌거벗은 것이 부끄럽다고 느꼈다. 그리고 서로를 비난하기 시작했다.

당신은 배우자에게서 숨을 것인가, 아니면 은혜 안에서 성장하기 위해 결혼이라는 스포트라이트를 사용할 것인가? 우리가 진짜 얼마나 죄인인지 이해하기 위해 이 스포트라이트가 필요한 사람들이 있다.

하워드 헨드릭스는 설교를 끝내자마자 한 열정적인 젊은이가 와서 자신을 '위대한 사람'이라고 불렀다는 사실에 대해 말했다.

헨드릭스는 집으로 돌아오면서 아내에게 물었다. "위대한 사람이라. 당신은 위대한 사람을 얼마나 많이 알고 있소?"

아내는 대답했다. "당신 생각보다 한 사람 적어요."

하나님이 영향력 있는 사람에게 아내를 주신 이유 중 하나는 그들이 계속해서 현실을 파악하도록 하기 위해서가 아닐까? 어딜 가든 찬사를 듣는 사람은 누군가 옆에서 현실을 직시하게 해주는 것이 얼마나 중요한지 모른다.

블레이즈 파스칼은 이렇게 썼다. "인간의 약함과 타락에 놀라는 순간에도 우리는 여전히 일반 사람들이, 특별히 우리 자신이 얼마나 형편없는지 충분히 헤아리지 않는다."[8] 결혼을 통해 나는 나의 부족한 부분을 깨닫는다. 결혼은 일반적으로 인간의 초라함을, 특별히 나의 초라함을 헤아리게 만든다.

결혼을 영적 훈련으로 바라본다면, 이보다 더 유익한 시험대는 어디에도 없다. 그리스도인 신비주의자 프랑소아 페넬롱은 "성자들은 참된 겸손이 모든 미덕의 근본임을 확신했다"[9]라고 썼고, 윌리엄 로우 역시 의견을 같이한다. "겸손은 영혼을 바른 상태로 유지하는 데 정말 필요한 요소로서, 겸손 없이는 합리적이거나 경건한 삶은 위장에 불과하다. 겸손한 심령이 없는 신앙심을 가지고 사는 것은 눈 없이 보거나 숨쉬지 않고 사는 것과 같다."[10]

그렇다면 겸손은 무엇인가? 페넬롱은 부분적으로 겸손은 "정직하고, 자신의 잘못을 인정하여 그것을 극복하려 하고, 경험 많은 이들의 충고에 기꺼이 따르려는 어린아이와 같은 마음이다. 이는 성화에 필요한 유용하고 굳건한 미덕"[11]이라고 말한다.

결혼을 영적 훈련으로 받아들이려는 의지가 있는가? 그렇다면 결혼을 영적으로 깨끗해지는 과정으로 보는 게 가능하다고 믿는다. 결혼의 주된 이유를 자신을 채우고 감정적 만족이나 낭만을 느끼는 데서 찾을 게 아니라 예수 그리스도를 더욱 닮아 가는 데서 찾아야 한다. 자신의 약점을 배우자에게 노출시키는 현실을 받아들여야 하며, 그럼으로 배우자도 내게 자신의 약점을 노출시킬 수 있도록 해야 한다.

자기만 죄를 알고 있을 때는 그 죄가 그리 커 보이지 않는다. 그러나 다른 사람에게 그것이 어떻게 보이고 들릴까 생각해 보면 그 충격이 열 배는 더 커진다. 독신은 다른 사람의 시선에서 벗어남으로써 자신의 좌절을 숨길 수 있다. 그러나 결혼한 남성이나 여성에게는 진정한 도피처가 없다. 한 침대를 쓰는 사람에게 그것을 숨기기란 어렵다.

도피가 아닌 겸손

나는 부부 관계에서 불만족을 경험하는 거의 모든 결혼 그 이면에 회개하지 않은 죄가 있다고 생각한다. 부부들은 사랑에서 멀어지지 않더라도 회개는 멀리하는 때가 많다. 부부 사이에서 제대로 다루어지지 못한 죄와 온당치 못한 태도와 개인적인 잘못은 서서히 관계를 부식시키고, 첫 열정의 아픔 속에서 맺어진 고귀한 약속들을 공격하다가 마침내 파괴한다.

    우리 모두는 죄에 물든 잘못된 태도를 안고 결혼 관계 속으로 들어간다. 그러한 태도가 밖으로 드러나면 오히려 숨기려 하거나 심지어 그런 태도가 아직 드러나지 않은 새로운 관계로 도피하고픈 유혹을 느낀다. 그러나 그리스도인의 결혼은 어느 정도 자기 노출을 전제로 한다. 나는 결혼하면서 아내에게 나 자신이 드러나는 것을 허용했다. 그것은 아내가 나를 있는 그대로, 즉 결점도 편견도 두려움도 약함도 모두 알게 된다는 뜻이다.

    이런 현실을 깊이 생각해 보면 두렵기도 하다. 데이트는 최상의 모습을 상대에게 보여주는 관계다. 자신의 연약한 모습은 되도록 가리는 데 초점을 둔다. 그래서 데이트 때는 흔히 결혼 관계에서 발생하는 피할 수 없는 자기 노출이 드물다. 그만큼 결혼 관계에 들어갔을 때를 대비한 적절한 준비가 어렵다. 그런 이유로, 많은 결혼이 배우자의 한쪽 또는 쌍방이 상대의 약점을 더 이상 참지 못하고 그로부터 달아나기도 하지만 그와 반대로 자신의 드러난 약점으로부터도 달아나면서 결국 이혼으로 끝이 난다.

나는 도피 대신 다른 방법을 제안하고 싶다. 우리의 죄가 드러날 때 그것을 겸손이라는 그리스도인의 기본 덕목을 배우는 수단으로 사용하라는 것이다. 겸손은 우리로 하여금 고백하고 포기하게 만든다. 그리고 다음 단계로 가서 단념하고 싶은 죄에 상응하는 긍정적인 덕목을 배워 가라. 지난 날 여자들을 이용했다면, 이제는 아내를 섬기는 연습을 하라. 지난 날 남편에게 바가지를 긁는 데 바빴다면, 이제는 용기를 주고 칭찬하는 것을 연습하라.

결혼을 성화로 향하는 통로로, 당신의 잘못된 행동과 태도를 드러내고 주님 앞에 그것을 고백할 기회로 여기라. 여기서 한 가지 도전 과제가 있다. 당신의 약한 모습이 드러나더라도 배우자에게 화내고 싶은 유혹에 빠지지 말아야 한다. 이와 반대의 경우도 마찬가지다. 배우자가 자기 약함을 드러내고 직면할 수 있도록 그를 받아들이고 자유함을 얻게 하라. 이런 방법을 통해 우리는 결혼을 도움의 장으로, 자기를 꿰뚫어보는 영적 거울로, 성화와 경건을 위한 성장의 도구로 사용할 수 있다.

배우자의 죄 받아들이기

이 같은 태도에서 결혼의 또 다른 중요한 원리를 배울 수 있다. 결혼은 나의 죄를 드러낼 뿐 아니라, 배우자의 죄가 드러났을 때 그를 어떻게 대하는지를 반영한다는 점이다. 알게 된 사실을 이용해 상대방을 억압하고 더 큰 힘을 취할 것인가, 아니면 예수 그리스도의 성품을 닮아 가도록 상대방을 부드럽고 사랑스럽게 인도할 것인가?

상대방의 죄를 아는 지식은 강력하고 위험하다. 나를 구석진 곳으로 데려가 자기 아내가 가진 부적절한 관계를 털어놓으며 좌절감과 용서의 어려움을 호소하는 남성들이 있다. 그들은 일반적으로 아내 앞에서 그 관계를 폭로하는 경향을 보이는데, 이는 힘을 악하게 사용하는 행위다. 아내가 그들의 삶에서 변화되어야 할 무언가를 지적하면 남편은 불쑥 이렇게 말한다. "그래서 내가 변하지 않으면 다시 그놈한테 갈 거란 말이지?" 아니면 "좋아, 내가 제정신이 아니라고 쳐. 하지만 적어도 난 성적으로 헤프지는 않아!" 아내들이 그런 말을 듣는 걸 싫어하지만, 남자들도 그런 말을 하고 싶어하지 않는다.

"당신이 그런 말을 얼마나 하기 싫어하는지 아내에게 말한 적은 있나요?" 나는 한 사람에게 물어보았다.

"네, 하지만 아내는 내가 그런 말을 하기 싫어하는 걸 알면서도 여전히 들으려 하지 않아요."

이 훈련이 효과를 발휘하려면 이것을 (9장에서 설명하는) 용서 훈련에 연결시켜야 한다. 자신의 죄를 노출시키고 배우자를 위해 그 죄를 밝히 드러내는 훈련은 익숙해지기 어렵다. 그렇게 하려면 엄청난 용기와 멜로드라마에나 나옴직한 자상한 태도가 (특히 남자에게) 필요하다. 부부 관계는 모진 고문 같은 경험이 되어서는 안 된다. 그보다 서로를 성화의 길로 이끄는 성숙한 경험이 되어야 한다. "그러므로 피차 권면하고 서로 덕을 세우기를 너희가 하는 것같이 하라"(살전 5:11).

이제 우리 삶에서 드러난 죄가 어떻게 우리의 참된 동기를 드러내 줌으로써, 우리의 성장을 도울 수 있는지 실제 예를 살펴보자.

불만족 뒤에 숨은 죄

그렉은 아내 샤론에게 자기 감정을 드러내지 않으려 애썼다. 결혼 8주년을 기념하기 위해 함께 외식하는 자리였지만, 그렉은 지루해하고 있었다. 컴퓨터 전문가인 그렉은 아내에게 할 말을 생각하느라 애쓰느니 동료들과 컴퓨터에 관해 이야기하는 게 낫겠다는 생각이 들자 화가 났다.

하필 샤론이 저녁 식사 자리로 정한 곳은 골동품 판매를 겸하는 레스토랑이었다. 오래된 금속 광고판 모으는 취미가 있던 그렉은 자리에서 일어나 매장을 돌아보다가 아내와 다투고 말았다. 결혼 기념일에는 매장을 돌아볼 게 아니라 자기를 돌아보아야 한다. 그날은 8년 동안의 결혼 생활을 아내와 나누어야 하는 날이다. 자기 만족을 위해 혼자 어슬렁거릴 게 아니었다.

그러나 그렉은 아내가 살아가는 세계가 참을 수 없이 진부하게 여겨졌다. 아내는 그날 하루 종일 있었던 일을 낱낱이 설명하는 것 말고는 별로 할 말이 없는 것 같았다. "마룻바닥을 닦자마자 샤워하러 갔어요. 그런데 무슨 일이 일어났는지 알아요? 레베카가 사과 소스 한 접시를 다 쏟아 버렸지 뭐예요. 그러고는 치우지도 않았죠. 피터가 바로 그 위를 밟아서 온 집에 사과 소스 발자국을 만들어 놓았어요. 그래서 집에서 나오기 직전까지 바닥을 닦고 또 닦았어요!"

그렉은 아내의 이야기에 고개를 끄덕이는 시늉은 했지만 다른 생각이 떠오르는 것은 어쩔 수가 없었다. 반나절 동안 마룻바닥 닦은 얘기를 어떻게 흥미진진하게 들을 수 있단 말인가. 앞에 앉아서 자질구레한 얘기나 쏟아놓다니, 도무지 듣고 있기가 힘들었다. 그렉은 자기로서는 받아 주기 어려운 것을 아내가 자꾸 요구한다는 생각이 들자 기분이 나빠졌다. 마음이 허전했다. 그렉은 컴퓨터 프로그램의 오류를 찾아내는 것을 좋아하는데, 아내는 졸리고 시시하고 따분한 이야기만 끊임없이 늘어놓았다.

며칠 후 나는 그에게 이렇게 제안했다. "그렉, 아내의 이야기를 들어 주는 것이 바로 아내를 섬기는 길이에요. 예수님이 제자들의 발을 씻기거나 그들의 어리석은 논쟁들을 끊임없이 들어주실 때 굉장히 재미있어 하셨을까요? 게다가 부인은 두 사람의 아이들 이야기를 하고 있지 않습니까? 물론 부인은 당신이 그날 하루 종일 무슨 일이 일어났는지 알고 싶어 할 거라고 생각했겠지요."

그렉은 마지못해 고개를 끄덕였다. "하지만 내 생각에는…"

그가 잠시 뜸을 들이는 것을 보고, 우리가 문제의 핵심에 가까워졌다는 걸 알았다.

"함께 일하는 여자 동료가 있어요. 우리는 컴퓨터 코딩에 대해 이야기를 나눕니다. 아내는 절대로 관심 없는 분야지요. 그 여자와 함께 문제를 해결해 가는 것만큼 즐거운 일도 없어요. 그럴 때마다 그녀와 몹시 가까워지는 느낌이 듭니다."

또다시 침묵이 흘렀다.

"아내와 나는 더 이상 함께 나눌 게 없어요."

이기적인 거짓말이 튀어나오는 순간이었다.

"함께 나눌 게 없다고요? 피터와 레베카가 누구입니까?"

'우리 아이들이죠.'

"그러면 그 아이들을 낳고 함께 키워 가는 일이, 직장 동료 여자와 컴퓨터 코딩 문제를 푸느라 써내려 간 수많은 숫자들보다 당신 인생에 덜 중요하다는 말입니까?"

"제 말이 그렇게 들렸나요? 그건 아닌데." 그렉은 긴 한숨을 내쉬며 말했다.

그렉은 자기 현실을 '고쳐 써서' 자기 생각이 실제보다 더 나쁘게 들리지 않기를 원했다. 실제로 그는 가족과 함께 시간을 보내는 것보다 컴퓨터 코딩을 더 중요하게 여겼지만, 자기 태도를 인정하고 돌아보는 대신 모든 것을 아내 탓으로 돌렸다. "아내는 따분해." "아내는 나를 이해하지 못해." "우리는 점점 더 멀어지고 있어."

이렇게 비난하는 편이 "나는 이기적이야. 삶의 우선순위를 심각하게 오해하고 있어. 부적절한 관계에 빠질 뻔했어"라고 인정하는 것보다 훨씬 더 편했을 것이다.

문제에 바르게 접근하고 마음의 깊은 동기를 정직하게 돌아본다면, 결혼은 사진과 같다. 자신이 찍힌 사진을 보는 게 항상 즐겁지는 않다. 우연히 찍힌 사진을 보며 처음으로 내가 얼마나 살이 쪘는지 깨달은 적이 있다. "와, 이 턱은 언제 생긴 거야?" 카메라 각도를 탓하고 싶은 마음이 들겠지만, 사실은 7킬로그램의 살이 모든 각도에서 나타났다.

결혼 후에도 죄에 대해 같은 일이 일어난다. 우리는 드러난 진실에 분노하고, 그것을 배우자의 탓으로 돌리고 싶은 유혹에 빠진다. 말하자면 배우자는 앞에서 말한 카메라와 같다.

내 책 『일상 영성』(The Glorious Pursuit)은 여기에 적용할 만한 진리를 다루고 있다. 성숙한 그리스도인은 하나님 앞에 신실하게 사는 것에서 만족을 찾는다. 성숙한 사람이 되어 가는 일에서 만족을 찾으려 하지, 특정 사람에게서 만족을 찾으려 하지 않는다. 부부간의 불만족 가운데 상당 부분은 실제로 자신에 대한 미움에서 비롯된다. 우리는 자신의 모습이나 자신이 행한 일을 그다지 좋아하지 않는다. 우리는 우리의 이기적이고 잘못된 태도가 우리의 생각을 좀먹고 부끄러운 행동을 벌이도록 이끄는 데도 그냥 내버려둔다. 그러다 결국 변명을 늘어놓게 된다.

그러나 성숙한 사람은 이 모든 일을 그냥 내버려두지 않는다. 이 모든 일의 시작점인 자신을 변화시킨다.

모든 결혼이 그렇듯 나의 결혼 생활에도 사실 이런 불만족이 고개를 내미는데, 그럴 때마다 나의 관심이 어디를 향하고 있는지 점검한다. 다른 사람인가 아니면 나 자신인가? 결혼을 통해 가장 행복하고 최고의 만족을 얻었을 때는 내가 더 '나은' 아내를 바라기보다 스스로 더 나은 남편이 되는 데서 의미와 만족을 열심히 찾았을 때다.

그리스도인인 당신에게 성경이 말하는 진실을 알려 주고 싶다. 당신은 아내를 다른 사람으로 바꿀 수 없지만 당신 자신을 바꿀 수는 있다. 그 변화는 당신이 배우자가 바뀌어야 얻을 수 있다고 생각하던 만족을 가져다줄 것이다. 어떤 면에서 그것은 우스운 일이 아닐 수 없다. 우리는 배우자가 달라지기를 원하지만 변화가 필요한 배우자는 바로 '나'다!

왜 그렇게 되는지 나는 잘 모른다. 결혼 생활에 불만을 느낀 당신이, 당신 삶의 변화를 위해 스스로를 하나님께 내어드렸을 때, 예전과 동일한 배우자와 함께 하는데도 전과 비교할 수 없는 만족을 발견하게 될 텐데, 어떻게 그렇게 되는지 잘 모른다. 단지 그게 효과가 있다는 사실은 안다. 그것은 시간이 걸리는 일이다. 몇 년이 걸릴지도 모른다. 그러나 당신의 마음이 주님께 가까이 가고픈 열망에 이끌린다면, 주님을 닮아가는 일에서 기쁨을 발견할 것이다. 이혼이나 외도처럼 예수님을 마음 아프게 하는 어떤 일을 하는 것으로는 결코 기쁨을 누리지 못할 것이다.

마리 다구 백작 부인은 당대의 유명 피아니스트이자 헝가리 최고의 작곡가 프란츠 리스트와 함께 하기 위해 자신의 자녀들을 내버렸다. 뜨겁던 열정이 차츰 식어 가고 자녀를 잃었다는 현실에 눈을 뜨면서 이런 말을 했다고 한다. "자신을 둘러싼 모든 것을 내던진 사람은 자기 자신도 내던지게 된다."

그냥 내버려두면, 죄는 우리 자신을 파괴의 길로 이끌 것이다. 어떤 사람은 이 동일한 죄를 직면하고 나서, 보다 큰 이해의 길로 들어설 뿐 아니라 더 깊은 성숙과 성장의 길로 나아갈 것이다. 반면 또 어떤 사람은 이 동일한 죄에 이끌려 자기 부인과 기만과 영적 파멸의 악순환에 빠지게 될 것이다.

선택은 우리의 몫이다. 죄는 이 타락한 세상에 실재하는 현실이다. 죄에 어떻게 반응하느냐에 따라 우리의 결혼이 피해자의 통계 안에 포함될지, 아니면 성공의 면류관을 쓰게 될지 결정된다.

온전히 신실하기는 매우 어렵다.
그 대상이 사물이든 사상이든, 심지어 사랑하는 사람일지라도.
완전한 사랑, 완전한 아름다움이 없듯 완전한 신실함은 없다.
그러나 그것을 시도하는 일은 즐겁다.
캐서린 앤 포터

주께서 너희 마음을 인도하여
하나님의 사랑과 그리스도의 인내에
들어가게 하시기를 원하노라.
데살로니가후서 3장 5절

7.

둘만의 역사 만들기

 마티는 큰 부담을 안고 결혼했다. 결혼 전 몇 명의 남자들과 깊은 관계까지 갔었고 쓰라린 이별을 겪었다. 그 탓인지 마티는 결혼 이후에도 불안이라는 감정과 싸워야 했다. "갈등은 이별을 낳고, 이별은 극심한 고통을 낳는다"는 말이 꼭 자신을 가리켜 하는 말 같았다.

 결혼 후 몇 년이 지나 마티는 돈 문제로 남편과 싸우기 시작했다. 때로는 소리까지 지르며 격렬하게 말다툼을 했지만 결론이 나지 않았다. 결혼 생활이 살얼음판을 걷는 듯했다. 기쁨은 사라지고 고뇌와 좌절만 남았다. 마티는 이전에 실패한 관계에서 느꼈던 감정들을 다시 느끼고 있었다. 지난 날의 아픔이 아물지 않은 채로 고스란히 되살아났고, 마티는 이 시련 속에서 결혼 생활을 지속할 수 있을지 불안했다. 과거 경험에 따르면, 문제가 해결되지 않는다면 이별은 불가피했다. 그녀는 채 깨어지지 않은 이 관계의 끝을 예감하며 남몰래 통곡하기 시작했다.

어느 날 밤, 결론이 나지 않는 심한 말다툼을 벌인 후 마티의 남편은 앞날을 예견한 듯 무언가 심오하고 놀라운 일을 했다. 마티가 절대로 잊지 못할 경험이었다. 그 이야기를 들려 주는 마티의 눈에는 남편의 자상한 배려에 그녀가 느꼈을 기쁨이 묻어 있었다. "남편이 저를 꼭 끌어안으며 이렇게 말했어요. '마티, 우리가 무슨 결정을 내리든 나는 이혼 같은 건 절대 하지 않을 거야. 죽는 날까지 이런 긴장 속에서 살아야 하더라도 절대 당신을 떠나지 않겠어.'"

마티는 이 이야기를 하면서 끝내 눈물을 흘렸다. 그녀는 남편과 아무리 다투어도 이혼만은 하고 싶지 않았는데, 남편이 먼저 그런 일은 없을 거라고 약속한 것이다.

마티와 남편은 결혼 생활이 유지될 것이라는 단순한 사실에서 위대한 의미를 발견했다. 그러자 지금까지 다투었던 원래의 문제가 갑자기 상대적으로 보잘것없이 보였다. 어쨌든 그들이 함께할 나날들이 안전할 거라는 근본 사실보다는 덜 중요했기 때문이다.

부부가 함께 그들만의 역사를 만들어 가는 것이 얼마나 신성한 작업인지 깨달을 때, 우리는 결혼 관계에 담겨 있는 은혜를 외치지 않을 수 없다. 철학자 니체는 결혼을 "기나긴 대화"라고 설명하면서 그러므로 친구와 결혼할 것을 주장했다. 이것이 사실이라면, 결혼은 우리가 나눌 대화보다 먼저 있었던 또 다른 대화의 그림자가 아니겠는가?

아브라함의 하나님

어느 날 유명 신학자가 하나님이 살아 계시다는 최고의 증거를 보이라는 요구를 받았다. 그는 주저하지 않고 이렇게 말했다. "유대인들을 보십시오."

혼란한 역사 속에서 폭군이나 대적들에 의해 멸절의 위협에 놓일 때마다, 유대인들은 가느다란 실에 대롱대롱 매달려 있는 것 같았다. 그러나 그들은 수천 년 동안 살아남아 무엇보다 극적이고도 애정 어린 역사를 간직하고 있다.

그들의 역사에는 신학의 실재가 담겨 있다. 구약의 하나님은 스스로 자기 백성들에게 가까이하셨다는 점에서 그 유례가 없다. 오랫동안 사람들은 산의 신이나 계곡의 신 또는 바다의 신을 충성스럽게 숭배했다. 그러나 아브라함의 하나님, 이삭과 야곱의 하나님처럼 '백성들의 신'이 존재한다는 사실은 완전히 새로웠다.

더욱 놀라운 것은 그 관계가 직렬로 이어진다는 점이다. 아담과 하와로부터 아브라함과 사라까지, 아브라함과 사라로부터 다윗과 밧세바까지, 다윗과 밧세바로부터 마리아와 요셉까지. 이 역사에는 신의 은혜로운 손길이 묻어 있다. 하나님이 선조들, 그 선조의 선조들, 그리고 그 선조의 선조의 선조들과 늘 함께 하셨다는 사실이 엄청난 의미를 갖는다.

하나님과 그분의 백성들과의 관계는 단순하게 정리가 가능하다. 거기에는 큰 기쁨과 축하의 날들이 있고(솔로몬이 성전을 헌당했을 때 하나님과 그 백성들의 모습을 떠올려 보라). 좌절과 분노의 시절도 있다(하나님이 이방 민족에 의한 압제를 허락하셨을 때를 떠올려 보라). 충성과 배신의 시대도 있으며(이스라엘 백성들이 다른 신을 섬겼을 때를 떠올려 보라), 극도의 침묵만 계속되던 공백기도 있다(구약과 신약 시대 사이의 적막이 감돌던 400년이 포함된다).

이것을 예로 들어 생각해 보자. 큰 기쁨과 축하의 시간, 좌절과 분노의 시간, 충성과 배신의 시간, 그리고 극도의 침묵의 시간이 있다. 당신에게 익숙한 어떤 관계가 떠오르지 않는가? 당신의 결혼 생활이 이와 비슷하지 않은가?

어떻게 보면 결혼이라는 관계는 하나님과 이스라엘 백성의 관계와 유사하다. 경험적으로 상당히 비슷하다. 결혼 생활 동안 크나큰 기쁨과 축하의 날이 있지 않았는가? 하나님은 이런 날들을 잘 아시며 우리와 함께 기뻐하실 수 있다. 신실하지 못한 상대로 인해 가슴 아픈 배신감을 경험한 적이 있는가? 아니면 서러운 침묵에 따른 좌절감을 맛본 적이 있는가? 그렇다면, 당신은 혼자가 아니다. 하나님과 이스라엘 백성의 관계가 바로 그랬다. 그러므로 당신이 겪은 그 모든 것들은 하나님과 보다 친밀한 관계를 맺을 수 있는, 날 것 그대로의 재료가 된다.

하나님과 이스라엘 백성의 역사를 한 단어로 특징 짓는다면, 그것은 인내다. 이스라엘 백성이 하나님에게서 고개를 돌려도 그분은 고개를 돌리지 않으셨다. 잠시 물러나 계셨을 수 있지만 언제나 그분의 언약은 구체적이고 확고했다. 특별히 구약 시대와 신약 시대를 잇는

400년의 세월을 생각해 보자. 우리의 결혼 생활도 종종 그렇게 좋지도 나쁘지도 않은 그저 그런 때가 있다. 우리는 매일같이 반복되는 일상에 때로 지치고, 우리의 마음은 때로 서로에게 무뎌지기도 한다.

캐슬린과 토마스 하트는 이렇게 설명한다. "결혼은 두 사람이 함께 걸어가는 머나먼 길이다. 그 길이 아주 흥미로울 때도 있고, 지겨울 때도 있다. 이따금 두 사람 모두 또는 한 사람이 힘들어 한다. 대화에 생기가 넘칠 때가 있고, 할 말이 별로 없을 때도 있다. 여행자들은 정확히 어디로 가고 있는지, 언제 도착할지 알지 못한다."[1]

이따금 우리를 무뎌지게 하는 '반복되는 일상'의 영향으로 우리가 걷는 길이 선조들이 걸었던 것보다 더 길게 느껴지기도 한다. 수세기 전에는 출산으로 인한 여성의 사망 탓에 종종 결혼 생활이 빨리 끝났다. 캔터베리 대주교 토마스 크랜머는 결혼한 첫 해에 아내를 잃었다. 『거룩한 삶의 규칙과 연습』(The Rule and Exercise of Holy Living)과 『거룩한 죽음의 규칙과 연습』(The Rule and Exercise of Holy Dying)을 쓴 영국 작가 제레미 테일러는 결혼한 지 13년 되던 해에 아내를 잃었다. 장 칼뱅의 아내도 결혼 10주년 기념일에 남편과 함께하지 못했다. 존 던의 아내 앤은 결혼하고 16년 후에 죽었다.[2]

남자들도 오늘날만큼 오래 살지 않았다. 1870년대에 여자들은 막내 아이가 집을 떠날 무렵이면 대개는 이미 남편이 죽고 없을 것이라 여기며 살았다. 1911년에 결혼 관계의 평균 수명이 28년이었고 1967년에 42년으로 늘어났다.

오늘날 우리는 결혼을 정의 내릴 때 인내라는 단어를 사용할 만한 시대에 살고 있다. 관계가 오랜 기간 유지된다. 의학의 발달과 기대 수명 연장으로 이제 결혼 60주년, 또는 70주년 기념일을 넘기는 것은 드물지 않은 일이 되었다.

결혼 생활이 60년 또는 70년 동안 유지되는 이 새로운 현상은 우리의 영적 삶과 성장에 일종의 넉넉한 배당금을 제공할 수 있게 되었다. 결혼 관계를 맺고 좋은 시절과 나쁜 시절을 배우자와 함께 보내는 것이 우리가 하나님의 성품을 닮아가는 데 도움이 되는 것이다. 결혼식이 끝남과 동시에 모든 부부는 새로운 시작, 새로운 역사를 만들어 간다. 그 역사를 함께 만들고 지켜가는 데서 결혼의 영적 의미를 찾을 수 있다.

전문가들은 부부가 '진정한 결혼 관계를 형성하는 데'[3] 9년에서 14년이 걸린다고 한다. 나는 결혼 생활 3년이나 4년 만에 헤어지는 부부 이야기를 들으면, 결혼이 무엇인지 경험하지도 못하고 헤어졌다는 사실 때문에 슬프다. 마치 산을 절반 정도 등반하다가, 그 정상의 풍광을 보지 못하고 내려온 것과 같다. 우리는 힘든 과제를 수행하는 중이고, 그 투쟁으로 인해 정신은 소모되고 있지만 충분한 보상을 받을 때가 곧 다가온다. 너무 일찍 당신의 결혼을 평가하는 것은 절반만 구운 케이크를 맛보는 것과 같다. 가장 깊고 가장 친밀한 의미에서 하나가 되려면 시간이 걸린다. 결혼은 결코 끝나지 않는 여행이지만, 그 관계 안에서 진정한 친밀함이 드러나려면 적어도 10년이라는 시간이 걸린다.

인내라는 영성

우리는 포기하는 세상에 살고 있다. 직장인들은 일이 힘들면 직장을 그만두고, 고용주들은 수익이 나지 않으면 직원들을 해고한다. 교인들도 감정이 상하기라도 하면 큰 고민 없이 교회를 옮긴다. 성경조차 어떤 사람들은 믿음에서 떠난다고 말한다(딤전 4:1 참조).

예수님은 씨 뿌리는 자의 비유에서 믿음을 포기하게 하는 유혹에 관해 말씀하신다. 그 비유의 내용을 고려할 때, 땅의 비유라고 말하는 편이 더 정확할 것이다. 예수님은 누가복음 8장에서 더러는 하나님의 말씀을 듣고 얼마간 믿으나 "시련을 당할 때에 배반하는 자"(13절)가 있다고 경고하신다. 또 더러는 "이생의 염려와 재물과 향락에 기운이 막혀 온전히 결실하지 못하는 자"(14절)도 있다고 말씀하신다. 예수님은 "말씀을 듣고 지키어 인내로 결실하는 자"(15절)를 원하신다.

참된 그리스도인의 영성은 항상 인내를 강조해 왔다. "참고 선을 행하여 영광과 존귀와 썩지 아니함을 구하는 자에게는 영생으로 하시고 오직 당을 지어 진리를 따르지 아니하고 불의를 따르는 자에게는 진노와 분노로 하시리라"(롬 2:7-8).

참된 경건으로서의 의로움은 우리가 참고 견디는 가운데 드러나게 되어 있다. 의로운 척하기는 비교적 쉽다. 때로 다른 운전자에게 양보하거나(기분이 좋으면), 다른 사람을 위해 문을 열어 주며 도움이 필요한 사람을 돕거나(시간이 있으면), 헌금 주머니에 얼마의 돈을 더 넣을 수 있다(후회하지 않을 만큼). 그러나 이런 행동은 실제로 겉으로 드러나는 의로움이다. 반면 하나님이 찾으시는 것은 참고 견디는 의로움이다. 계속해서 의로운 결정을 내릴 수 있는 헌신이다. 우리의 마음이 번번이 그 반대 방향으로 이끌리는 데도 불구하고 말이다. 경건은 이따금 친절과 자선을 행하고 싶은 끌림 그 이상이다. 경건은 하나님 앞에서 참고 견디며 굴복할 수 있는 헌신이다.

다른 사람과 사랑에 '빠지는' 유혹에 부딪쳤다고 생각하는 부부들은, 부적절한 행동을 하지 않고 혀를 조심하도록 지속적으로 결단해야 한다. 결혼의 정절을 유지하려면 한순간의 결단 그 이상이 요구된다. 참고 견디면서 의로움을 지켜 가야 한다.

결혼은 기나긴 대화 같아서 아주 많은 단계를 지나가게 되어 있다. 너무 힘든 단계도 있다. 어린 자녀를 기르는 일은 엄청난 도전이다. 친밀함을 키워가고 기쁨을 누리기에는 더더욱 그렇다. 완전히 지치기도 한다. 윌리엄 레더러와 돈 D. 잭슨은 "일반적으로 어린 자녀들을 기르는 시기 내내 부부가 연합을 이뤄 지속적으로 서로 협력하는 것을 목격한 적이 한 번도 없다"[4]고 말한다.

솔직히 말해, 우리 삶에는 어쩔 수 없이 참고 견뎌야 하는 시절들이 있다. 자녀들을 기르면서 수많은 기적들을 경험하기도 하지만, 부부가 함께 있으면서도 외로움을 느낀다거나 그 밖에 피치 못할 이유로 고통스러운 시간들을 필연적으로 겪는다. 그래도 그것은 한 시절이다. 모든 부부가 결혼 전에 품었던 기대들을 수정하거나 재평가할 수밖에 없는 시간들을 겪게 마련인데, 그 시기를 참지 못하고 그만두는 것은 어리석은 선택이다.

우리는 어쩌다 결혼 생활을 포기하는가? 예수님은 땅의 비유에서 결혼 관계를 특정하여 말씀하시지 않았지만, 결혼 생활을 지속하지 못하게 하는 많은 원인들을 그 비유에서 찾을 수 있다. 어떤 이는 "시련을 당할 때"(눅 8:13) 결혼 생활을 포기한다. 우리는 결혼 생활이 쉬울 거라 생각했다가 막상 힘들어지면 회피하고 만다. 어떤 이는 "이생의 염려"(눅 8:14)에 기운이 막힌다. 결혼 상담가는 다른 어떤 원인보다 돈 문제가 결혼을 파괴하는 가장 큰 요인이라고 말한다. 우리의 이기심과 죄도 한때는 소중했던 사랑을 오염시키기에 충분하다.

선을 행하며 참고 견딜 수 있게 하는 능력은 어디서 오는가? 바울은 로마서 2장의 가르침으로 실마리를 제공한다. 인내로 "영광과 존귀와 썩지 아니함"(롬 2:7)을 구하는 것이다. 이 말씀이 가리키는 것은 또다른 역사, 즉 다음 생이다(이생에서 썩지 않는 것은 없기 때문이다). 우리에게 영원한 것에 대한 민감한 인식이 없다면 인내란 도무지 이해 되지 않을 것이다. 다음 장에서 이에 대해 좀더 논의할 텐데, 여기서도 이 진리를 간단하게 짚고 넘어가겠다.

배우자가 아닌 다른 사람에게 마음을 빼앗긴 사람들은 단기적으로 보면 덜 행복하고 덜 즐거운 결정을 내려야 한다(그러나 그 결정은 장기적으로 볼 때 여러 면에서 그들을 만족시킬 것이라는 점을 강조하고 싶다). 천국이라는 또 다른 삶이 있기에 그리스도인들은 인내해야 한다. 그 삶은 영원하며, 지금 이 세상은 그것을 위한 준비 과정이다. 다가올 세상은 너무 영광스러워서 그 영광의 무게를 능히 잴 수 없을 정도다. 그곳에서 누릴 영광과 존귀와 썩지 아니함을 받기 위해 지금 우리의 희생은 충분히 가치 있는 일이다.

우리는 어떤 세상을 중심으로 사는가? 결국 우리의 결혼 생활이 그 질문에 답이 된다. 영원한 세상을 보고 영원을 위해 힘든 결혼 생활을 참아 내는 것이 빠르고 쉬운 위안을 얻기 위해 가정을 파괴하는 것보다 더 설득력이 있다. 이혼은 대부분 기껏해야 수십 년의 힘든 시기를 도피하는 행위다. 그런데도 사람들은 잠시의 위안을 위해 영광과 존귀를 내버린다. 그것은 끔찍한 거래다!

하늘에서 보상이 주어지는 경건은 '참고 견뎌 낼 줄 아는' 경건이다. 성경을 읽어 보라. 이 땅에서 가장 행복했던 사람이 '하늘의 면류관'을 받았다는 구절을 찾지 못할 것이다. 그런 보상은 존재하지 않는다. 고통스러운 적이 없었던 그리스도인에게는 하늘의 면류관도 없다.

'인내로 만들어가는 신성한 역사'는 영원을 바라보는 이들이 선택하는 우선순위. 결혼은 그 현실을 이루어가는 아름답고도 효과적인 방법이다. 데살로니가후서 3장 5절은 성경에서 가장 아름다운 구절 중 하나다. 모든 남편과 아내들이 이 말씀을 집안 가장 잘 보이는 곳에 걸어 두길 기대한다.

"주께서 너희 마음을 인도하여 하나님의 사랑과 그리스도의 인내에 들어가게 하시기를 원하노라."

'하나님의 사랑과 그리스도의 인내', 바로 내가 마음에 채우기를 소망하는 것이다. 이 땅에서 경건하고 '성공적인' 삶을 살기 위한 성경 최고의 비책이 바로 여기에 있다. 내 마음이 점점 더 하나님의 사랑에 이끌리기를 소망한다! 내가 그리스도의 참고 견디는 인내를 배울 수 있기를 간절히 소망한다!

이와 반대되는 경우가 바울의 로마서 2장에 설명되어 있다. 하늘의 보상을 받는 대신 '진노와 분노'를 받는 이들이 있다. 그들은 누구인가? "이기심을 따라 '자기만을 구하며' 진리를 따르지 아니하고 불의를 따르는 자"(롬 2:8, 저자 해석)들이다. 자녀에게 상처 없고 화목한 가정을 선물로 주는 것을 포기하는 이들이 있다. 배우자에게 싫증이 났다는 이유로 결혼을 내던지는 이들이 있다. 이들이야말로 이기심을 따라 자기만을 구하는 자들이다.

특히 남자들은, 최소한 여자의 관점에서, 이혼에 내재된 심각한 위험을 인식하기 바란다. 나는 부부 관계가 깨질지 모른다는 위험을 깨달은 어느 날, 완전히 새로운 관점에서 이 문제를 보게 되었다.

불확실한 미래

결혼 생활이 파괴되면서 올 수 있는 큰 위험 가운데 하나는 미래를 알 수 없다는 것이다. 내 이야기를 들려주겠다.

그날은 나의 이기심이 가장 적나라하게 드러난 날이다. 강연 초청을 받고 공항에 도착했을 때, 초청 단체 소속의 한 여자가 마중 나와 있었다. 그녀는 내게 자기 아들과 함께 밴 뒷좌석에 앉으라고 했고, 차 문을 열자마자 나는 타기가 망설여졌다. 자리가 너무 지저분했다. 그날 강연을 해야 하는데, 그 자리에 앉으면 옷에 어떤 음식물이 묻을 게 분명했기에 더욱 조심스러웠다.

그녀가 괜한 마음 쓰게 하고 싶지 않았다. 그래서 최대한 눈치채지 못하게, 그리고 최대한 빨리 자리에 묻은 음식 찌꺼기와 먼지를 떨어내려고 했다. 그때 뒤에 있던 소년이 빨리 타라고 재촉했다.

차마 해서는 안 될 이기적인 생각이 재빨리 머리를 스쳤다. '마중 나오면서 어떻게 차를 이렇게 하고 올 수 있지?'

몇 시간 후, 나는 그녀가 이혼했다는 사실을 알게 되었다. 그녀는 혼자서 아이 셋을 키우고 있었다. 그때 이런 생각이 들었다. '차 청소 상태가 왜 그랬는지 이해가 되네. 정신없이 바빴던 거야.'

이야기를 나누다가 그녀가 항암 치료를 받고 있다는 사실을 알게 되었다. 그녀는 약물 치료 때문에 몸이 너무 약해져 일주일에 한 번밖에 식당 일을 하지 못했다. 나머지 엿새는 식당에서 일할 힘을 모으며 100달러로 근근이 생계를 이어 갔다. 홀로 세 자녀를 키우고 항암 치료를 견뎌 내느라 돈은 바닥이 난 상태였다. 그러면서도 시간과 힘과 돈(기름 값도 공짜는 아니므로!)을 들여 나를 데리러 공항까지 나와 주었다. 순수하게 선한 의도로 그렇게 한 것이다.

그녀는 정말 훌륭한 사람이었고, 나는 자신에게 화가 났다. 지저분한 자리 탓에 음식물이 묻은 옷으로 강연을 해야 한다는 것 때문에 그녀가 직면한 삶의 어려움과는 비교도 안 되는 바보 같은 생각에 빠졌던 것이다.

그날 이후 나는 나 자신을 무대의 주인공이 아닌 종으로 생각하기로 마음먹었다. 그녀의 남편에 대해서도 생각해 보았다. 명색이 그리스도인이라면서 어떻게 혼자서 아이 셋을 키워야 하는 혹독한 현실로 자기 아내를 내몰았을까? 나는 그녀를 보며 비통함을 금할 수 없었고 미안함마저 느꼈다. 아내와 통화하면서 내내 그 슬픈 이야기를 전해 주었다.

"그 남자는 도대체 누굴까? 교회와 사람들 앞에서 아플 때나 건강할 때나 함께하겠다고 맹세해 놓고 문제가 생기니 달아나기만 할 뿐 누군가의 도움을 구하지도 않았다니! 한때 사랑했던 사람의 고통에 꿈쩍도 하지 않는 그 마음은 얼마나 강퍅할까?" 나는 침을 튀기며 흥분해서 말했다.

그 남자는 이혼할 당시 물론 아내가 암에 걸릴 거라고는 생각하지 못했을 것이다. 하지만 그것이 바로 우리가 결혼 생활의 신성한 역사를 '함께' 만들어 가야 하는 이유다. 우리는 모두 미래를 정확히 알지 못한다. 그 여자는 아이 셋을 혼자서 키우면서도 일자리마저 포기해야 했다. 헤어진 남편 대신 혼자서 모든 위험을 떠안았다. 남편은 경력을 차근차근 쌓아가는데 아내는 막중한 책임감의 무게를 홀로 감당하고 있다. 함께 만들어 가야 할 둘만의 역사를 남편이 깨뜨리고 아내를 혼자 내버려둔 것이다.

이혼을 결심할 때는, 서로에게 어떤 미래가 기다리고 있을지 알 수 없다. 적어도 한쪽이 멀지 않은 미래에 도움을 받아야 할 처지가 될 수 있고, 그로 인해 혼란을 겪을 수 있다. 그런 상황을 눈감고 무시한다면 그것이야말로 이기심을 따라 '자기를 구하는 것'이며, 바울이 말한 바 하나님의 '진노와 분노'를 받을 선택이다.

이 분노를 받게 될 사람은 또한 '진리를 따르지 아니하는' 사람이다. 바울은 그 본문에서 분명 구원의 진리에 관해 이야기하지만, 우리는 또 다른 진리도 찾을 수 있다. 바로 하나님의 뜻과 그분의 법이다.

하나님이 이혼을 싫어하신다는 것을 성경은 분명히 말한다. "이스라엘의 하나님 여호와가 이르노니 나는 이혼하는 것과 옷으로 학대를 가리는 자를 미워하노라"(말 2:16).

예수님은 제자들에게 이혼에 대해 더 구체적으로 말씀하신다. "누구든지 음행한 이유 없이 아내를 버리면 이는 그로 간음하게 함이요 또 누구든지 버림받은 여자에게 장가드는 자도 간음함이니라"(마 5:32). 예수님이 말씀하셨듯, 하나님이 구약에서 이혼을 허락하는 규정을 만드신 유일한 이유는 우리 마음이 완악하기 때문이다(마 19:8-9 참조).

이것은 진리다. 하나님의 뜻을 거부하는 것은 바울이 로마서 2장에서 말했듯 하나님의 진노와 분노를 각오하는 처사다. 재정적으로 자립하지 못한 아내와 자녀들을 떠날 수 있는 그리스도인 남자들을 보면 놀랍다. 그들은 이혼으로 새로운 관계를 맺으면서도, 예수 그리스도가 여전히 자기 삶에서 주님이 되신다는 망상을 붙들려 한다.

최근에 마이크라는 내 친구가 대학 시절 단짝이었던 한 친구에게 전화를 걸었다. 전화를 받은 그의 아내는 이렇게 말했다. "미안하지만 그렉은 여기 없어요."

"그럼 어디에 있죠?" 마이크는 대수롭지 않게 물었다.

"떠났어요."

"떠났어요"라고 말하는 그녀 음성에서 큰 상처와 절망이 느껴지는 듯했다.

떠났다는 그 친구에게는 어린 자녀가 셋이나 있었다. 마이크는 친구의 마음을 돌려 보려고 이렇게 말했다. "네 행동이 얼마나 악한지 아니?"

그러나 우리 문화는 이별을 악으로 보지 않는다. 그렇지 않은가? 오히려 낭만적인 일, 용기 있는 선택으로 본다. 먼 장래를 위한 최선이라고 여긴다.

그러나 부부로서 신성한 역사를 함께 만들어가려면, 뭔가 다른 걸 하고 싶은 마음에도 불구하고 '참고 견디며 끝까지 선을 행해야' 한다. 이 같은 인내를 통해 우리는 자기 부인이라는 그리스도인의 기본 덕목을 배우게 된다. 자기를 부인하는 것, 그것은, 이 세상 너머의 미래를 바라보면서, 자기를 구하는 행동을 단호히 거절하는 것이다.

천국을 믿지 않는다면 이혼이 설득력 있을지 모른다. 그러나 천국을 당신 삶의 한켠에 두었다면, 이혼의 대가는 너무나 크다. 하나님의 진노와 분노를 받을 뿐 아니라 이기적인 태도 때문에 미래가 위태로워지기 때문이다.

높은 이상

핵심을 강조하려다 보니 높은 곳에 올라왔다. 이혼을 정의하자면, 한 마디로 '실패'다. 사랑하고 용서하고 인내하지 못한 실패이며, 또는 (적어도) 처음부터 힘든 상대를 선택한 잘못된 판단의 결과다. 하지만, 이혼하지 않았더라도, 우리 모두는 어느 면에서 실패자다. 마태복음 5장 28절에 예수님의 단호한 말씀이 나온다. "나는 너희에게 이르노니 음욕을 품고 여자를 보는 자마다 마음에 이미 간음하였느니라." 나를 포함하여 사실상 모든 남자들을 간음한 사람으로 취급하신다. 단 한 번 음탕한 시선을 두는 것만으로도 바로 걸린다. 화가 나서 "미련한 놈!"이라고 소리 지르는 것도 죄가 된다. 예수님의 말씀에 따르면, 그럴 경우 지옥 불에 들어갈 위험에 처한다(마 5:22 참조).

예수님은 우리가 살아가야 할 방식에 대해 엄격하고 단호한 말씀을 많이 하셨는데, 남녀 할 것 없이 이를 어기지 않고 살아 남을 사람은 하나도 없어 보인다. 그러나 예수님의 삶을 보면 그분의 엄청난 자비하심이 드러난다. 간음한 여인은 정죄를 당하지 않았다. 그녀는 "다시는 죄를 범하지 말라"는 말씀만 들었을 뿐이다(요 8:11). 예수님은 "손에 쟁기를 잡고 뒤를 돌아보는 자는 하나님의 나라에 합당하지 아니하니라"(눅 9:62)고 말씀하셨지만, 자신을 세 번이나 부인한 베드로를 기꺼이 다시 찾아가셨다(막 14:66-72 참조).

당신이 이미 이혼을 겪었다면, 이제는 되돌릴 수 없는 어떤 것에 마음이 붙잡혀 있을 수 있다. 그 때문에 하나님은커녕 누구도 섬길 마음이 없을 수 있다. 그래서 은혜와 용서가 필요하다. 새로운 출발을 위해서 말이다.

나는 힘들게 결혼 생활을 하는 많은 이들에게 참고 견디라고 격려하기 위해 높은 이상을 제시했다. 우리는 솔직할 필요가 있다. 믿음이 있다고 하면서도 배우자를 떠나는 것은 돌이키기엔 너무 멀어지는 일이다. 맹세를 깨뜨릴 때마다 영적으로 심각한 여파가 있을 것이다.

이혼을 영적으로 더욱 위험하게 만드는 한 가지는 결혼 서약이 시간이 흐를수록 깨지는 맹세라는 것이다. 이혼은 순간의 뜨거운 열정으로 저지르는 (일단 저지르고 곧바로 후회하는) 죄라기 보다, (충분히 고려하고 거절할 기회도 많았던) 선택으로 간주된다. 이혼을 결심한다는 건, 기껏해야, 영적으로 매우 위험한 선택에 지나지 않는다.

때때로 이혼이 올바른 선택일 수 있다. 마태는 음행이라는 예외를 기록하고 있다(마 19:9 참조). 바울도 믿지 않는 자와의 이혼에 대한 예외적인 경우를 분명히 제시한다(고전 7:15 참조).

결혼하고 어느 정도 기간이 지난 사람이라면 결혼 생활이 얼마나 어려운 일인지 알게 된다. 비록 그리스도인일지라도 부부 사이에 긴장이 지나치게 높아지고 상처가 너무 깊으면 화해하는 게 열 번의 생애를 겪으며 들이는 에너지보다 훨씬 힘들 수 있음을 이해하게 된다. 많은 경우, 하나님은 그런 관계조차 극복할 에너지를 주시고, 주시려 하시지만 사람들은 받기를 거절한다.

이혼을 고민하는 사람들에게 나는 계속 결혼 관계 안에 머물라고 격려한다. 지금의 고통을 고스란히 견딤으로 이를 극복하고 성장하도록 강조한다. 이혼 너머에 행복이 있을 순 있지만, 영적 성숙은 존재하지 않는다. 나는 다른 어떤 감정적 기질보다 성품을 더 중시한다. 당신의 미래 소망에 천국이 있다면, 현실에서 가능한 영적 성장, 당신의 희생이 필요한 자녀, 그리고 상처 없이 온전한 결혼 생활을 위해 분투할 가치는 충분하다. 그렇다고 결혼 생활이 허물어진 사람들을 이류 그리스도인으로 생각하는 것은 아니다. 예수님은 높은 이상과 절대 기준을 말씀하시면서도 현실 세계 속 사람들을 은혜로 받아주시고 기꺼이 사랑하셨다.

때로 일방적으로 이혼을 당할 수도 있다. 레슬리가 그랬다. 주변의 친구들이 레슬리에게 결혼 생활을 그만두고 더 이상 연연하지 말라고, 이혼이 확정되기도 전에 다른 만남을 시작하라고 권했다. 레슬리가 자신의 정서적 건강과 행복만 생각했다면, 그들의 충고를 빨리 받아들였을 것이다.

그러나 지금 그녀는 이혼이라는 고된 길을 걸으면서도 전 남편과 함께 만들어갔던 둘만의 신성한 역사를 아끼고 소중히 여김으로 주님 안에서 성장하고 있다. 그것은 행복하지는 않지만 영적으로 풍성한 보상이 따르는 길이며, 하나님의 뜻을 따르는 아름다운 이야기다. 우리 역시 크게 다르지 않다. 죄로 인해 비극을 겪는다 해도, 하나님의 은혜 가운데 머물러 있으면서 그것을 통해 성장할 수 있다.

깨어진 둘만의 역사

"레슬리, 난 당신을 떠나겠어."

레슬리는 믿을 수 없어 뒷걸음쳤다. 남편에게 그런 소리를 들으리라고는 한 번도 상상해 본 적이 없었다. 소녀 시절 레슬리는 하얀 웨딩드레스와 행복한 부부, 아이들이 뛰어노는 집을 상상했다. 그녀의 환상 속에는 자신의 인생과 몸, 가장 깊은 비밀과 친밀함까지 내맡겼던 남편이 싸늘하게 내뱉은 말은 들어 있지 않았다.

레슬리와 남편 팀은 헌신적인 그리스도인이었다. 두 사람은 결혼식을 올리기 전 삶을 주님께 다시금 헌신하고 성경공부와 기도 모임에도 함께 참석하고 있었다. 그 모습을 보며 사람들은 이렇게 말했다. "벌써부터 행복한 결혼 생활을 하는 것 같아."

그러면 두 부부는 겸손히 대답했다. "우리가 아니라 주님이 하신 일이에요."

첫 번째 불화는 결혼한 지 6년이 지나, 팀이 하룻밤의 외도를 고백하면서 일어났다. 그는 레슬리에게 눈물을 흘리며 사과하고 필요하면 상담을 받겠다고 했다. 레슬리는 남편의 사과를 받아들이고 두 사람은 함께 아파하면서 그날의 일을 조금씩 잊어가기로 했다.

레슬리는 남편을 신뢰하는 데 어려움이 있었지만 좋은 시절은 다시 돌아왔다. 5년 후에 팀은 교회에서 장로 훈련을 받았고, 레슬리는 교회 전임 사역자로 일했다. 그들은 불임 때문에 고통의 시기를 견뎌야 했지만 오랜 대화 끝에 입양을 선택하기로 했다. 그들은 입양을 위한 첫 번째 가정 교육 단계를 거치고 두 번째 단계를 준비하고 있었다. 레슬리는 곧 엄마가 된다는 희망에 부풀었다.

그때 레슬리는 팀이 떠날지 모른다는 느낌을 받았다. 처음에는 그 불안감이 다소 황당하고 괜한 억측에 불과하다고 생각했지만, 그 불안감은 곧 확신으로 바뀌기 시작했다. 두 사람의 관계는 레슬리가 팀과 함께 집회에 참석하러 갔다 오는 동안 확실해졌다. 그 여행 이후 팀은 레슬리를 홀로 둔 채 오랫동안 집을 떠나 있기도 했고, 함께 있을 때도 그녀를 무례하게 대했다. 팀의 그런 행동에 레슬리는 모든 것이 두너지는 듯 비참했고 신경질적인 반응을 보이기 시작했다. 지금은 부끄럽게 생각하지만, 이로 인해 팀은 그녀를 더욱 멀리했다.

레슬리는 중보 기도자에게 이야기를 털어놓았다. "모르는 사람이 보면, 팀이 나를 떠날 준비가 되어 있다고 생각할 거예요."

"말도 안 돼요." 중보 기도자는 그녀를 안심시키려 애썼다.

3주간의 출장을 마친 팀이 집에 오기로 한 어느 토요일 오후였다. 레슬리는 팀이 예정대로 집에 돌아올지 확신이 없었다. 그녀는 남편과 함께 월요일 아침에 있을 두 번째 입양 교육을 준비하고 싶었다.

우려대로 팀은 토요일 오후가 지나고 밤이 되도록 돌아오지 않았다. 레슬리는 저녁 식탁을 치우고 팀이 그날 밤 늦게라도 돌아오기를 바라며 잠자리에 들었다. 자다가 일어나 팀이 옆에 누워 있을까 기대했지만 그는 없었다. 주일 아침이 되었고, 레슬리는 교회에 갔다가 집에 들어오면 팀의 차가 차고에 있기를 바랐다. 그러나 차고는 비어 있었다. 그녀는 마음이 무너지기 시작했다. 밤 늦게 차고에서 인기척이 났다. 차고 문을 여니 팀이 골프채를 차 트렁크에 싣고 있었다.

"여기서 뭐해요, 팀?" 그녀가 물었다.

3주 동안 집을 비웠던 사람이 새벽부터 골프치러 갈 준비를 하는 것은 분명 아니었다. 그리고 팀은 그 말을 했다. 영혼을 마비시키는 그 말이 레슬리의 소망을 산산조각 냈다.

"레슬리, 난 당신을 떠나겠어."

"뭐라고요?"

"당신을 떠날 거야."

레슬리는 하마터면 쓰러질 뻔했다.

"이럴 수는 없어요." 그녀는 슬프게 울었다.

"나는 말이지… 당신을 더 이상 사랑하지 않아. 오랫동안 사랑하지 않았어."

레슬리는 다시 히스테리 증세가 나타나고 공황 상태가 되었다.

"나는 차분해지려고 애썼어요. 나의 신경질적인 반응이 오히려 남편을 밀어낸다는 걸 알았기 때문이에요. 게다가 남편이 나를 히스테리를 겪는 여자로 기억하지 않았으면 했어요." 그녀는 당시를 이렇게 회상한다.

레슬리는 팀의 손가락을 보면서 심장이 멎는 듯했다. 그는 결혼반지를 끼고 있지 않았다.

"결혼 반지를 안 끼고 있네. 다른 사람이 생긴 거예요?"

"응."

빠르고 나지막하며 별일 아닌 듯 돌아온 대답에 그녀는 숨이 멎는 것 같았다.

"상대가 누구예요?"

두려움이 몰려왔다. 그녀는 정말 상대가 누군지 알고 싶었을까?

"그 사람 때문에 당신을 떠나려는 것은 아니야. 우리 둘은 서로 맞지 않아. 최근 몇 년 동안 그저 괜찮은 척했을 뿐 이젠 지쳤어."

"팀, 하루만 더 있다가 결정하면 안 되요? 하루만…."

"그렇게는 못해."

레슬리는 자제력을 잃었다. 눈물이 멈추지 않았고 남편의 차가 시야에서 사라지자 히스테리 증상이 일었다.

깊은 곳에서 흘러나오는 슬픔이 그녀를 사로잡았다. 무릎을 꿇고 기도했지만 진정되지 않았다. 더 이상 기도가 불가능했다. 팀은 전화기로 기어가다시피 해서 생각나는 친구들에게 연락했다.

"팀이 방금 떠났어." 그녀는 눈물을 흘리며 들릴 듯 말 듯 말했다. "지금 나한테 와 줄 수 있니?"

레슬리와 친구들은 울고 기도하고, 기도하며 울었다. 그렇게 울며 기도하기를 몇 시간 동안 한 후에야 마음이 조금 차분해졌다.

"오늘 밤 나하고 있을래?" 한 친구가 물었다.

"아니야. 난 괜찮을 거야." 레슬리는 대답했다.

그녀는 그 당시 실제로 무슨 일이 다가오고 있는지 몰랐던 것을 지금은 감사하고 있다.

사람들에게 알리기

교회에서 전임으로 일하고 있던 레슬리는 자신에게 일어난 일을 다른 간사들에게 이야기해야 한다는 걸 알았다. 그들은 호의적이고 어떻게든 도우려는 태도를 보였지만, 정작 그들의 반응에 레슬리는 당황하고 말았다.

"받아들이기가 어려웠어요. 누군가에게 도움을 받아야 한다는 걸 인정하기가 힘들었거든요." 레슬리는 고백한다. "주님은 저의 교만을 다루고 계셨어요. 저는 늘 주는 사람이었거든요. 주는 게 당연하다 생각했어요. 그런데 남편이 떠나면서, 하나님은 제가 연약한 시기를 겪도록 하신 거예요."

팀이 떠난 그 주 내내 기도하면서, 레슬리는 자신의 이야기를 교회에 알리고 사람들에게 도움받기를 하나님이 원하심을 느꼈다. 레슬리에게는 상상도 못할 일이었다. 전임 사역자로서 그녀는 늘 강인한 모습을 보여야 한다고 생각했기 때문이다.

"하나님, 사람들은 제가 좋은 아내가 아니었다고 생각할 거예요. 그런데 어떻게 사역의 적임자라고 할 수 있겠어요? 남편도 못 지키는 제가 어떻게 사역을 이끌죠?" 그녀는 항변했다.

주일 예배 시간에, 찬양 인도자는 전에도 그 후에도 한 적이 없는 새로운 제안을 했다. 회중에게 기도 제목을 나눠 달라고 한 것이다. 그 순간 레슬리는 목이 메고 탄식이 흘러나왔다. 그리고 일어섰다. 모든 시선이 일제히 그녀에게로 향했다. 그녀는 북받치는 감정을 누르며 말했다. "팀이 지난 주에 저를 떠났다는 사실을 여러분에게 알려드리…" 그녀는 말을 제대로 잇지 못할 만큼 감정이 벅차올랐으나 계속해서 말했다. "팀과 저의 결혼 생활이 회복되도록 기도를 부탁드립니다."

자신의 약함을 드러내기가 레슬리에겐 지독히 어려운 일이었지만, 그 일로 인해 교회가 다른 이들의 비틀거리는 결혼 생활을 깊은 염려와 관심을 갖고 돌아보게 하는 계기가 되었다. 레슬리는 자신의 결혼 생활이 회복되기를 바라면서도, 그 점에 감사했다.

깨져 버린 기대

레슬리가 이별 후 몇 달간을 견딜 수 있었던 것은 팀이 돌아오리라는 확신 때문이었다. 그녀는 팀이 왜 떠났는지, 자신이 무엇을 잘못했는지만 온통 신경을 썼기 때문에 결혼 관계가 회복될 것이라고 낙관했다. 그러나 그들의 결혼 생활은 회복되지 않았으며, 그렇게 될 수도 없었다. 팀은 새로 만나는 여자와 이미 깊은 관계였고, 레슬리와 화해하려는 생각도 없었다.

비통함이 빈번하게 그녀를 사로잡을 때마다 힘겹게 견뎌냈다. 그 과정에서 하나님은 그녀가 깨닫지 못하고 있던 실패를 드러내 주셨다. 그것은 자기 의라는 독선적인 태도였다. 레슬리는 남편과의 관계에서 늘 자기 안에 가득했던 그 독선적인 태도를 드러냈다. 남편뿐 아니라 자신을 향해서도 그런 태도를 견지해 왔다.

처음으로 레슬리는 수년간 자신을 옭아맨 완벽주의 사슬을 볼 수 있었다. 팀이 떠나기 전에, 한 목사가 그녀의 그런 태도를 가리키며 그녀 역시 죄인이라는 점을 지적했을 때 그녀가 어떻게 발끈했는지 기억이 났다.

"저한테 무슨 죄가 있다는 거예요? 말씀하세요. 당장 없앨 수 있으니까요."

레슬리는 그리스도인인 자신의 삶에 은혜도 자비도 없었음을 인정했다. 몇 달이 지나고, 팀이 다른 여자와 결혼하려 한다는 소식이 전해졌다.

하나님과 고통을 나누다

팀의 결혼식 날짜가 잡히면서, 레슬리에게 두려움과 함께 침체가 찾아왔을 때, 주님은 레슬리를 인도하며 말씀하셨다. "레슬리, 나를 보아라. 나를 보아라."

하지만 결혼이 완전히 끝장난 게 분명해지자 레슬리의 후회가 다시 시작되었다. '내가 다르게 대했더라면 팀이 떠나지 않았을까?' 그런 생각을 하며 레슬리는 자신을 비난했다.

"아니, 그건 사실이 아니다." 그녀는 하나님이 말씀하시는 것을 느꼈다. "팀을 향한 나의 사랑은 완전했지만, 그는 나를 떠났단다."

레슬리는 하나님도 자신과 같은 감정을 느끼신다는 생각이 들면서 울기 시작했다. 하나님이 이 고통을 자신과 함께 나누시며 함께 견디고 계신다는 걸 알았다.

어느 날부터 친구들이 레슬리에게 새로운 사람을 만나는 게 어떻겠냐고 진심 어린 마음으로 권하기 시작했다. 레슬리는 친구들의 조언에 내심 충격을 받았으나 겉으로 드러내지 않고 호의로 반응하려 애썼다. 더 이상 반지를 끼고 있을 필요가 없다는 친구들의 말에도 그녀는 결혼 반지를 뺄 수가 없었다. 그녀에게 반지는 언약의 상징이었기 때문이다. 팀과의 언약이 아니라, 하나님과 맺은 언약이 아직 유효했다. 비록 팀은 그 관계에서 떠났지만, 주님은 여전히 그 자리에 계셨고 셋 가운데 둘에게는 여전히 유효한 반지였다.

"이 반지는 더 이상 팀과의 사랑을 나타내진 않아요. 그 사랑은 끝났지요. 하지만 주님 앞에서 저의 다짐은 아직 유효하답니다." 레슬리는 말했다.

레슬리는 팀이 재혼하는 날까지 화해를 도모하며 반지를 끼고 있었다. 배신을 겪을 때조차 신실함을 지키면서, 레슬리는 하나님의 임재를 새로운 방식으로 바라보게 되었다.

"호세아의 신실함과 고멜의 배신, 그뿐 아니라 이스라엘 백성의 배신과 하나님의 신실하심이 가슴에 와닿았어요." 그녀는 말한다. "그 모든 경험을 통해 하나님을 알게 되었지요. 하나님의 언약 속에 담긴 무조건적인 사랑이 무엇인지도 말이에요. 제가 반지를 빼려고 할수록 하나님은 그분의 언약의 약속을 깨닫게 하셨어요."

이것이 바로 이 책의 핵심 메시지 중 하나다. 배신과 불성실, 원하지 않는 이혼과 같이 비극적인 일이 닥치더라도 그 경험은 영적 성숙을 위해 쓰일 수 있다는 것이다. 자기 자신에게 늘 진실하고, 남편의 배신에도 불구하고 부부로서 둘이 만들어가던 역사의 소중함을 내버리지 않을 때, 그 길에서 레슬리는 값진 영적 교훈을 배우고 하나님께 더 가까이 나아갈 수 있었다.

그러나 레슬리는 그런 일에 개척자나 다름없었다. 그리스도인 친구들은 그녀가 왜 간단하게 포기하지 않는지 이해하지 못했다. "사람들은 탕자의 비유처럼 방황하던 자녀가 다시 돌아오는 것의 의미를 잘 압니다. 하지만 그게 남편과 아내라면, 많은 그리스도인들이 잘 받아들이지 못합니다." 그녀는 말한다.

지금 레슬리는 완전히 새로운 시각으로 하나님을 바라보게 되었다.

남편 되신 하나님

레슬리는 이렇게 말한다. "하나님은 완전한 남편이 되십니다. 기대하기도 전에 저의 필요를 채워 주시지요. 이제 저는 그분께 아주 큰일에 대해서만 이야기하지 않습니다. 그분은 저의 작고 소소한 필요도 아주 친밀한 방식으로 채워 주십니다."

팀의 결혼식 한 달 전, 레슬리가 이혼 후 줄어든 수입으로 인해 생활에 어려움을 막 겪기 시작하던 때였다. 그녀는 하나님이 자기가 팀을 용서하기 바라시며, 떠나는 것에 어떤 대가를 바라지 않기 원하신다고 생각했다. 그래서 당장은 주어진 돈으로 생활해 가기로 마음 먹은 상황이었다. 부활절을 앞두고 그녀는 백합을 사고 싶었지만, 백합을 사는 데 많은 돈이 필요하지 않았음에도, 자신도 모르게 이를 위해 기도하고 있었다.

"하나님, 정말 아름다운 꽃이에요. 저도 한 송이 갖고 싶어요."

마음속으로만 기도할 뿐 그녀는 아무에게도 말하지 않았다.

부활절 전날 직장에 갔다가 자기 책상에 백합이 놓여 있는 것을 보았다. 그 자리에 서서 잠시 백합을 바라보는데 눈물이 흘렀다. 비록 친구가 선물로 꽂아둔 백합이지만, 레슬리는 남편 되신 하나님이 기도를 들으시고 '아내'에게 부활절 백합을 사주신 거라고 받아들였다.

"이 땅의 남편을 잃었지만 하늘의 남편과 더 가까워졌습니다." 레슬리는 힘주어 말한다.

"하나님은 저의 남편이고, 공급자이며, 후원자이십니다."

그 전까지 레슬리는 하나님과의 관계에서 무언가를 끊임없이 해야 하는 것에 익숙했지만, 이 상처와 고통의 시간을 지나며 하나님께 무언가를 받는 법을 배우고 있었다.

팀의 재혼이 두 주도 남지 않았을 때, 나는 레슬리와 만났다.

"하나님은 지금이라도 저의 결혼 생활을 회복시킬 수 있는 분이세요. 하지만 그리하시지 않더라도 여전히 하나님이십니다." 그녀는 지난날을 회상하듯 잠시 말이 없었다. 그녀의 두 눈에 눈물이 고였다. "게리 목사님, 제 삶은 비록 팍팍하지만, 영적으로는 어느 때보다 풍성한 시간을 보내고 있어요. 무엇과도 바꾸고 싶지 않아요."

"그 말씀 진심이에요? 레슬리?" 나는 물었다.

"네, 진심이에요. 제 삶이 근본적으로 바뀌었어요. 물론 제 결혼이 깨져서 즐겁다는 건 아니에요. 하지만 그 덕분에 선한 열매들이 맺혔기에 기쁘다고 말할 수 있어요."

레슬리는 새로운 삶을 발견했다. 사람들이 가장 친밀해야 할 순간에 배신이라는 선택을 내린다 해도, 그런 순간조차 하나님이 사용하실 수 있다는 비밀을 배웠다. 하나님은 우리와 더 친밀해지기 바라시며 그것을 위해 그런 순간들을 사용하신다. 뿐만 아니라 다른 사람들이 하나님께 가까이 나오도록 하시는 데도 기꺼이 그런 순간들을 사용하신다. 그 진리를 받아들일 때 삶은 극적으로 변화된다.

특별한 선물도 있었다. 팀이 떠나고 2년이 흘러, 레슬리의 아버지가 그녀에게 전화했다. "네가 어떤 일을 겪었는지 잘 안다. 그런데도 넌 정말 뜻밖의 방식으로 그 시간들을 견뎌 내더구나. 그 비결을 나도 배우고 싶구나."

그날의 대화는 레슬리에게 매우 의미 있는 것이었다. 그녀의 아버지도 팀처럼 아내에게 충실하지 못했고, 그로 인해 레슬리는 결손 가정에서 성장하는 아픔을 겪었다. 그 모든 아픔이 며칠 후 아버지를 만나면서 한순간에 녹아 내렸다. 예순을 넘긴 아버지는 그날 바닥에 무릎을 꿇고 예수 그리스도를 주님으로 영접하는 기도를 드렸다.

이날의 회심 사건에는 숭고한 진리가 담겨 있다. 레슬리는 신실하지 않은 남편에게 신실함으로써, 신실하지 않은 백성에게 신실하신 하나님을 드러냈다. 그녀의 아버지는 복음을 여러 번 들었지만, 레슬리의 삶에서 처음으로 복음을 목격했다.

이제 레슬리는 웃을 수 있다.

"어떻게 하나님께 감사드리지 않을 수 있겠어요?" 그녀는 말했다. "솔직히 저는 하나님이 우리 가족을 구원하시기 위해서라면 제 결혼을 어떻게 사용하셔도 괜찮다고 기도하고 있어요. 팀은 믿음이 있는 사람이에요. 제가 잘 알아요. 그는 천국에 갈 거예요. 그가 저를 떠난 것 때문에 만일 다른 누군가가 주님께 나아가게 된다면 저는 이별을 견딜 준비가 돼 있어요."

레슬리의 이야기를 마치기 전에 한 가지만 더 강조하고 싶다. 얼마 전에 한 남자가 레슬리에게 도움을 요청했다. 아내가 그를 떠난 것이다. 그 남자는 비통함과 분노에 휩싸였지만 레슬리는 그에게 다른 방향을 제시했다. 레슬리는 이렇게 말했다. "하나님께 당신을 깨뜨리고 빚어 다시 만드실 기회를 드리려면 지금이 바로 적기예요. 영적으로 아주 놀라운 기회가 온 거지요. 우리는 늘 배우자의 잘못에 대해 생각하지만, 하나님은 우리 마음을 먼저 다루고자 하십니다."

이제는 말하라

결혼을 통한 영적 성장을 진지하게 추구한다면, 이런 위험한 질문을 삼가라. "나는 제대로 된 사람과 결혼했는가?"

일단 상대방과 서약했다면 이런 질문은 아무 유익이 없다. 자신의 선택에 의문을 갖기보다 그 선택을 신실하게 지키기 위해 어떻게 살지 물으라. 앤 타일러의 소설 『바너비 스토리』(*A Patchwork Planet*)에 나오는 한 인물은 그 점을 너무 늦게 깨달았다. 소설 속의 서른 살 된 화자는 이혼 후 외부 세계와 담을 쌓은 채 노인들만 있는 곳에서 일하게 되었다. 그는 노인들의 오랜 결혼 생활을 지켜보면서 심오한 식견을 얻는다.

그들이 제대로 된 사람과 결혼했는지 아닌지는 별로 중요하지 않다는 생각이 들기 시작했다. 결국 당신은 함께 있어야 할 바로 그 사람과 함께 있는 것이다. 당신은 그녀와 함께 일을 해나가고 50년의 시간을 보내면서 자기 자신에 대해 알게 된 것처럼, 어쩌면 그 이상으로 아내를 알게 되었으며, 마침내 그녀는 꼭 맞는 사람이 된다. 아니면 그 자리에 적합한 유일한 사람이 된다. 누군가 그 사실을 내게 좀 더 일찍 말해 주었다면 좋았을 텐데. 그러면 결혼 생활을 반드시 유지했을 텐데. 나는

그러기로 맹세하지 않았던가. 나탈리가 절대로 나를 떠나지 못하게 해야 했는데.[5]

그냥 우리의 '결혼 생활'을 계속 이어 나가는 것만으로도 이 싸움의 절반은 치른 셈이다. 루스 벨 그레이엄이 어린이 도서 『우리의 크리스마스 이야기』(Our Christmas Story)를 출판할 때, 그녀의 남편 빌리 그레이엄은 서문에 이렇게 썼다.

> 루스가 어린이들을 위한 크리스마스 이야기를 제안했을 때 우리는 기뻤다. 그러나 출판사에 '우리의' 크리스마스 이야기는 전통적으로 많은 사람들이 이야기하는 구유 장면과 다르다는 사실을 알려 주어야 했다. 물론 구유 장면은 즐겁고 애착이 가는 장면이며, 우리 가정의 크리스마스에서 중요한 부분이다. 그러나 그것은 전체 이야기의 한 부분에 지나지 않는다. 크리스마스는 베들레헴의 마구간에서 시작한 것이 아니기 때문이다. 그것은 누가복음이 아니라 창세기에서 시작한다.

이것은 맞는 말이다. 크리스마스 이브나 크리스마스 아침은 그전 세기를 거쳐 내려오는 장편 이야기의 절정에 지나지 않는다. 그것은 모욕을 겪는 남편, 배신의 아픔을 당하는 친구, 실망을 겪는 지혜로운 부모, 고통당하는 주님과 왕의 관점에서 하나님이 우리와 함께 계셨다는 매혹적인 이야기다. 그 역사의 어느 한 부분이라도 폄하하는 것은 정당하지 않다. 그것은 하나님과 그분의 백성인 이스라엘 민족, 즉 그분의 신부이자 배우자가 오랜 시간 동안 함께 만들어 온 완벽한 이야기이기 때문이다.

아내와 내가 함께 만들어가는 신성한 역사를 소중히 여겨야 함을 배운 것은 내 삶에서 영적으로 가장 의미 있는 훈련이었다. 우리에게는 두 주 동안 학창 시절 어린 연인의 모습으로 돌아갔던 특별한 경험이 있다. 그 시간 동안 우리는 풍성하고, 의미 있고, 열정이 담긴 우리만의 역사 이야기를 만들어 보았다. 돌아보니, 오늘 이 자리에 이르기까지 몇 개의 고개를 넘어 왔다. 우리 만의 역사가 깨어질 뻔한 순간도 있었다. 그럼에도 그런 어려움이 있었기에, 그 과정에서 우리가 목격한 풍경들과 우리가 향하는 최종 목적지가 그만큼 가치를 갖게 된 것이다.

제리 젠킨스는 우리만의 결혼 이야기를 즐기며 써내려 가라고 격려한다.

> 당신의 결혼 이야기를 들려주라. 자녀들과 친구들, 형제자매에게 말하라. 특별히 당신과 함께 걷는 상대에게 전하라. 그 이야기가 머릿속에 더 많이 심어질수록, 결혼을 파괴하려는 세력들에 맞설 수 있는 더 큰 울타리가 될 것이다. 그 이야기가 당신 존재의 일부가 될 정도로 친숙하게 만들라. 어떤 어려움에도 불구하고 안정되고 건강하며 장수하는 결혼 생활을 만들어갈 때 그 이야기는 가고 오는 여러 세대를 통해 전해지고 나누어지는 전설이 될 것이다.[6]

하나님이 사랑하라고 허락하신 배우자와 함께 하는 역사 만들기를 포기하지 말라. 우리가 직면하여 갈등하는 모든 관계의 문제들을 명확히 아시는 하나님과 함께 손을 잡고 동행하는 경험을 소홀히 하지 말라.

"주께서 너희 마음을 인도하여 하나님의 사랑과 그리스도의 인내에 들어가게 하시기를 원하노라"(살후 3:5).

사람들은 연애하면서 꿈을 꾸고, 그 꿈은 결혼하면서 깨진다.
알렉산더 포프

결혼하지 않는 자, 그에게 지옥이 열리고, 결혼하는 자, 그에게 역병이 덮치리라.
영국 성직자 로버트 버튼

어떤 관계보다, 결혼 안에서 하나님은 우리에게 깊이 관여하시며,
결혼 안에서 우리 마음은 천국으로 나아갈 풍성한 기회를 얻는다.
그렇기 때문에 결혼은 너무나 쉽게 우리에게 지옥을 경험하게 할 수 있다.
댄 알렌더 • 트렘퍼 롱맨 3세

새미블, 기혼남이 되면 지금은 이해 안 되는 좋은 걸 많이 이해하게 될 거요.
허나 보육원 아이가 알파벳을 다 뗀 후 말하듯이,
아주 작은 것을 깨닫기 위해 아주 큰 어려움을 통과하는 게
가치 있는지 없는지는 태도의 문제요.
찰스 디킨즈

8.

거룩한 분투 견디기

에베레스트만큼 경이롭고 아름다운 자연 경관도 없을 것이다. 지질학자들은 히말라야 산맥이 인도 대륙판과 유라시아 대륙판이 충돌하면서 생겨났다고 믿는다. '충돌'은 누군가에 의해 과장되게 쓰인 말이다. 실제로 두 대륙은 연간 10센티미터씩 움직이면서 부딪힌다. 조금씩 서서히 일이 진행되는 것이다. 인도 대륙판이 안쪽으로 움직이며 유라시아 대륙판 남부를 압착하고 밀어올리면서 장대한 자연의 보물이 지속적으로 형성된다.

인도 대륙판이 유라시아 대륙판과 부딪히지 않았으면 히말라야는 없었을 것이다. 대륙판의 이동으로 인해 비틀어지는 힘이 없었다면 서계는 미적으로 지금보다 볼품없었을 것이다.

같은 방식으로, 결혼의 '부딪힘'도 아름다운 관계를 만들어 낸다. 종종 갈등을 통해 더 아름다워진다. 그러나 서로에게 영향을 미치는 이러한 순간은 즐겁지 않을 수 있다. 사실 그 순간에 우리는 갈라지는 느낌을 받는다. 그러나 그 과정에서 더욱 강해지고 성품을 빚으며 깊이 있는 신앙을 만들어 간다.

영적 거장이자 작가인 프랑소아 페넬롱은 "고통이 두려울수록 더욱 그 고통이 필요하다"고 말한다. 고통은 하나님을 섬기면서 형언할 수 없는 고난을 겪으신 예수님이 직접 모범을 보여 주신 그리스도인의 삶의 일부다. 디트리히 본회퍼는 우리 안에 고행을 추구하는 면이 없다면 하나님을 따르기 어렵다고 말한다.

그러나 결혼 생활을 포기하면서 둘만이 만들어가던 숭고한 역사를 파괴하는 사람들은 대부분 힘들다는 이유를 댄다. 하지만 결혼 생활이 너무 쉽기 때문에 지속하는 사람은 거의 없다. 어려움을 모면하려는 생각은 종종 우리를 그리스도인으로서 유아기에만 머물게 할 수 있는 영적으로 중대한 잘못이다. 위대한 영성 작가들은 결혼 생활은 당연히 어려우나 성품을 빚어 가기 위해서는 그 어려움을 사용해야 한다고 말한다.

윌리엄 로우는 이렇게 묻는다. "얼마나 많은 성도들이 역경 가운데 천국으로 갔으며, 얼마나 많은 불쌍한 죄인들이 결코 끝나지 않는 불행 속에서 부요함을 얻었는가?" 5세기의 고전 작가 요한 클리마쿠스는 쉽게 행복을 추구하고 역경을 피하려는 마음을 꾸짖는다. "나는 즐거운 길만 걷기 원하고 쉽게 그리스도를 본받으려 하거나 현실에서 달아나려고 하는 영성을 가치 있게 보지 않는다."

예수님은 "사람마다 불로써 소금 치듯 함을 받으리라"(막 9:49)고 약속하셨다. 쉽고 편하며 갈등과 역경과 스트레스 없는 삶에 대한 욕망은, 간접적으로 "소금 치듯 함"을 받지 않은 미성숙한 그리스도인으로 남으려는 욕망이다. 이 모든 분투는 우리를 강하게 하고 일으키며 믿음을 깊게 한다.

하지만 그것은 우리가 앞에 놓인 분투로부터 도망치지 않고 직면할 때만 얻을 수 있는 결과다. 게리와 벳시 리쿠치는 지적한다. "주님은 우리가 어려움을 피해 가지 않고, 통과해 나갈 때마다 거룩해지는 과정이 일어난다고 위엄 있게 말씀하셨다. 성경은 광야와 홍해와 불타오르는 풀무를 통과하고, 궁극적으로는 십자가를 통과한 사람들의 이야기로 가득하다. 하나님은 그리스도인들을 문제로부터 보호하지 않으신다. 다만 그 문제를 통과해 승리의 길을 걷도록 도우신다."[1]

분투 인정하기

크로스컨트리 주자로서 나는 마지막 힘까지 다 쏟아부어 얻은 승리가 가장 만족스러웠다. 쉽게 이긴 경기는 힘은 덜 들었지만 궁극적으로 그리 만족스럽지 않았다.

언젠가 지역 내 다른 학교와 벌였던 경기를 기억한다. 힘들게 경주했지만 그렇게 어렵지는 않았기에 출발 후 얼마 지나지 않아 나는 상대 팀의 선두 주자를 따돌렸다. 그 후 우리 팀의 두 번째 주자가 나를 따라잡을 때까지 속도를 늦추었고, 우리는 마지막까지 함께 달렸다. 나는 익숙한 경주로를 달리며 심지어 그 친구와 이야기를 나누기까지 했다. 결과는 좋았지만 내 실력을 자랑할 만한 경주는 아니었다. 대등한 경쟁자와 겨루면서 나를 시험할 수 있는 경기가 아니었기 때문이다.

워싱턴 주에서 또 다른 경기가 있었는데, 이번에는 여섯 곳의 다른 고등학교와 함께였다. 그날따라 유난히 날이 더웠고, 그 경기에서 지나치게 속도를 올리는 바람에 병원에 실려갈 뻔했다. 5킬로미터를 달리는 동안 경기를 포기할까 심각하게 여러 번 고민했지만 그때까지 나를 앞선 다른 주자가 없었기에 중단하지 않았다.

결승점에 들어선 나는 승리자로서 의기양양한 모습을 보이기에는 너무 지쳐 있었다. 그날 밤 고열에 시달렸고 사흘 동안 앓았다. 그러나 그 고통 속에서도 내가 나의 전부를 쏟아부었다는 사실이, 나에게 어떤 경외감마저 들게 했다. 그 과정은 즐겁지는 않았으나 아주 의미 있었다.

성공적이고 유익하기만 하다면, 분투하는 삶은 아무 문제 없이 평온한 삶보다 더 큰 기쁨을 가져온다. 어느 날 잡지에서 목욕 가운과 슬리퍼를 신고 멋진 저택에서 거니는 유명인사의 사진을 보았다. 부럽지 않았다. 사실 거부감이 들었다. 넘치는 풍요 속에서 어떤 노동이나 책임에도 매이지 않는 생활은 일 년에 한두 차례는 괜찮을지 몰라도 나의 삶으로 받아들이기에는 결코 내키지 않는다.

하나님은 우리가 날마다 갈등을 겪으며 분투해야 살아갈 수 있도록 창조하셨다. 도전을 통해 우리는 단련받는다. 그런데 그것이 우리에게 이로우려면 목적이 있어야 하고 열매가 있어야 한다. 결혼한 두 사람이 서로 갈등하기만 하고 상대방을 불행하게 만든다면 영적으로 결코 유익할 수가 없다. 그리스도인으로서 성품이 계발되고 희생이 선한 유익을 가져올 때만 이런 분투가 도움이 된다.

예수님은 이 분투가 그리스도인의 삶으로 들어가는 입구라고 말씀하실 뿐 아니라, 이 분투가 우리 믿음의 현실에서 '날마다' 벌어지는 일이라고 강조하신다. "아무든지 나를 따라오려거든 자기를 부인하고 '날마다' 제 십자가를 지고 나를 따를 것이니라"(눅 9:23). 많은 그리스도인들이 이 구절을 과장된 표현 정도로 받아들인다. 내 삶을 정직하게 바라볼 때, 내가 이례적으로 편하게 살아간다는 것을 인정할 수밖에 없다. 나는 나의 신앙 때문에 조롱을 당하거나 박해를 받지 않는다. 그리스도인 작가로서 나의 신앙은 내 가족을 부양하는 부수 효과마저 있다.

그리스도인으로서 제법 편한 나의 삶은 이전 세대가 거의 경험하지 못한 혜택이다. 실제로 의료 기술의 발달로 많은 사람들이 고통 없는 삶을 살고 있다. 우리에게는 세탁기와 청소기는 물론이고, 이 장소에서 저 장소로 편하게 이동할 수 있는 교통 수단도 있다.

우리는 이런 생활에 익숙해져서 삶이란 당연히 쉽고 편해야 한다고 생각한다. 그래서 조금만 삶이 힘들어져도 다시 쉽고 편하게 만들기 위해 많은 에너지를 쏟아붓는다. 그러다 크나큰 영적 기회를 잃어버린다.

아내와 나는 에베레스트 등정에 관한 많은 기사들을 읽으면서, 등반가들이 특별히 어려운 돌출부나 암벽 구간을 만났을 때 잠시 물러나서 어떻게 이를 극복하고 넘어갈지 의논한다는 사실을 알게 되었다. 도전 과제를 만났을 때 이를 극복하는 방법을 찾아내는 것이야말로 스포츠에서 얻는 큰 즐거움이다. 산악 등반이 쉽다면, 사람들이 그처럼 매력을 느끼지도 않을 것이다.

관계의 문제도 마찬가지다. 우리는 산 꼭대기까지 헬리콥터를 타고 올라갈 방법을 생각하는 대신 등반가의 시선으로 생각하고 접근한다. "정말 힘들군. 분명한 도전거리야. 어떻게 이 어려움을 극복하고 이 사람을 계속 사랑할 수 있을까?"

토마스 아 켐피스는 기록한다. "육체가 고통으로 소진할수록 영혼은 내적 은혜로 더욱 강해진다. 때때로 영혼은 자기 안에 시련과 역경에 대한 갈망이 있음으로 인하여 위로를 얻는다. 십자가를 지신 그리스도를 닮고자 하는 깊은 소망은, 고난과 슬픔 없이는 실현 불가능함을 알기 때문이다."

자신에게 이렇게 물어보라. "보다 쉽고 편안하게 살되 그리스도 안에서의 성숙함을 포기할 것인가, 아니면 고통이 따르더라도 그리스도의 형상을 닮아 가는 것에 위로를 얻으며 살 것인가?"

성실할 것을 맹세한 결혼 서약을 지키기가 쉬울 거라는 생각은 비현실적이다. 오토 파이퍼는 "결혼 관계에는 언제나 불신의 요소가 내재되어 있다"[2]고 지적한다. 죽음이 우리를 갈라놓을 때까지 배우자를 사랑하겠다고 서약하는 이유는, 그것이 그만큼 지키기 힘들기 때문이다. 쉽다면 왜 서약을 하겠는가? 몸을 위해 건강한 음식을 섭취하겠다고 혹은 옷을 적절하게 사 입겠다고 대중 앞에서 맹세하지는 않는다.

결혼 생활을 시작한 사람들은 누구나 배우자와 다소 적대적으로 부딪히는 시점에 다다른다. 서약은 바로 그런 시기들을 위함이다. 그런 분투를 예상하신 하나님이 해결책으로, 우리에게 헌신을 다짐하는 서약을 하게 하신 것이다.

그 분투를 통해 우리는 더욱 고귀한 사람이 된다. 그리스도인의 성장을 격려하면서 만나는 가장 큰 도전 중 하나는, 우리가 우리의 가르침이 필요한 자녀 양육에 몰두할 때, 우리 스스로는 성품이 온전히 성숙한 사람들이라고 생각한다는 점이다. 그렇지 않다. 우리의 성품은 많은 면에서 여전히 성장할 여지가 수두룩하다. 우리 성품에 고상함, 희생, 이타심 등이 너무 부족하다.

고통의 감미로움

성숙한 그리스도인은 자신을 학대하는 사람으로 변질되지 않는 선에서 고통의 감미로운 면을 볼 줄 알아야 한다. 아빌라의 테레사는 말했다. "주님, 주님은 사랑하는 자들을 얼마나 괴롭게 하시는지요. 하지만 그 모든 것은 그 후에 주님이 주실 것에 비하면 아무것도 아닙니다." 이것은 수세기 전에 다음과 같은 글을 쓴 요한 클리마쿠스가 경험했던 것과 같은 현실이다. "우리가 결연히 십자가를 지기로 순종한다면, 하나님을 위해 단호히 모든 것에서 시련을 만나고 견디기 원한다면, 그 모든 것에서 크나큰 위안과 달콤함을 맛볼 수 있다."

이 가르침은 바울이 고린도후서 4장 17절에서 말한 내용과 같다. "우리가 잠시 받는 환난의 경한 것이 지극히 크고 영원한 영광의 중한 것을 우리에게 이루게 함이니."

영원에 대한 소망이 있는 우리는 눈앞에 있는 것을 바라지 않는다. 오랜 시간이 걸려야 얻을 수 있는 것을 쉽게 구하고자 잠깐의 안락과 편함을 추구하지 않는다. 우리가 위로와 안락함을 구하느냐의 여부가 우리가 무엇을 가치 있게 여기는지를 보여준다. 하나님의 나라를 위해 살려 하는지, 자신의 위로와 명성을 추구하는지를 결정적으로 보여준다.

쟁쟁한 경쟁자들을 모두 피하고 계속해서 약한 상대와만 싸우려는 헤비급 복싱 챔피언은 사람들에게 조롱과 멸시를 받을 것이다. 관계와 상황 속에서 모든 심각한 싸움들을 피하고 어떻게든 쉬운 길로만 가려는 사람도 마찬가지다. 쉽사리 성공할지는 몰라도 그 쉬운 성공이 그들의 가치를 결정지을 것이다.

결혼을 앞둔 연인이 알아야 할 사실이 있다. 좋은 결혼은 어쩌다 굴러 들어오는 행운이 아니다. 그것을 얻기 위해서는 분투해야 한다. 이기심을 십자가에 못 박아야 한다. 때로는 직면해야 하고 때로는 고백해야 한다. 여기서 용서는 필수다.

그것은 누가 뭐래도 어려운 일이다! 그러나 그에 따른 보상이 있다. 결국 아름답고 신뢰할 만한 동반자 관계가 만들어진다.

우리가 여러 가지 이유로 갈등하고 싸우고 분투할 때, 그로 말미암아 정서적으로 우리가 무엇을 잃을지 염려하기보다, 영적으로 무엇을 얻을지를 바라보는 것이 좋다. 서로 맞지 않을 때 일어나는 수고는 매우 고생스럽다. 관계에서 겪는 장애물을 극복하느라 시간과 노력을 투입하는 것 대신 신경써야 할 다른 일들도 너무 많다. 정서적으로 편안한 것을 추구한다면 그 관계를 오래 지속할 이유가 없을 것이다. 그러나 영적인 유익을 얻을 수 있다면, 나는 결혼할 뿐 아니라 결혼 생활을 유지해 나갈 이유가 충분히 있다고 본다.

오토 파이퍼는 우리에게 도전한다. "많은 사람들이 결혼하고 나서 환상이 깨졌다고 하는데, 그 이유는 그들의 믿음이 수동적이기 때문이다. 끈질기게 구해야(마 7:7, 눅 11:9 참조) 하나님의 축복을 찾고 누릴 수 있다는 사실을 사람들은 싫어한다. 그러므로 결혼은 선물이며 또한 완수해야 하는 임무다."[3]

결혼 안에서 벌어지는 갈등과 싸움과 분투에서 도망치지 말라. 끌어안으라. 그 안에서 성장하라. 그로 인해 하나님께 더 가까이 나아가라. 그 과정을 통해 예수 그리스도를 더 많이 드러내게 될 것이다. 그리고 당신이 영적으로 더 온전해질 수 있는 환경을 주신 하나님께 감사하라.

결혼 생활에서 엄청나게 분투했으며, 그 결과 영향력 있는 인물로 성장한 두 사람을 만나보자.

위대한 해방자[4]

사람들은 아브라함 링컨이 결혼뿐 아니라 교제에 있어서도 유별나게 지조 있는 사람이라고 말한다.

1836년 링컨은 3년 동안 만나 보지 못한 한 여인과 결혼하기로 약속했다. 그 결정은 잘해야 모험이고 최악의 경우 실패로 끝날 수도 있었다. 약속을 도로 물릴 시간도 충분했다. 마침내 기대를 품고 약혼녀와 직접 대면했을 때, 그는 상심하고 말았다. "그녀는 내가 그리던 모습이 아니었다."

정말이지 아니었다. "나는 그녀가 뚱뚱하다는 사실은 이미 알고 있었다. 그러나 이제는 팔스타프(셰익스피어의 『윈저의 유쾌한 부인과 헨리 4세』에 나오는 쾌활하고 재치 있는 허풍쟁이 뚱보 기사—옮긴이)와 너무 잘 어울릴 정도였다." 링컨은 그녀를 보며 어머니를 떠올렸다. 두 가지 특징, 이가 빠졌다는 것과 나이테처럼 불어난 그녀의 몸집이었다. 링컨은 말했다. "유아기 때부터 자라 35년이나 40년이 안 되어 그 정도로 커질 수 있는 건 아무것도 없을 것이다."

말하자면 링컨은 그녀를 보고 전혀 기뻐할 수 없었다.

그러나 링컨은 현대인의 감성과는 전혀 맞지 않게 행동했다. 자신의 말에 책임지고 그녀와 결혼하기로 한 것이다. 그는 한쪽 무릎을 꿇고 손을 내밀어 그녀에게 청혼했다.

이어서 유쾌한 장면이 펼쳐졌다. 그녀가 링컨의 청혼을 거절한 것이다. 처음에는 예의상 그러는 줄 알았다. 그래서 링컨은 자신의 청혼을 받아달라고 그녀에게 계속 매달렸다. 그러다 그녀가 정말로 자신과 결혼할 의사가 없다는 걸 깨달았다.

링컨은 이렇게 말했다. "다른 남자들은 여자들에게 놀림거리가 되곤 했지만, 단언컨대 내 경우는 맞지 않다. 나는 스스로를 바보로 만들었다."

링컨이 다음 번에 배우자를 선택할 때는 좀 더 신중해야 했다. 그러나 그의 아내 메리 토드는 조용한 저녁 시간을 함께 보낼 수 있는 유형이 아니었다. 그녀는 매우 충동적이고 쉽게 흥분하는 기질의 여성이었다. 얄궂게도 그 성격은 미래의 대통령에게 매력적으로 보였다. 링컨은 그녀를 자신의 인생에서 마주친 "누구보다 쾌활하고 여성스러운 피조물"이라고 불렀다.

결혼하고 얼마 되지 않아 집에 불만을 가진 메리는 링컨에게 말했다. "요즘 괜찮은 사람들은 다들 2층짜리 집에서 살아요." 링컨은 많은 남편들이 곧잘 사용하는 방식, 즉 아내의 생각에 맞장구를 치면서 돈은 주지 않는 전략으로 대응했다. 메리는 그 시절의 많은 주부들처럼 계속해서 언쟁을 벌이는 대신, 링컨이 몇 주 동안 출장 가기를 기다렸다가 목수를 불러 집을 2층으로 높였다.

몇 년이 지나고, 링컨은 다른 방법으로 인내를 배웠다. 메리의 걸핏하면 흥분하는 기질 때문에 가정부를 계속 고용하기가 어려웠다. 링컨은 가정부들에게 몇 달러씩 더 지불하는 것으로 문제를 풀어 나갔다. 메리와 가정부 사이에 매우 심각한 불화가 있은 후, 링컨은 조용히 가정부의 어깨를 토닥이며 말했다. "마리아, 조금만 더 있어 줘요, 조금만 더요."

한 영업사원이 백악관에 들렀다가 영부인에게 욕을 잔뜩 듣고는 곧바로 따지러 대통령 집무실로 올라갔다. 그 시절에는 그런 일이 가능했나 보다. 영업사원은 자신이 영부인에게 당한 일을 이야기하며 항의했다. 링컨은 조용히 그의 말을 듣고 일어나서는 부드럽게 말했다. "자네는 내가 지난 15년간 겪은 일을 고작 15분 겪은 걸세."

링컨은 아내에게 수없이 모욕을 받았다. 아내의 방탕한 소비를 지적하면 대놓고 얼굴에 커피가 날아오기 일쑤였다. 그 당시 대통령들은 오늘날처럼 떵떵거리며 살지 못했지만, 메리는 한 번에 장갑을 수백 벌씩 사들이는 기이한 소비벽이 있었다.

메리는 가장 사랑하던 아들 윌리를 잃은 슬픔으로 정신적으로 허약해졌다. 히스테리는 점점 심해졌고 때로는 링컨도 어찌할 도리가 없었다. 한번은 아내를 창가로 이끌어 정신병원을 가리키며 이렇게 말하기까지 했다. "윌리 엄마, 언덕 너머에 하얀색 건물 보이죠? 슬픔을 참으려고 해봐요. 안 그러면 슬픔 때문에 당신은 미쳐 버릴 거야. 그렇게 되면 우리는 당신을 저 건물에 보내야 해요."

링컨이 아들을 잃은 큰 슬픔을 겪고 연이어 아내와의 관계마저 소원해지는 불화를 겪을 때, 그는 후세에 길이 남을 중요한 연설을 했다. 그 당시 링컨의 정치적 생명은 그가 고향에 있던 시절만큼이나 불확실했다. 남북전쟁이 오래 지속되면서 정치적 지지율도 타격을 입었다. 격전지였던 펜실베이니아 주 게티즈버그에서 죽은 장병들을 위한 추도식이 열렸다. 대통령 링컨이 추도식 연설을 하게 되었는데,

동료 정치인들은 그를 조롱하며 말했다. "죽은 자들로 죽은 자를 장사하게 하라."

링컨이 게티즈버그로 떠나기 직전에 막내 아들 태드가 아프기 시작했고, 이로 인해 2년 전 죽은 아들에 대한 기억이 되살아난 메리는 또다시 발작을 일으켰다. 링컨은 가정의 모든 문제를 남겨 두고, 펜실베이니아로 떠나면서 급하게 연설 몇 줄을 겨우 쓸 수 있었다.

이처럼 정서적으로 매우 혼란한 시기였으므로, 링컨이 화려한 수사 없는 몇 마디로 연설을 전한다 해도 이해할 만했다. 한 기자는 그가 "날카롭고 귀에 거슬릴 만큼 떨리는 음성"으로 연설했다고 전했다. 링컨이 자신의 연설이 실패했다고 생각할 정도로 절제된 박수가 흘러나왔다. 그는 친구에게 귀엣말로 속삭였다. "분명 실패야. 사람들이 실망했을 걸세."

그러나 그의 연설은 진정성 있고 감동적이며 강력했다. 비록 그의 연설에 밴 남모를 슬픔은 제대로 전해지지 않았으나, 신문에 실린 그의 연설문에 전 국민은 전례 없는 감동을 받았고 게티즈버그 연설은 미국에서 가장 유명한 연설 가운데 하나가 되었다. 진부한 표현이지만, 링컨은 그의 삶이 가장 어두울 때 가장 밝게 빛났다.

링컨의 결혼 생활과 대통령으로서의 삶을 연결지어 보고 싶다. 그의 결혼 생활은 내내 힘들었고, 그 때문에 결혼을 끝내는 것을 간단한 해결책으로 선택할 수 있었다. 그는 고난에 최적화된 사람은 아니었지만, 결혼을 통해 인내를 배웠다. 당시 불안했던 나라의 대통령으로서 직무 수행 능력을 발휘하는 데 그의 환경은 장애였다기 보다 훈련의 장이 되었다.

힘든 결혼 생활은 링컨이 위대한 사람이 되는 것을 막지 못했다. 뿐만 아니라 그는 그 결혼으로 인해 위대해질 수 있었다. 링컨의 성품은 날마다 시험받고, 정화되었으며, 진짜 시험이 올 때 굳건하게 설 수 있었다.

링컨이 행복에 겨웠더라면, 아마도 메리를 참아 내거나 국가를 하나로 만드는 용기를 내지 못했을 것이다. 그는 마음속에서 개인의 안락함 대신 운명의 부름을 느꼈으며, 그 운명에 순종했기에 역사를 이룰 수 있었다.

미국 역대 대통령에 대한 여론 조사를 할 때마다 링컨은 수위를 차지한다. 어떤 역사가들은 그를 가리켜 미국 역사상 가장 위대한 정치인이라고 말한다. 흥미롭게도 역사가들은 1986년에 있었던 여론 조사에서 메리 토드 링컨을 최악의 영부인으로 꼽았다.

이 이야기는 "내가 이 여자와 결혼하지 않았더라면 큰일을 했을 것"이라고 말하는 어떤 목사나 "이런 실패자에게 발목을 잡히지 않았더라면 내 인생이 얼마나 달랐을까"라고 말하는 어떤 아내의 말 속에 깔려 있는 거짓을 드러낸다. 가장 위대한 대통령 가운데 한 사람도 분명 까다롭기 그지없는 여자와 결혼했다.

링컨이 '위대한 해방자'로 불리는 것은 딱 맞는 말이다. 어느 날 남부에서 탈출한 한 무리의 노예들 곁을 지나다가 메리가 남편에게 저 무리에 속한 아이들 중 몇이나 에이브러햄 링컨이란 이름을 가지고 있을지 물었다. 링컨은 자랑이 아니라 진지하게 말했다. "어디 봅시다. 지금이 1863년 4월이니까, 두 살 이하 아기들의 3분의 2 정도가 내 이름을 가져다 썼다고 봐야겠군."

해방자란 구속과 억압에서 풀어 주는 사람을 뜻한다. 링컨의 예를 통해 우리는 공허하게 행복을 추구하는 일에서 자유로워질 것이다. 링컨은 힘든 결혼 생활이 삶의 과업들을 준비시키기보다는 퇴보시킨다는 생각에서 우리를 자유롭게 한 사람이다. 그는 긴장 없는 삶을 추구하게 하는 예속의 사슬에서 우리를 풀어 주고, 의미 있으며 고결한 삶을 만들어 가게 한다.

위대한 조종사[5]

자신이 1920년대 미국 동부 명문 대학에서 교육받은 여성이라고 상상해 보라. 당신은 책을 사랑하고 작가나 시인이 되려는 꿈이 있다. 당신의 아버지는 미국 대사이며 가족은 존경을 받고 유복하다. 당신은 교양과 예의범절, 그리고 '우수한 혈통'을 중시하도록 교육받으며 자랐다.

부친의 사무실 안으로 삶이 파란만장해 보이는 남자가 걸어 들어온다. 그는 당신과 정반대되는 사람이다. 학자라기보다 모험가이며, 말보다 엔진으로 일하는 사람이다. 집안도 변변치 않고, 다만 뉴욕에서 파리까지 대서양 횡단 비행에 성공하여 미국 역사상 가장 큰 유명세를 얻고 있다.

그렇게 앤 모로우 린드버그의 결혼 생활이 시작되었다.

내가 유명한 카레이서의 전기를 쓰는 동안, 출판사에서 유명인사들의 명단 목록을 건네 받은 적이 있다. 모나코의 알베르 왕자부터 타이거 우즈, 영화 배우 르네 젤위거까지 다양한 사람들이 그 목록에 있었다. 글자가 작아 두 단으로 된 페이지마다 150명 정도의 이름이 있었다. 목록이 72쪽이었으니 간단한 계산만으로도 오늘날 얼마나 많은 유명인들이 있는지 알 수 있다.

1900년대 후반은 1900년대 전반, 특히 2차 세계대전 이전과는 다른 시대였다. 찰스 린드버그는 대서양 횡단에 성공함으로써 혼자 힘으로 명사 대열에 합류했다. 당시 그의 명성은 필적할 데가 없었다. 오늘날은 누가 유명인인지 골라내기도 힘들다. 매년 〈피플〉 지에 선정되는 사람들이 바뀐다.

그러나 린드버그는 오랫동안 미국, 아니 세계에서 가장 유명한 인물이었다. 그가 퍼레이드를 할 때에는 월스트리트 증권가가 문을 닫을 정도였다. 퍼레이드에는 450만 명이 모였다. 린드버그의 인기는 정말 대단했다. 뭇 여성들이 그가 투숙했던 호텔의 욕조와 침대를 쓰고 싶어 할 정도였다. 린드버그는 세탁소에 셔츠를 보낼 수도 없었다. 돌아오는 법이 없었으니까. 사람들 대부분이 그의 수표를 현금으로 바꾸지 않아 수표장을 결산하기도 어려웠다. 사람들은 그의 수표를 기념품으로 간직하려고 했다.

앤 모로우는 찰스 린드버그를 만나기로 했을 때, 그 유명한 조종사를 철저히 싫어하기로 미리 마음먹었다. 당대 최고의 교육을 받고 훌륭한 가문의 학자 스타일이던 앤은 스스로를 '대중 스타'라고 부르는 사람에게 마음을 줄 수 없었다. 그녀는 일기에 이렇게 썼다. "린디(혐오스러운 이름이여!)를 절대 좋아하지 않겠어." 앤의 선생님조차 린드버그를 무시했다. "그는 한낱 기계공이야. 그 독수리 같은 장거리 비행이 아니었더라면 세인트루이스 외곽에서 주유소 직원이나 되었을 사람이라고."

처음부터 이 위대한 탐험가에게 마음을 주지 않기로 마음먹었지만, 앤은 그를 만난 후 홀딱 반해 버렸다. 린디라는 '혐오스러운' 이름은 갑자기 '빈틈없고 지적이며 열정적이고 신중한' 이름이 되었다. 앤은 영감 있는 시인이 아니라 사랑의 열병을 앓는 사춘기 소녀가 씀직한 글들을 일기에 썼다. "삶의 격렬함이 그의 눈 속에서 불처럼 타오른다. 삶은 오로지 그에게 맞춰져 있다. 그가 삶에서 어떤 것에 집중하든 놀라운 일들이 일어난다."

린드버그의 명성으로 인해 두 사람의 데이트는 어려움을 겪었다. 그가 젊은 여성과 함께 있는 장면이 목격되자, 신문마다 사진을 싣고 두 사람이 약혼했다는 추측 기사를 쏟아 냈다. 처음부터 린디는 앤에게 당부했다. "나에 대한 사람들의 관심 따위는 신경 쓰지 말아요. 그런 일은 어떤 식으로든 있는 거니까. 내가 알아서 할 게요. 단지 그런 일로 당신이 당황하지 않았으면 좋겠소."

앤은 린디와 함께 지내는 법을 배웠다. 그녀는 여동생들에게 편지를 쓸 때 찰스 린드버그라는 이름이 들어갈 자리에 암호명처럼 '로버트 보이드'라고 썼다. 그렇지 않으면 누군가가 중간에 편지를 가로채고, 그것이 신문에 실리기 때문이었다.

때때로 린디는 앤과 조용히 둘만의 시간을 갖기 위해 롱아일랜드의 황무지로 데려갔다. 앤은 린드버그를 알아 갈수록 복잡한 감정에 사로잡혔다. 한편으로 그의 매력에 사로잡혔지만, 다른 한편으로 둘이 얼마나 다른지 알게 되었기 때문이다. 탐험가와 시인, 이 두 사람은 극도로, 그리고 완벽하게 부조화를 이루었다. 그녀는 여동생들에게 보내는 편지에 자기 생각을 적었다. "너희도 알다시피 나는 완전히 그에게 빠졌어. 그 사실이 정말 화가 나. 그는 내가 만난 사람들 가운데 가장 큰 존재고, 누구보다 나를 빠져들게 한 사람이야. 그런데 그 사람이 내 삶의 일부라고 느껴지지가 않아."

"내게 행복을 기대하지 마"

결혼하기로 결심했을 때, 앤은 린디와의 삶이 쉽지 않으리라는 것을 알았다. 그녀는 조용한 전원주택에서 안락하고 조금은 사치를 부리면서도 사생활이 보호되는 결혼 생활을 마음속에 그려 왔다. 린디와는 불가능한 삶이었다. 앤은 친구에게 보내는 편지에 이렇게 썼다. "코리스, 네가 답장을 쓰면서 행복을 빈다는 상투적인 말이라도 하면 결코 용서하지 않을 거야. 내게 행복을 바라지 마. 난 기대하지도 않아. 차라리 용기와 힘과 유머 감각이 생기도록 빌어 줘. 내게 필요한 건 그게 전부야."

앤이 누린 결혼식의 기쁨은 잠시뿐이었다. 신랑 신부는 대중의 눈을 피해 우스꽝스러운 장면을 연출하며 도망쳐야 했다. 빌린 차에 드러누운 채 한 무리의 기자들을 지나친 다음, 차를 바꿔 타고 롱아일랜드로 갔다. 거기서 다시 미리 준비해 둔 보트를 타고 바다 한가운데로 나갔다.

덕분에 신혼 부부는 보트에 연료가 떨어질 때까지 이틀 동안 전에 없이 조용한 시간을 보냈다. 연료를 채우러 갔다 발각되면서부터는 쫓고 쫓기는 허니문이 이어졌지만.

최고의 조건을 갖춘 신랑감을 붙잡은 앤은 정말 운 좋은 여자라고 사람들마다 떠들어 댔다. 앤에게는, 그렇다면 자신과 결혼한 린드버그는 정말 운이 없는 남자가 되는 것이다. 앤은 최고의 신랑감을 운 없는 남자로 만든 여자라는 악명에 익숙해져야 했다.

"우리에게 사생활이 없다는 걸 생각하는 것조차 힘들었어요. 둘만의 시간은 거의 없었으니까요." 몇 년 후 앤은 이렇게 회상했다. "(아버지가 대사로 주재하던) 멕시코시티에서는 기자들이 대사관 문 앞에 진을 치고 있는 데다 하루종일 취재 차량과 카메라가 따라다녔어요. 부모님 별장에 있을 때 기자들이 정원에 나와 있던 우리를 찍으려고 근처의 남의 집 지붕에 올라가기도 했어요. 우리는 변장을 하고 뒷문으로 빠져나와 친구 집에서 차를 바꿔 타고는 멕시코의 초원 지대로 갔어요. 강도들이 출몰하는 위험한 지역이죠. 그 다음에 비행기를 탔어요. 하늘까지 따라오는 기자들은 없을 테니까요. 비행기가 이륙하는 순간에도 카메라 플래시 세례를 받았어요. 평야 지대에 착륙해서야 마침내 둘이서만 함께할 수 있었지요."

비행기를 타면 기자들과 사진 기자들로부터 벗어날 수 있었으나 대가를 치렀다. 앤이 지적하듯 "완전한 고립은 완전한 노출만큼 평범한 삶이 아니에요. 범죄자나 불륜의 연인처럼 우리는 세상에서 함께 있는 모습을 피하고, 함께 거리를 걷거나 쇼핑하고 경치를 구경하거나 레스토랑에서 외식도 못하고 살아야 했어요. 대사관에서 공무를 처리하거나 뉴저지 잉글우드의 부모님 집에 있을 때조차 사람들의 침입으로부터 자유롭지 않았어요. 하인들이 뇌물을 가져오고, 편지는 도난당하고, 전보는 유출되기 일쑤였지요. 기자들은 우리가 신뢰하는 손님이나 친구들과 인터뷰를 하고는 우리의 사생활을 왜곡하는 기사를 썼어요. 기삿거리가 없으면 이야기를 그냥 만들어 내기도 했지요."

앤은 문학에 대한 야망이 있는 꽤나 재능 있는 사람이었지만, 찰스와의 관계가 시작되고부터는 자기 삶의 일부를 떼어 내다시피 해야 했다. 린드버그는 앤에게 당부했다. "지붕 위에서 소리치고 싶은 것이 아니면 결코 말하지 말고, 신문 일면에 내고 싶은 것이 아니면 결코 쓰지도 마요."

앤은 회상한다. "나와 린디는 사생활을 보호받아야 한다는 생각이 확고했어요. 하지만 속엣 얘기를 말하거나 쓸 수 없다는 건 너무 큰 희생이었지요. 나는 어떤 경험이든 그것을 글로 쓰거나 대화로 나눌 수 있어야 비로소 끝난 거라고 생각하는 사람이에요. 대학생땐 인생에서 가장 재미있는 게 커뮤니케이션이라고 말하고 다녔어요. 그런데 쓰거나 말하지 못한다는 현실 때문에 내면의 삶이 무너져 내렸답니다. 일기를 안 쓴 지 3년이나 된 걸요. 편지도 안전하지 않다는 사실을 안 후로는, 무척 조심하거나 일반적인 말과 농담만 쓰려고 노력했어요."

대중의 지대한 호기심 한가운데서 산다면 어떨지 생각해 보라. 둘만의 가장 친밀한 순간에도 주변을 경계해야 한다.

"결혼한 이상 저는 남편에게 편하게 말할 수 있지요. 하지만 그런 일은 비행기 안이나 사막, 침실 등 사적인 공간에서만 가능해요. 호텔에 있을 때조차 사람들이 엿듣지 못하게 창문이나 채광창이 닫혀 있는지 확인해야 했어요."

신문마다 열광적으로 떠들어 대던 그들의 "꿈 같은 삶"은 어두운 면을 드러냈다. 앤은 아쉬워했다.

"우리에게 사생활이란 꿈도 꾸지 못할 일이었어요. 공인으로서의 삶 말고는 가정조차 없었어요. 우리 삶은 고작 호텔과 비행기, 아니면 다른 사람의 집에서나 가능했지요. 그렇게 우린 늘상 떠돌아다니기만 했어요."

이것은 작가가 되려는 사람이 상상하던 삶이 아니었다. 조용하고 사색을 즐기는 시인이 선택할 만한 환경이나 조건도 아니었다. 앤은 어머니에게 이렇게 하소연했다. "우리에겐 남들이 모르는 삶이란 결코 없어요. 항상 누군가는 우리를 바라보고 있으니까요."

슬픔이 가르치는 자유

1932년 그들에 대한 관심은 잔인한 사건으로 반전을 맞이했다. 린드버그의 18개월 된 아들 찰스가 뉴저지의 집 아기 침대에서 사라졌다. 유괴범은 창문턱에 아들의 몸값을 요구하는 메모를 남겼다. 6주 동안 협상이 오갔다. 린드버그 부부는 몸값을 주었지만 아이는 돌아오지 못했다. 4주 동안의 고문 같은 시간이 지나갔다. 유괴 사건 발생 10주 만에 집에서 몇 킬로미터 떨어진 숲에서 아들의 시체가 발견되면서 가혹한 시련은 비극으로 끝났다.

세 아이의 아버지인 나는 자녀를 잃는 것보다 더 힘든 경험을 상상할 수 없다. 불안한 기다림 속에 가슴이 타들어 가고, 시신이 발견되는 것으로 끝을 맺는 유괴 사건에 망연자실하지 않을 수 없다. 유명세 때문에 문학을 포기하거나 안락한 삶을 꿈꾸지 못하는 것은 또 다른 문제다. 그 유명세 때문에 아들이 유괴되어 살해되었다고 생각해 보라.

숲속에 버려진 아이의 시신은 동물들에 의해 훼손되었다. 정확한 사인을 알기 위해 아이의 시신을 부검해야 했다. 더 고통스러운 일은, 기자들이 절반쯤 부패한 아들의 사진을 신문에 실은 것이다.

부모로서 이보다 큰 고통과 악몽이 또 있겠는가. 그러나 역설적이게도 그 비극으로 인해 앤은 다시 글을 쓰기 시작했다. 앤은 그동안 유명세에 적응하느라 내면의 열정을 일부분 잠재울 수밖에 없었지만, 거대한 비극에 크게 흔들리고 나서는 새로운 삶을 시작하게 되었다. 엄청난 화마가 휩쓸고 간 숲에 녹색의 풀들이 새로 돋아 나듯 말이다.

앤은 말했다. "아이를 그렇게 잃고 나서 얻은 것도 있어요. 행동의 제약에서 벗어나고 남들이 모르는 사생활을 누리는 것보다 더 중요한 게 있다는 걸 배운 겁니다. 비극의 심연에서 작은 샘물을 발견하듯, 나는 보다 깊은 곳의 근원으로 돌아가야 한다는 걸 깨달았습니다. 솔직한 글을 쓰고 싶어졌어요. 그날의 슬픔이 일정 부분 나를 자유롭게 했다고 말할 수 있습니다."

이 말을 생각해 보라. "그 슬픔이 나를 자유롭게 했다." 우리는 어떤 경우에도 슬픔을 피하고 싶은 것으로 간주한다. 슬픔은 적이요 박해자요 두려운 감정이다. 결혼 생활이 슬픈 것이라면 결혼에서 떠나야 한다고 사람들은 너나없이 말한다. 우리 가운데 용감하게 슬픔을 선택하거나 선택해야 하는 사람은 없다. 그러나 우리가 슬픔 속에 있음을 발견했을 때 우리 심령을 진정시킬 수 있다면, 익사 직전의 사람처럼 감정적으로 발버둥치는 대신에 슬픔 속에 떠 있는 법을 배운다면, 우리는 앤이 그랬듯 슬픔이 우리를 자유롭게 한다는 사실을 발견하게 될 것이다.

슬픔을 대하는 앤은 감성주의자가 아니라 솔직하고 상처 입기 쉬운 여성일 뿐이었다. "나는 청교도의 오랜 가르침처럼, 고통은 스승이 될 수 있다는 얘기를 하려는 게 아니에요. 순전한 고통은 그 자체로 스승이 될 수 없어요. 고통 자체가 우리를 가르친다면, 누구나 고통을 겪으니 온 세상이 지혜로워지겠죠. 오히려 고통을 겪을 때, 우리는 애통하고 이해하고 인내하고 사랑하고 마음을 열어야 할 뿐 아니라, 언제라도 상처 받을 수 있는 존재로 남아 있어야 합니다."

앤의 말이 맞다. 힘든 결혼 생활을 한다고 해서 누구나 성장하는 것은 아니다. 그 자체로는 성장할 수 없다. 우리는 그 속에서 이해하고 사랑하며 인내하는 법을 배워야 한다. 힘든 결혼 생활 속에서도 헌신적으로 미덕을 추구해야 한다. 배우자나 세상의 반응을 통제할 수는 없지만, 자신이 어떻게 행동하고 반응할지는 통제할 수 있다.

이런 관점에서 우리는 운전대를 잡고 있는 셈이다. 더 이상 슬픔의 희생자로서 휘둘리지 않고 새로운 성품을 세워 가는 사람이다. 그 반대편에는 통제력을 놓아 버리고 맹독성 쓴뿌리가 우리 심령을 오염시키도록 허용하는 선택지가 있다.

미덕을 추구한다는 것이 다소 진부해 보일지 모르겠다. 진부하다고 느낀다면, 그것의 참 의미를 모르기 때문이다. 미덕은 '힘'이라는 어원에서 왔다. '강건한'이라는 의미와 직접 연결되어 있다. 미덕은 옳은 것을 행하는 힘이다. 마땅한 것을 선택하는 힘이다. 죄와 나쁜 선택과 피해 의식과 자기 연민에서 비롯된 약함을 극복하는 힘이다.

세월이 흐르고, 앤 린드버그는 아들의 유괴 사건을 회상하면서, 두 가지 가르침에서 안식을 찾았다고 했다. 하나는 기독교의 가르침이고, 다른 하나는 불교의 가르침이다. 그녀는 이렇게 썼다. "고통, 깨달음, 치유, 그리고 거듭남으로 이어지는 먼 길은 분명 기독교의 가르침 속 그리스도의 고통과 죽음, 부활에서 가장 잘 나타난다."

또 다른 가르침은 아이를 잃고 부처를 찾아간 어머니의 이야기에 담겨 있다. 전설에 따르면, 부처는 그녀가 치유를 받으려면 단지 슬픔을 겪어 보지 못한 집에서 가져온 겨자씨 한 알이면 된다고 했다. 결말이 어땠을까? 그 어머니는 이 문에서 저 문, 이 집에서 저 집, 이 마을에서 저 마을로 찾아다녔지만 슬픔이 없는 가정을 만나지 못했다. 그녀는 찾던 겨자씨를 구하지 못했으나 이해, 진리, 지혜, 통찰력을 얻었다.

결혼도 이와 같다. 모든 결혼에는 슬픔이 있다. 모든 결혼에는 시련이 있다. 한 침대를 쓰는 사람들에게 때때로, 혹은 빈번히 긴장이 찾아들지 않는 때가 없다. 베개는 밤늦은 시간 혹은 하루 종일 울 정도로 영혼이 느끼는 슬픔을 담는 엄숙한 그릇이다. 우리는 슬픔이나 시련을 취사선택할 수 없다. 그냥 견뎌야 할 뿐이다.

자유하게 하는 힘

찰스 린드버그는 유명하고 자상한 남자로 세상에 알려졌지만, 앤에게 큰 슬픔을 안겨 주곤 했다. 금욕주의 성향이 강했던 찰스는 눈물을 약함의 상징으로 보았다. 그래서 앤이 울고 싶을 때면 방에 들어가 혼자 울도록 했다. 딱 한 번 예외가 있었는데, 아들의 시신이 발견되었을 때는 그냥 자기 옆에서 실컷 울게 했다.

찰스의 유명세가 부정적으로 곤두박질친 적이 있다. 독일 여행을 자주 다니면서 독일에 호감을 갖게 된 그는 미국이 2차 세계대전에 참전하는 것을 완강히 반대했다. 그러자 여론이 그에게서 완전히 돌아섰다. 갈채를 받은 것 만큼이나 그는 비웃음을 샀다.

그의 여동생은 이렇게 말했다. "상상이 되나요? 15년 사이에 그는 예수에게 등을 돌리고 유다에게로 갔습니다."

그는 통제력이 강하면서도 다소 괴팍했다. 린드버그의 딸은 전기 작가에게 이렇게 말했다. "일하는 방식이 두 가지밖에 없었는데, 아빠의 방식과 잘못된 방식이에요. 그 두 가지뿐이죠."

앤이 찰스에게 새 난로가 필요하다고 하자, 그는 개인적, 경제적, 군사적 관점에서 난로 구입에 대해 논의할 수 있을 때까지 기다리라고 했다. 한번은 그가 여행을 준비하면서 앤에게 소련과 전쟁이 날지 모르니 아이들의 치과 진료 예약을 취소하라고 했다. 전쟁이 나면 적군이 물에 독을 탈지도 모른다는 생각 때문이었다.

이 정도는 사소한 문제라 할 수 있다. 하지만 앤과 찰스가 겪은 유명세와 비극에 더해 근본적으로 너무 다른 두 사람의 방식들로 인해 심각한 긴장이 생겼다. 앤이 힘든 일들에만 초점을 맞추었다면, 성격이 비뚤어지고 잔뜩 위축된 채 시들어 가는 자기 인생을 바라보며 세월을 낭비했을지 모른다. 그러나 앤은 술이나 음식을 위안으로 삼거나 자녀들에게 화풀이하는 대신, 고통 속에서 미덕을 추구하며 자기 삶을 의미 있게 확장시켰다.

이 결혼 생활의 어려움을 견디며 앤은 놀라운 성취를 이루어 냈다. 비행 면허를 취득한 최초의 미국 여성이 된 것이다. 여행보다는 책과 대화를 더 좋아하는 그녀였지만, 무선 전파를 사용하는 법을 배워 모스 부호를 놀랄 만큼 능숙하게 사용하게 되었다.

앤과 린드버그는 둘째 아들 존이 어렸을 때, 네 개의 대륙에 걸친 북대서양 측량 비행을 5개월 반 동안 했다. 앤은 그 정찰 조사에 부조종사이자 무선 기사로 참여한 것을 미국지리학회로부터 인정받아

1934년에 허버드 금메달을 받았다.

생활이 안정되면서 앤은 마침내 글쓰기에 더 많은 노력을 기울일 수 있었다. 그녀는 1950년대와 1960년대에 베스트셀러를 포함해 많은 책들을 펴냈다. 유진 피터슨은 자신이 엄선한 '그리스도인의 영성 형성에 유익한 도서' 목록에 앤이 쓴 『바다의 선물』(Gift From the Sea)을 넣으면서 이렇게 말했다. "가정 주부, 어머니, 아내로서 깊은 통찰이 담긴 이야기다. 해변을 거닐다 발견한 조가비에서 비극적인 일상 세계를 살아가는 영혼의 의미와 하나님의 임재에 대한 은유를 생각해 내고 그것을 아름다운 언어로 잘 표현해 냈다."[6]

힘든 결혼 생활은 그녀를 가두지 못했다. 오히려 그녀를 해방시켰다. 앤은 회고한다. "결혼을 깨지 않고, 마침내 남편이 내 편이 되어 주도록 새로운 신뢰를 쌓았습니다. 이제 남편이 내 옆에 있을 때면 언제나 든든하답니다."

이것이 바로 힘들지만 건강한 결혼에서 볼 수 있는 모습이다. 결혼 생활에 시련이 없을 수 없다. 오히려 결혼은 늘 새로운 시련을 가져온다. 그러나 힘든 남자와의 힘든 결혼 생활도 배우자에게 기회가 될 수 있다. 그 관계 속에서 하나님이 원하시는 사람으로 성장하는 힘을 얻을 수 있다.

앤은 일기에 이렇게 썼다. "사랑에 깊이 빠질 때 우리는 크나큰 자유를 얻는다. 그것은 젊은이들이 자유를 경험하는(자유롭다고 느끼게 되는) 가장 공통적인 경험이다. 내가 사랑에 빠졌다는 것을 알게 된 순간, 그것은 도무지 믿기지 않는 사실임에도 나의 세상을 완전히 바꾸어 놓았다. 삶에 대한 나의 감정뿐 아니라 내 자신도 바꾸어 놓았다. 나에게는 신뢰와 힘이 생기고 거의 새 사람이 된 듯했다. 나와 결혼할 남자는 나와 내가 하려는 일들에 무한한 믿음을 보냈고, 결국 나는 내가 할 수 있는 것 그 이상을 성취할 수 있었다. 심지어 매혹적이지만 결코 가능할 것 같지 않았던 신비한 바깥 세상(비행)에 있을 때조차 그 사실은 변함 없었다. 남편은 내게 '진짜 인생'으로 들어가는 문을 열어 주었다. 진짜 인생과 마주하는 것은 놀라고 두려운 일이긴 했으나 또한 매력적이었다. 나는 가야만 했다."

앤이 린드버그의 청혼을 받아들이기 전에, 누군가 그녀 옆에 앉아서 대중적 유명세가 실제로 어떤 것인지, 문학도 여성이 모험가의 부조종사가 되는 것이 얼마나 어려운지(린드버그는 아내를 자신의 진정한 비행 파트너로 생각한다), 아들이 유괴되는 고통이 얼마나 클지 이야기해 주었더라도 그녀는 "네"라고 대답했을까?

아마도 그럴 것이다. 확신할 수는 없지만, 앤의 글에 나타난 힘으로 미루어볼 때 그녀는 청혼에 응했을 것이다. 앤은 자신의 편지 및 일기 모음집인 『황금의 시간, 납의 시간』(Hour of Gold, Hour of Lead)에서 납의 시간이 황금의 시간으로 변화되기까지 얼마나 어렵고 힘들었는지에 대해 말한다.

그녀는 이렇게 썼다. "10년 후, 비극이 우리를 떠나 서서히 잊혀지고 새로운 삶이 시작되었을 때, 나는 내가 겪은 그 변화의 시간을 회상하며 시를 썼다. 그 시는 무의식의 심연으로부터 창처럼 날카롭게 솟아 오르는 통찰을 담고 있다."

°두 번째 씨 뿌리기

아이는 가고 없는데
가슴에 불은 젖은
누구를 위한 걸까?

이젠 홀로 남았는데
가슴속에 갇힌 사랑은
누구를 향한 걸까?

한때 깊게 파였다가 꽃으로 덮인
8월의 들판에서 거둔 황금빛 수확물은
9월의 바닥에서 고통스럽게 타작을 당하고
불임의 저장고에 높이 쌓인다.

창고의 빗장 지른 문을 부수고 활짝 열어
곡식을 가져다 황량한 대지
갈라진 곳마다 뿌려야 하리.

홀로 된 마음으로는 수확도 없으니
추수를 바란다면 사랑의 씨앗을

영원토록 다시 뿌려야 하리.

우리가 경험한 고통과 지혜와 교훈이 '가슴속에 갇히거나' '저장고에 높이 쌓여 있는' 한 그것은 무익하고 헛되기만 할 것이다. 어려운 가운데서도 성장하기 위해 우리는 빗장 걸린 문을 활짝 열고 곡물 씨앗을 황량한 대지에 뿌려야 한다. "사랑의 씨앗을 영원토록 다시 뿌려야 하리"라는 구절에는 '죽음과 부활'이라는 기독교의 오랜 주제가 담겨 있다.

사소한 문제

누군가는 "내 결혼 생활은 여느 사람들보다 상황이 훨씬 나빠요. 당신은 나의 어려움을 이해 못해요"라고 생각할 수 있다. 맞다. 다른 사람의 고통을 다 이해하기란 불가능하다. 그러므로 우리는 사람들의 이런 반응도 받아들여야 한다.

버지니아 주에서 다시 워싱턴 주로 이사하면서 나는 운전 면허증을 갱신해야 했다. 시력 검사장에서 어떤 기기 안을 들여다보고 글자를 읽었다. 검사하던 여성이 "왼쪽 칸에 있는 글자부터 읽어 보세요"라고 했을 때 나는 뭔가 실수했음을 깨달았다.

나는 다시 읽었다.

"그건 중간에 있는 칸이잖아요." 그녀가 말했다.

다시 기기를 들여다보았다.

"그 안에 세 칸이 있다는 말입니까?" 나는 물었다.

"뭐가 잘못되었나요?" 그녀가 물었다.

나는 여러 가지로 대답할 수 있었지만 아무 말도 하지 않았다. 나의 왼쪽 눈이 원추각막으로 고통받고 있었기 때문이다. 시력이 나빠진데다 주변 시야까지 어두워져서 세 번째 칸이 있는 것조차 알 수 없었다.

눈 때문에 불편하지 않냐고 묻는 사람들이 있다. 하지만 내가 아는 사람들 대부분은 허리가 아프거나, 심각한 알레르기, 편두통 또는 관절염 등 신체 질환을 앓고 있다. 사람들은 나이가 들면서 특정 기관의 퇴화를 겪지만 어느 부분의 질환을 앓을지는 우리가 선택하거나 정할 수 없는 문제다.

우리의 결혼도 이와 비슷하다는 점을 받아들여야 한다. 우리는 배우자와 함께하면서 다른 사람들은 받아들이기 힘든 특정한 일들을 겪는다. 나는 알콜중독자 아내와 살아가는 많은 남자들을 알고 있으며, 아내에게 조금의 배려와 존중을 보이지 않는 난폭한 남편들과 살아가는 많은 여자들을 알고 있다.

여기서 우리는 링컨이나 린드버그에게서 배운 교훈을 잊어버린다. 어떤 사람은 "유명해지는 것도 나쁘지 않아" 하며 자신의 문제를 앤의 문제와 바꿔 버린다. 어떤 사람은 "미국 대통령이 될 수 있다면 사나운 여자와 결혼해도 상관없어!"라고 말할 수 있다.

상대적으로 별 유명세 없이 사는 사람들, 개인적이고 내밀한 시련이 가져다 준 슬픔을 속으로 삼키며 조용히 사는 부부들, 힘든 결혼 생활에서 길을 잃은 것처럼 보이지만 인생에서 그들의 '결혼이라는 사명'을 특별히 의미 있는 것으로 보지 않는 사람들에게 결혼 생활에서 겪는 문제는 이미 있는 어려움에 하나를 추가한 것에 불과하다고 간주될 수도 있다. 그런 경우 시련은 우리에게 무엇을 가르쳐 준다기보다는 공사 감독자나 폭군 혹은 잔인한 부담감으로 다가온다.

앞 장에서 우리는 영원의 관점이 얼마나 중요한지 잠시 살펴보았다. 영원이 있기에 우리는 신성한 역사를 계속 이어 갈 수 있다. 분투하는 과정도 견딜 수 있다. 로마서 2장 7-8절에서 바울이 한 말을 기억하라. "참고 선을 행하여 영광과 존귀와 썩지 아니함을 구하는 자에게는 영생으로 하시고 오직 당을 지어 진리를 따르지 아니하고 불의를 따르는 자에게는 진노와 분노로 하시리라."

영원의 관점을 갖지 않고 살아간다면, 이 땅에서 겪는 시련이 더 크게 느껴질 것이다. 하늘 소망이나 성품의 계발과 단련을 중요하게 여기지 않으며 산다면, 준비할 것이나 장래에 기대할 것도 없다. 연습하고 또 연습하지만 실제 경기는 없는 것이나 마찬가지다. 삶은 지겹고 따분하며 피곤할 것이다.

우리가 하나님 앞에서 영광과 존귀와 썩지 아니함을 구한다면, 날마다 조용히 인내하고 충성하며 순종하는 길을 가야 한다. 아마 아무도 몰라 주는 고통이 가장 클 것이다. 예수님이 말씀하셨듯, 다른 사람들이 우리를 인정하고 칭찬하지 않으면 그것이 우리 상이 된다(마 6:16-18 참조).

천국이라는 실재가 없다면 기독교는 설득력을 잃을 것이다. 위대한 고전 작가들은 천국의 소망을 절대로 버리지 않았다. 사실상 그들의 모든 말을 영원성이 뒷받침하고 있다. 바울도 우리가 이세상에 대한 희망만 가지고 있다면 "모든 사람 가운데 우리가 더욱 불쌍한 자이리라"(고전 15:19)고 말했다.

신앙인으로서 우리의 믿음을 진지하게 받아들이고 힘들고 지난한 결혼 생활을, 죄악된 세상을 향해 하나님의 화목케 하시는 사랑을 드러내는 통로로 삼는다면, 그 힘든 결혼 생활은 하늘나라를 준비하는 연습의 장이 될 것이다. 물론 세상은 우리가 추구하는 것에 눈길을 주지 않을 것이다. 우리의 변화된 모습이 신문이나 잡지에 실릴 일도 없다. 그러나 하늘은 주목한다. 하나님이 주목하시고, 마침내 예수님의 약속이 사실로 드러날 것이다. "나중 된 자로서 먼저 되고"(마 20:16).

천국을 마음에 굳게 새기지 않은 채 다만 열심히 순종하며 살아가는 그리스도인을 볼 때마다 아쉬운 마음이 든다. 다음 세상에 대해 묵상하는 것은 내가 아는 최고의 영성 훈련 가운데 하나다. 내 경우, 다음 세상에 대해 묵상할 때 여타의 영성 훈련을 받을 때처럼 힘을 얻는다. 내 자신을 향해 "항상 이렇지는 않을 테니 지금은 견딜 수 있어"라고 말하게 된다.

냉소주의자들은 내가 마르크스가 말한 덫에 걸려 들었다고 말할지 모른다. 마르크스는 종교를 '아편'이라고 했다. 아편은 감각을 마비시킨다. 그러나 적어도 기독교에 관한 그의 말은 사실과 반대다. 기독교는 감각을 살아나게 한다. 우리의 믿음은 죽었거나 불구가 된 결혼 생활을 의미와 목적, 하나님의 충만한 은혜로 채워 준다. 기독교는 우리를 무감각한 불구로 내버려 두지 않는다. 우리를 일으키고 마비된 것을 다시 일깨운다. 황폐한 삶에 열정과 힘과 목적을 준다.

하나님은 우리에게 하늘 아래 세상의 시련을 없애 주겠다고 약속하신 적이 없다. 오히려 그 반대다. 그러나 그 시련마다 의미가 있을 것을 약속하신다. 우리의 성품은 완성되어 가고 믿음은 세워지며 하늘의 보상은 쌓여 간다.

인정하기에는 다소 부끄럽지만, 영화 '스타워즈'를 보면 아직도 뭉클해지는 장면이 있다. 루크 스카이워커와 레아 공주와 한스 솔로가 반란군을 구하고 큰 홀에 들어서며 환대받는 장면이다. 그들은 모든 이들이 지켜보는 가운데 긴 복도를 따라 걸어가고, 높은 계단에 오르면 반란군 지도자가 모든 이들 앞에서 그들에게 영광을 돌린다.

그 장면이 그토록 감동적인 이유는 내가 열망하는 하늘의 진리를 담고 있기 때문이다. 예수님은 우리에게 야망을 갖지 말라고 하지 않으셨다. 보상을 바라면 안 된다고 하지도 않으셨다. 예수님은 "이 땅에서 나중 되면 하늘에서 먼저 될 것"이라고 말씀하셨다. 그것은 거절이 아니라 거래다! 훗날 누릴 영광에 대한 갈망이 마음속에 있기에 우리는 견딜 수 있다. 예수님은 하늘에서 주어질 보상을 고대하며 우리가 그것에 집중하기를 원하신다.

이것을 믿는다면 천국이 임할 때까지 그저 버티라고 말하는 게 아니다. 하나님께 순종하면 우리가 현재의 삶에서도 상당한 만족을 얻을 수 있다는 사실을 나는 깨달았다. 시련 속에서도 우리는 영적 만족을 누릴 수 있다. 행복이 차고 넘칠 만큼 '눈부시지는' 않아도, 감정에 지나치게 휘둘리지 않으며 영원에 이르도록 지속적인 만족을 누릴 수 있다.

결혼 생활이 힘들다고 해서 의미 있는 삶이 끝장나지는 않는다. 분명 힘들겠지만 영적으로 성장할 수 있는 놀라운 기회가 있다. 다음의 렌즈로 결혼을 바라보라. "나는 무엇을 배우고 있는가?" "이 일을 통해 어떻게 성장해 가는가?" "영원의 관점에서 이런 일들은 나에게 어떤 영향을 주는가?" 그렇다고 그 짐이 가벼워지지는 않을 것이다. 대신 더 중요한 변화가 일어날 것이다. 당신이 선택한 결혼이 어떻게 당신을 하나님께 더 가까이 이끌고, 예수 그리스도의 성품을 닮아 가게 하는지 돌아보게 될 것이다. 그것이 결혼을 통해 어떻게 하면 행복해질 수 있을까 궁리하는 것보다 더 중요하다. 지금 당신이 처한 상황을 영원이라는 렌즈로 들여다보라. 그것은 사도 바울이 사용했던 렌즈이기도 하다.

> 자녀이면 또한 상속자 곧 하나님의 상속자요 그리스도와 함께한 상속자니 우리가 그와 함께 영광을 받기 위하여 고난도 함께 받아야 할 것이니라 생각하건대 현재의 고난은 장차 우리에게 나타날 영광과 비교할 수 없도다(롬 8:17-18).

여자는 결혼하면, 알고 지내던
모든 남자에 대한 관심을 단 한 사람의 무관심과 바꾼다.
헬렌 로울랜드

배우자에게 충실한 것만으로도 이 사회에서 훌륭한 간증이 된다.
하지만 배우자를 향한 일관되고 창조적이며 제한 없는 사랑을 나타내기 위해
충실한 것 이상으로 헌신한다면,
세상은 당신을 주목할 수밖에 없고, 하나님은 영광받으신다.
게리 • 벳시 리쿠치

부부는 관계 보존을 위해 보다 의도적으로 행동해야 한다는 점에서 개인과 다르다.
개인은 자살을 생각할 수 있지만, 먹는 걸 잊지는 않는다.
반면에 부부는 그들의 관계가 충분한 영양을 공급받아야 한다는 사실을 종종 잊는다.
메리 앤 맥퍼슨 올리버

사랑은 움직이는 마음이다. 사랑은 자신을 떠나 타인에게로 움직인다.
댄 알렌더 • 트렘퍼 롱맨 3세

9.

앞을 향해 넘어지기

다음은 실제로 일어난 일이다.

한 사업가가 비행기를 탔는데, 젊은 남자가 그의 옆자리로 비집고 들어와 앉았다. 두 사람은 안전벨트를 맸고, 사업가는 젊은이가 사업 차 길을 나선 건지 그냥 관광을 가는 건지 물었다.

"관광을 갑니다. 지금 신혼 여행 중이에요." 젊은 남자가 대답했다.

"신혼 여행이라고요? 신부는 어디 있나요?"

"아내는 몇 줄 뒤에 앉아 있어요. 좌석이 꽉 차서 나란히 앉을 수가 없었어요."

아직 이륙 전이라 사업가는 제안했다. "두 분이 함께 앉도록 제가 자리를 바꿔 드릴까요?"

"괜찮습니다. 일주일 내내 아내하고만 이야기한 걸요."[1]

한 조사에 따르면, 보통 부부가 의미있게 대화하는 시간은 일주일에 평균 27분에 지나지 않는다. 실제로 부부는 처음 만나서 세 번째 데이트할 때와 이혼하기 1년 전에 가장 말을 많이 한다고 한다.[2]

자기 자신에게 관심을 덜 가지는 것. 이것은 모든 그리스도인이 마주하는 큰 영적 도전 중 하나다. 우리는 태생적으로 자기중심적이다. 그리스도인의 결혼은 고유하고 친밀한 방식으로 교제를 나누고 누리도록 실제적인 훈련이 이루어지는 장이다. 나 아닌 누군가에게 지속적인 관심을 주고 공감을 계속하기란 결코 쉽지 않은 훈련이다. 하지만 반드시 필요하며, 학습을 통해 익힐 수 있는 기술이기도 하다.

오래전에 고등학교 졸업을 축하하는 의미에서 친구들과 레이니어 산 하이킹에 나선 적이 있다. 유속이 빠른 개울을 뛰어 건너야 했을 때 친구가 이렇게 조언했다. "네 몸이 앞쪽으로 넘어진다는 느낌으로 뛰어 봐." 나는 그 말을 염두에 두고 뛰어 넘기를 시도했다. 설령 뛰는 거리가 조금 부족해도 몸의 중심이 앞으로 향해 있으면 개울에 빠지지는 않을 것이다.

나는 그날의 조언이 그리스도인의 결혼에도 유익하게 적용된다고 믿는다. 그리스도인의 결혼은 앞을 향해 넘어지는 법을 가르쳐 준다. 결혼이라는 관계 속에서 장애물에 부딪히고 화가 불일 듯하고 권태가 우리의 감각과 느낌을 둔하게 할 때, 영적으로 성숙하지 못한 사람은 뒷걸음치거나 배우자와 소원해지거나, 아니면 더 매력 있는 다른 사람을 찾아 나선다. 그러나 성숙한 사람은 고통과 무관심을 넘어 계속 앞으로 나아간다. 넘어지는 건 어쩔 수 없는 일이다. 하지만 배우자가 있는 쪽으로 넘어질 것인지 아니면 배우자에게서 멀어질 것인지 그 방향은 제어할 수 있다.

할리우드는 흔히 로맨스를 의지와 상관 없이 시작되는 수동적인 것으로 묘사한다. 연인들을 가리켜 사랑에 '빠졌다'고 말한다. 중년의 나이에 만난 연인들조차 "자신들도 예상치 못하게 시작된 사랑"이라는 식으로 말한다. 이런 수동적인 태도는 달이 지구에서 먼 것같이 기독교의 사랑과는 거리가 멀다. 기독교의 사랑은 적극적인 행위이며 능동적인 헌신이다. 우리의 사랑을 어디에 둘지는 우리가 '선택'한다.

도널드 하비는 말한다. "친밀한 관계란 계획에 따른 결과다. 관계는 만들어지는 것이다. 두 사람이 영적으로 가까워질 때 생기는 연합감은 우연히 생기지 않는다. 지금 그런 감정이 있다면, 그것은 당신이 의도하고 지속적으로 노력한 결과다. 당신은 그렇게 하기로 했고 실행하지 않았는가? 결단코 그것은 우연이 아니다."[3]

그리스도인으로서 지속적으로 아내를 '향해' 나아갈 의무가 있다는 사실을 깨닫는 데 몇 년이 걸렸다. 나는 아내를 공격하거나 잔인한 말을 하지 않으면 '괜찮은' 남편이 되는 줄 알았다. 그러나 성경이 말하는 사랑의 반대는 미움이 아니라 무관심이다. 배우자를 향해 나아가는 걸음을 멈추는 것은 곧 그에 대한 사랑을 그만두는 것이다. 또한 결혼의 목적에서 멀어지는 것이다.

남자다움의 오해

이 대목은 일반적으로 여자보다는 남자에게 매우 어려운 영성의 한 부분이라고 말해 두겠다. 우선, 남자들은 대화를 잘 하지 않는 경향이 있다. 그것이 무관심을 뜻한다는 것을 모르기 때문이다. 배우자를 좋게 생각하는 것과는 별개의 문제다. 그러니 자신의 생각을 표현해야 한다. 많은 남자들이 그냥 침묵을 지키는 것이 얼마나 나쁜 일인지 알지 못한다.

둘째, 남자들은 독립심을 힘, 성숙함, 남자다움의 상징으로 보는 경향이 있다. 의존한다는 개념은 남자들에게 삼키기 힘든 약이요 약함의 상징인 경우가 많다.

이렇듯 독립심이 문화적으로는 높이 평가받을지 모르지만 성경이 가르치는 진리는 아니다. 하나님의 속성이라는 틀에 비춰 고찰해 보아야 한다. 필요하다면 우리는 혼자 서는 것을 두려워하지 않고 용기를 가져야 한다. 그럼에도 보다 중요한 사실은, 하나님이 행하시는 모든 것은 사람들에게로 향하고 있다는 점이다. 그 사람들이 누구인가. 하나님을 거역한 죄인들이다. 그것이 성경이 가르치는 진리다. 예수님도 홀로 계신 적이 있으며 십자가도 홀로 지셨지만, 사람들을 하나님께 인도하시기 위해서였다. 예수님이 무리들과 떨어져 홀로 개인 행동을 하신 것은 하나님의 공동체가 그만큼 중요했기 때문이다. 하나님의 형상을 닮은 사람으로 새로워지고자 한다면 우리의 삶이 무엇보다 사람들에게로 향해야 한다.

사실 대부분의 남자들이 다른 사람에게서 벗어나려는 것은 용기 있는 행동이 아니라 겁쟁이 같은 행동이다. 동년배 여자와는 성숙한 관계를 맺지 못하는 남자가 있다. 그는 아내와 이혼하고 자기 '힘'을 유지하려는 무익한 방편으로 딸 나이 또래의 여자와 결혼한다. 어떤 남자는 아내가 한없이 주는 '엄마'가 아니라 주는 만큼 받기를 기대하는 배우자라는 사실을 받아들이려 하지 않는다. 그래서 자신의 부족함을 인정하기보다는 혼자 화가 나서 아내를 냉담하게 대한다. 어떤 남자는 아내와 대등한 관계를 갖는 게 싫어서 아내를 무시한다. 늘 주도적인 자리에 있고 부하 직원을 마음대로 부릴 수 있는 직장 일에만 몰두한다. 이런 것은 용기 있는 태도가 아니다. 단순히 남자의 부끄러운 면을 드러내는 분명한 예일 뿐이다.

하나님이 내게 변함없이 아내를 '향해' 나아가라고 하신 것은, 하나님의 형상을 닮은 사람으로 새로워지라는 부르심인 것이다.

사그라드는 감정

앞을 향해 넘어지기가 어려운 한 가지 이유는 감정상 부딪히는 현실 때문이다. 매들렌 렝글은 이것을 놀랍게 포착하여 짧은 시를 썼다.[4] 그녀의 글은 하나님을 향해 쓴 것이지만, 우리가 사랑하는 모든 사람에게도 적용된다.

하나님께,

난 당신이 미워요.

사랑을 담아, 매들렌이.

누군가를 진심으로 사랑하면서도 그 사람과 점점 멀어지는 좌절감 느끼는 현실을 경험한 적이 있는가? 렝글은 하나님께 실망의 감정을 정직하게 표현하면서도 마지막 줄에서 모든 것을 바꾸었다. 비록 창조주께 화가 났지만 그분을 향해 나아가겠다고 결심한다. "사랑을 담아, 매들렌이"라는 구절은 모든 분자를 결정하는 분모다. 왜 화가 났든, 좌절이 얼마나 심하든 매들렌과 하나님의 관계는 근본적인 사랑으로 증명된다.

결혼도 그래야 한다. 분노와 배신, 실망과 상처의 시간 속에서도, 우리는 그 사람을 끌어안고 그 사람에게로 계속 나아가라는 부르심을 받았다. 무관심과 좌절과 미움이라는 감정이 우리의 사랑에 의해 새롭게 정의되도록 부르심을 받았다.

결혼의 혈액

"앞을 향해 넘어지라"는 부르심은 곧 친밀함을 도모하는 일에 초점을 두라는 의미다. 그 말을 소극적으로 해석해 "다른 사람과 절대 잠자리를 하지 않는다"는 정도로 축소시킨다면 결혼의 가치를 떨어뜨리는 것이다. 결혼은 성적 정절을 뛰어넘어 자신을 상대방에게 선물로 내어 주는 일이다. 메리 앤 올리버는 그것을 "존재의 상호 침투"라고 부른다. 나는 그 말이 마음에 든다. 결혼은 우리가 서로 상대방에게로 들어가 함께 성장하는 것이며, 그렇게 우리의 심령이 한데 뒤섞여 고유하고도 진귀한 연대감을 나누는 것이라는 데 동의한다. 그런 일을 중단한다면, 우리는 배우자에게 거짓 맹세를 행한 것이나 다름 없다.

상호 침투는 매우 놀랍고 즐거운 경험이다. 아내와 나는 결혼한 지 15년이 되어 간다. 3년 전 우리는 다소 평범하지 않은 말을 똑같이 한 적이 있다. 아들의 축구 시합을 보다가 나는 친구에게 가서 이렇게 말했다. "상대 팀에게 한 점이라도 내 주면 혼쭐을 내버릴 거야."

그 말을 들은 친구의 눈이 휘둥그레졌다.

"리사가 한 말이야?"

"아니."

"리사도 방금 나한테 똑같은 말을 하고 갔어."

이런 일들은 심심찮게 일어나는데 때로는 오싹할 정도다. 많은 부부들이 이런 경험을 해보았을 것이다. 우리의 생각과 말하는 방식이 말 그대로 상대방으로 인해 만들어지고 그 사람을 닮아 간다.

존재의 상호 침투는 성관계를 독점하는 데만 국한되지 않는다. 결혼은 배우자에게 자신을 선물로 내어 주는 것을 전제로 한다. 캐슬린과 토마스 하트는 말한다. "우리는 표면적으론 사랑의 행위들을 하면서 정작 소중한 선물, 즉 내면의 자기 자신을 내어 주지 않을 수 있다. 이 선물은 오직 소통을 통해서만 줄 수 있다."[5]

그러므로 소통은 생명 유지에 필수적인 산소를 로맨스라는 심장에 운반하는 혈액이다. 처음에는 소통이 눈부시도록 행복하게 느껴진다. 상대방에게 빠져 있을 때는, 내 앞에 있는 그 사람이 내게 순전한 기쁨을 가져다 줄 신비와 아름다움, 통찰력과 능력을 무한히 가지고 있는 것만 같다. 단 몇 주 또는 몇 달 후에 그 '천사'가 얼마나 유한하고 세속적인지 알게 되지만 말이다.

이런 일이 벌어지는 부분적인 이유는 인간의 비천한 상태 때문이다. G. K. 체스터튼은 "인간에게 다리가 둘이라는 사실만큼 우스꽝스러운 게 있다면, 때로 얼굴의 어떤 부분을 열고 외부의 무언가를 그 열린 부분에 넣는 것(우리는 그 과정을 '먹는다'라고 표현한다)"이라고 말한 적이 있다. 아무리 사랑스러운 여성이라 해도, 아무리 멋진 청년이라 해도 인간으로서 결점이 있다. 이상한 소리나 이상한 냄새가 나지 않는 사람은 없다. 이 평범한 현실을 깨달을 때, 우리는 결국 상대방에게 속기라도 한 것처럼 원래대로 돌아가려 한다.

말로 하는 소통을 대화라고 한다면 몸으로 하는 소통이 있는데, 그것을 접촉(스킨십)이라고 한다. 여기에는 성적인 표현뿐 아니라 성적이지 않은 접촉이 포함된다. 나는 다른 사람이 내 얼굴을 만지지 못하게 하는 것을 하나의 규칙으로 삼고 있다. 하지만 아내는 얼마든지 자기 얼굴을 내 얼굴에 갖다 댈 수 있다. 내가 아내의 볼을 어루만지는 것이 그녀에게 얼마나 중요한지를 아는 데 수년이 걸렸다. 그녀는 접촉을 원한다. 특히 그 접촉이 다른 무언가를 원한다는 뜻이 아닐 때 더욱 그렇다.

성적이지 않은 접촉도 가끔 해야 한다는 사실을 남자들이 알아야 하는 것처럼, 여자들도 남편과 지속적인 성관계를 맺고 있지 않다면,

남편에게 다가가기 위한 다른 어떤 움직임도 주목받지 못한다는 사실을 배울 필요가 있다. 질 레니크는 말한다. "아내는 수많은 방법으로 사랑을 표현할 수 있지만, 성관계를 거절하거나 싫어한다면 다른 표현은 아무 쓸모없다. 훌륭한 주부, 솜씨 좋은 요리사, 아이들의 멋진 엄마가 된다 해도 침실에서 번번이 남편을 거부한다면 그 모든 공로를 인정받지 못한다. 남자에게 성관계는 가장 의미 있는 사랑과 자존감의 선언이다."[6]

우디 알렌의 영화 한 편에 그런 전형적인 장면이 나온다. 남편과 아내가 각각 한 결혼 상담가에게 질문을 받는다. 관객은 그들의 다른 대답을 살짝 엿들을 수 있다. 상담가는 먼저 아내에게 묻는다. "성관계는 몇 번 정도 가지세요?"

아내는 대답한다. "거의 항상 해요. 일주일에 세 번 정도."

남편에게 같은 질문을 한다. "성관계는 몇 번 정도 가지세요?"

그는 대답한다. "거의 안 해요. 일주일에 세 번 정도."

대답이 서로 다른 이유는 남녀 차이에 기인한다. 하지만 때로는 그 역할이 뒤집혀 아내가 뜸한 성관계로 인해 슬퍼할 수 있다. 고정관념이 하나 더 있는데, 남편은 침묵을 좋아하고 아내는 대화를 하고 싶어한다는 것이다. 이것은 부부가 전통적인 관념에서 여자의 역할을 하든지, 남자의 역할을 하든지 관계없이 서로가 상대방을 닮아 갈 수 있다.

서로에게로 침투해 들어가는 것은 모든 남편과 아내에게 주어진 의무다. 어떤 사람은 성관계에 대한 욕구에 더 이끌리는가 하면, 어떤 사람은 대화에 좀더 집중하고 싶어한다. 이런 성향은 자연스러운 일이다. 우리는 배우자의 필요를 충족시킬 의무가 있다. 또한 그리스도인으로서 우리는 배우자에게 너무 많은 것을 요구하지 않을 의무도 있다. 아내는 남편이 많은 대화를 어느 정도까지 참아 낼 수 있는지 알아야 한다. 또한 남편은 날마다 성관계를 갖는다고 해서 대부분의 아내들이 생각만큼 남편에게 끌리는 것은 아니라는 사실을 받아들일 필요가 있다.

상호 침투를 위해 애쓴다는 것은 우리가 배우자의 요구들을 충족시키기 위해 힘쓰는 동시에 우리 자신의 요구들을 포기한다는 걸 뜻하기도 한다. 이상적으로 부부가 모두 그렇게 한다면 그 결말은 놀랍고 행복한 타협이 될 것이다. 그러나 대개는 그렇게 하기가 쉽지 않고, 한쪽이 다른 쪽보다 더 많이 양보해야 한다. 이때 바로 결혼 생활에 위기가 찾아드는 토대가 형성된다.

그런데 배우자가 자신의 갈망 때문이 아닌 다른 동기로부터 양보하겠다는 마음을 가질 수 있다면 어떨까? 자신의 영적 성장을 도모하기 위해 배우자의 요구를 들어준다고 생각한다면 어떨까? "내가 왜 잠자리를 원하지도 않는 아내와 대화를 하고 그녀를 사랑해야 하지?"라고 말하는 대신, "우리가 일주일에 몇 번 사랑을 하든지, 하나님을 기쁘시게 하고 영적으로나 내적으로 성장하기 위해 늘 오랜 대화를 나눌 준비를 해야지"라고 말할 수 있다면 어떨까?

결혼에 관한 책들은 그런 장면을 전형적으로 묘사하고 이렇게 말한다. "남편이 그렇게 할 때, 아내는 갑자기 그와 사랑을 나누고 싶어진다!" 이것은 상황을 몹시 과장한 것이다. 나는 남편이 자기 필요를 더 많이 충족시키기 위해 아내의 요구를 들어 주어야 한다고 말하지 않았다. 다만 영적 훈련의 일환으로 남편이 그렇게 해야 한다고 제안했다. 그 과정이 힘들수록 더 많은 유익이 따를 뿐이다. 아내가 조금도 거부하는 기색 없이 즉시 남편에게 잠자리를 허락한다면, 남편은 웃으면서 잠자리에 들 수 있겠지만 아마 영적 훈련에는 별 도움이 되지 않을 것이다.

남편과 아내는 서로 다른 의견 사이에서 타협점을 찾고 상대방을 향해 나아가는 법을 배워 갈 때 영적으로 성장할 수 있다. 그러나 때로는 한쪽이 영적 성장에 별 관심이 없을 수도 있다. 그런 사람은 자신의 욕망과 필요를 채우는 데만 관심을 갖는다. 하지만 그런 상황으로 인해 덜 만족스럽고 덜 행복한 결혼 생활을 하게 되더라도 그리스도인으로서 성장할 수 있는 여건은 마련될 수 있다. 그리스도인의 영적 성장은 상대방이 어떻게 반응하느냐에 의해 좌우되는 게 아니다. 우리가 마음으로부터 어떤 결정을 내리느냐에 달린 문제다.

대화와 접촉은 자신을 상대방에게 내어 주는 가장 효과적인 두 가지 방법이다. 자신을 내어 주지 않는 것은 때로 악한 일이 될 수 있다. 그리고 그 '내어 주지 않음'은 때로 일부러 행해지는 경우가 있다. 어느 날 우리는 문득 우리가 신체적, 감정적, 영적으로 배우자를 향해 나아가려는 어떤 노력도 하지 않았음을 깨달을 수 있다. 실제로 우리들 대부분은 '무관심'이 기독교적 사랑의 반대말이라는 사실을 알고 결혼 관계에 들어가지는 않았을 것이다. 악의가 있거나 잔인한 사람이 아니기 때문에, 나름대로 그리스도인으로서 의무를 다하고 있다고 생각했을지 모른다.

그렇지 않다.

나는 아내에게 "내 자신을 내어 주어야 하는" 빚을 지고 있다. 아내에게로 "앞을 향해 넘어지기"를 거부하고 나 자신을 "내어 주지 않을 때", 나는 사실상 이렇게 말하고 있는 것이다. "영적으로는 더 이상 당신과 결혼 관계를 유지하지 않겠소."

동반자 훈련

앞을 향해 넘어지는 법을 배우는 영적 훈련은 '동반자 훈련'이라 할 수 있다. 그 훈련은 세 가지 영적 실천을 통해 더 깊은 단계로 나아갈 수 있다. 갈등 상황에서 피하지 않는 법 배우기, 타협하는 법 배우기, 상대방을 받아들이는 법 배우기가 그것이다. 이러한 실천은 교회와 가정에 모두 유익하다.

갈등 상황을 회피하지 않기

나는 교회가 정말 어리석은 문제로 다투고, 오랫동안 함께 사역하던 동역자들이 소란한 다툼에 휘말리는 것을 보았다. 그 과정에서 교회는 분열되었다. 동반자 훈련은 쉽지 않다. 죄 많은 사람들이라 서로에게 상처를 준다. 불완전한 사람들이라 현실을 왜곡해서 보고, 자기중심적인 사람들이라 다른 사람의 관점을 받아들이는 데 어려움을 겪는다. 우리가 모두 죄 많고 불완전하며 자기중심적인 사람들이라는 데 문제가 있다!

결혼은 우리가 영적 동반자를 포용하는 법을 배우는 작은 실험실이다. 불화, 상처 주는 말, 이해 관계에서 오는 갈등, 서로 충돌되는 소망 등 사회적 관계에서 생기는 대부분의 문제는 결혼이라는 관계를 통해 비춰 볼 수 있다.

불화가 일어날 때 자연스러운 반응은 회피하는 것이다. 우리는 오해를 받으며 일하기보다 훨씬 경제적인 방법을 선택한다. 다른 교회, 다른 직장, 다른 이웃, 다른 친구, 다른 배우자를 찾는 것이다.

결혼은 회피하려는 성향을 지닌 우리가 마주하는 도전이다. 결혼이라는 관계에 들어가면 우리는 일정 수준의 해결책을 찾을 때까지 하나님의 약속을 붙잡은 채 그 안에 머무르며 수고해야 한다.

성숙한 성인이라면 모든 관계에 갈등과 고백, 용서가 있다는 사실을 안다. 이리저리 옮겨 다니는 것을 즐기는 사람이 아니라면, 갈등이 없다는 것은 당사자들(또는 어느 한쪽)이 갈등을 일으킬 정도로 중요한 관계가 아니거나 불화를 견디지 못할 정도로 불안정한 관계라는 사실을 증명한다.

갈등은 영적 성장으로 가는 길을 제공한다. 갈등을 해결하기 위해 우리는 관계를 축소시킬 게 아니라 서로 더 긴밀한 관계가 되어야 한다. 상대방을 책망하고 싶을 때조차, 더욱 입을 다물고 그의 불만에 귀 기울여야 한다. 상대방을 납득시키려는 마음이 간절하다면, 먼저 그를 이해하려고 애써야 한다. 불만을 표시할 때 상대방이 상처받지 않도록 애써야 한다. 다른 사람의 실수와 잘못된 생각을 지적하고 싶을 때, 자신의 공격적인 태도와 행동을 냉정하게 평가해야 한다.

상대방을 위해 자기를 비우는 행동은 결국 성공적인 갈등 해결과 더 굳건한 결속을 만들어 내는 결과를 낳는다. '잠자리 해결법'은 진부한 방법 같지만, 그 안에 나름의 진리가 있다. 갈등이 일어나고 해결되는 과정에서 두 사람은 서로를 향해 다가가는 선택을 했다. 두 사람은 "앞을 향해 넘어지고," 해결책을 구하고 그 과정에서 서로에게 갑작스런 갈증을 느낀 것이다.

불화 및 잘못된 태도와 행동을 적당히 감추고 대충 넘어가는 것은 동반자로서 할 일이 아니다. 그것은 예의 바른 거짓이다. 진정한 동반자는 앞을 향해 넘어질 수 있어야 한다.

갈등을 성공적으로 타결하는 법을 배우는 것은 하나님과의 관계에도 직접적인 영향을 미친다. 우리도 하나님과 씨름해야 할 때가 있기 때문이다.

성경에서 가장 유명한 씨름은 하나님과 야곱의 씨름이다. 두 용사는 밤새 씨름했으며, 야곱은 그 일로 크게 변화되어 이름이 이스라엘(하나님과 겨루어 이긴 자)로 바뀌었다. 씨름 끝에 야곱은 하나님께 축복해 달라고 고집한다(창 32:26 참조). 하나님은 야곱의 요구를 들어주시고, 교활하고 약은 야곱의 후손에게서 한 민족이 세워지게 하신다.

때때로 우리도 하나님과 씨름한다. "어떻게 아이를 제 곁에서 데려가실 수 있나요?" "필요한 게 얼마나 많은데 지금 일자리를 잃게 하시다니요?" "왜 그렇게 멀리서 침묵하기만 하세요?"

하늘 아버지의 침묵에 아무렇지 않은 척하는 것은 성숙한 그리스도인의 자세가 아니다. 건강한 영성의 소유자는 배우자에게 하듯 하나님과 함께 있을 때에도 앞을 향해 넘어진다. 그분 앞에서 이 "앞을 향해 넘어지기"는, 도무지 이해되지 않는 일을 허락하신 하나님을 단순히 우리의 "장부에서 지우고" 우리 삶 밖으로 내쫓는 행위보다 더 타당한 반응이다.

야곱처럼, 하나님과 '씨름'하면 감히 예견할 수 없는 복을 받을 것이다. 야곱처럼 평생 다리를 절 수 있겠지만, 우리가 늘 하나님께로 향하여 움직이는 한, 하나님과의 관계는 어떤 식으로든 유익한 결과를 낳을 것이다.

타협하기

결혼 생활에서 동반자로 살아가는 데 필요한 영적 훈련의 두 번째 실천 방법은 타협하는 법을 배우는 것이다. 슬프게도 우리 사회는 '타협'이라는 말을 '경멸'하는 것 같다. 그러나 모든 관계를 지속하고 성장시키려면 어떤 모양으로든 타협하는 법을 구체화시켜 가야 한다. 화이트헤드 부부가 날카롭게 지적하듯, 타협은 비겁자가 되는 게 아니라 "당신을 사랑합니다"라고 말하는 한 방법이 될 수 있다. 그것은 자신의 권리나 선호, 희망을 주장하기보다 관계를 유지하는 데 무엇보다 큰 가치를 두고 있다는 증거다.

많은 교회들은 장년층이 바라는 '전통적 예배'를 잃어버리지 않으면서 젊은이들의 '열린 예배'에 대한 욕구를 만족시키는 문제로 고민한다. 어떤 교회는 두 가지 형식의 예배를 모두 채택하고, 어떤 교회는 전례와 무형식을 혼합하는 시도를 한다. 오르간을 없애는 교회도 있고, 큰 오르간을 두었지만 기타 같은 다른 악기를 허용하는 교회도 있다. 타협하는 방법을 배우는 교회가 도처에 있다.

이같이 부부도 "크리스마스 연휴를 어디서 보낼까?"를 결정하는 사소한 일에서부터 "아이들은 몇이나 낳을까?" 하는 의미 있는 일에 이르기까지 타협하는 법을 배워야 한다. 그 타협이 효력을 발휘하려면 수많은 작은 장례식을 치러야 한다. 우리는 자신에 대해 죽고, 우선권을 내주어야 하며, 거꾸로 우선권이 자신에게 돌아올 때 우쭐해져서는 안 된다.

받아들이고 신실하기

동반자의 세 번째 훈련은 사람들을 있는 그대로 받아들이는 법을 배우는 것이다. 교회에 새로 나온 사람이 예배에 참석하고 나서, 목사의 설고나 찬양 인도자의 재능 또는 교인들의 친절 등에 대해 칭찬하는 경우가 많다. 그러나 한두 해가 지나면서 목사의 훌륭한 설교는 이미 다 들은 것이 되고, 찬양 인도자가 가장 좋아하는 노래가 지겨워지고, 식사에 초대받는 대신 다른 사람들을 초대해야 하는 입장이 될 때, 놀랍게도 "세상에서 가장 좋은" 교회는 어느 새 "시들어 가는 지체"로 다가온다.

결혼 생활에서도 이런 일이 심심찮게 일어난다. 한때 자신감 넘치게 보이던 남편이 이제는 거만하게 보인다. 조용하고 친절하며 매력적이던 아내가 이제는 별 볼 일 없는 약한 여자로 보인다.

낭만적 사랑에 취해 선택한 결혼은 이상적인 거짓(심취)을 받아들이다가 나중에 현실을 보고는 깨지는데, 그 현실은 처음에 나타났던 모습과 다르지 않다. 그러나 예수 그리스도 안에 있는 생명에 바탕을 둔 결혼은 그 거짓(배우자를 이상적으로 보는 것)을 깨뜨리고, 현실(평생 헌신하겠다는 약속을 지키려고 애쓰는 두 죄인)을 받아들이게 한다. 화이트헤드 부부가 관찰하듯 "결혼할 당시 생각했던 배우자의 모습을 계속해서 사랑하는 것이 아니라, 결혼했던 바로 그 사람을 사랑하는 것이 우리가 넘어야 할 도전이다!"[7]

동반자 훈련을 하면 신실함이라는 기술을 배우게 된다. 이것은 옆 동네 교회가 더 젊고 재미있는 목사를 청빙했다고 해서 지금 다니는 교회에 들인 헌신과 관계를 무시하고 새로운 '스타'를 찾아가 무언가를 들으려는 태도와는 거리가 멀다. 더 예쁜 여자나 더 멋진 남자가 나타났다고 해서 우리의 서약을 거두어 들이는 것과도 거리가 멀다.

그것은 앞을 향해 넘어지는 일이다. 너무 재미있고 매력적인 사람을 만날지라도 그와의 관계에 분명한 선을 긋고, 그 대신 배우자에게 더 헌신하기로 선택하는 것이다. 배우자의 이기적인 태도에 상처받고 아플 수 있지만, 부루퉁해져서 말없음으로 대응하는 대신 온화하고 존중하는 태도로 자신의 감정을 먼저 표현하는 것이다.

역설적이게도, 앞을 향해 넘어지면 결국 결혼 생활에 더 큰 만족이 생긴다. 이 책을 쓴 목적은 하나님께 더 가까이 가기 위한 방편으로 우리의 결혼을 사용하도록 돕는 데 있지만, 우리가 그렇게 할 때 결혼 생활이 나아지고 만족이 점점 커진다는 것을 알게 될 것이다. 도널드 하비는 이를 간결하게 표현한다. "서로의 관계를 최우선에 두는 부부는 결혼 관계 밖에서도 그들이 바라는 바를 성취할 수 있는 잠재력이 가장 크다. 그렇지 않은 부부들은 그런 잠재력도 적다. 이것은 아주 단순한 논리다."[8]

결혼 관계에 들어갈 때 우리는 배우자를 향해 계속 나아가겠다고 서약했다. 뒤로 물러서고 관계를 중단하거나 후퇴하는 것은 기만적인 행위다. 사랑하는 법을 배우게 하시려고 하나님이 당신에게 주신 사람을 향해 계속해서 나아가라.

용서하는 마음 키우기

배우자를 향해 나아가기는커녕 뒤로 밀어내기만 한다면 어떻게 해야 할까?

성경은 이에 대해 분명한 지침을 준다. 아버지는 탕자가 떠나도록 허락했다. 하지만 아버지의 사랑은 언제나 아들이 돌아올 수 있도록 두 팔을 내밀 준비가 되어 있었다(눅 15:11-32 참조).

다른 사람의 행동이 우리의 반응을 결정하게 해선 안 된다. 하나님은 그분의 아들을 배척하는 세상에 독생자를 보내셨다. 하나님이 아들을 보낼 만한 가치가 있는 세상이 오기를 기다리셨다면, 그 아들은 결코 세상에 올 수 없었을 것이다. 이 진리를 통해 우리가 영적 동반자로서 받아야 할 또 다른 훈련이 있음을 본다. 그것은 가장 힘든 영적 훈련 중 하나인 용서다.

어떤 사람은 배우자와 멀어지기 위해 그 사람의 죄를 핑계삼는데, 이는 그리스도인이 보여야 할 마땅한 행동이 결코 아니다. 누구나 상대방에게 죄를 짓기 때문이다. 결혼의 주된 목적 중 하나는 용서하는 법을 배우는 것이다. 용서라는 영적 훈련은 타락한 세상에서 계속해서 앞을 향해 넘어지는 데 필요한 힘을 공급한다.

은혜가 필요하다

시애틀의 한 석공이 어떤 미망인의 지시를 따라 그녀의 남편 묘비에 전통적인 문구를 새겼다. "편안히 잠들다."

몇 달 후 그녀는 남편이 생전에 바람을 피웠다는 사실을 알고는 석공에게 다음의 문구를 더 새겨 넣으라고 했다. 석공은 지시대로 이렇게 새겼다. "편안히 잠들다. 우리가 다시 만날 그날까지."

결혼하면 다른 사람이 내게 잘못하는 것보다 배우자가 내게 잘못할 때 더 큰 충격을 받는다. 배우자의 잘못에는 배신감이 더해지기 때문이다. 때문에 우리는 공격적으로 변하고 무덤에 들어갈 때까지 그 일로 다툼을 벌인다.

우리가 결혼하는 이유는 다양하다. 대부분의 신혼 부부에게 '용서하는 법을 배우기 위해서'는 결혼을 하는 주된 이유가 아니다. 그러나 누군가를 향해 계속 앞으로 나아가는 이 결혼 관계 속에서 이루어지는 영적 훈련은 우리가 용서라는 필수적인 영적 훈련을 실천할 최상의 여건을 마련해 준다. 결혼 생활에서 남편이나 아내에게 죄는 일상의 현실이며, 우리를 뒷걸음치게 만드는 끝없는 싸움이다. 잘못이 없는 배우자는 없다. 결혼하기로 선택한 사람이 결국 당신을 아프게 할 텐데, 때로 그것은 의도적이기도 하다. 그러므로 용서하는 법을 배우는 것은 반드시 거쳐야 할 영적 훈련이 된다.

바울은 로마서에서 아주 유익한 말을 했다. "그러므로 율법의 행위로 그의 앞에 의롭다 하심을 얻을 육체가 없나니 율법으로는 죄를 깨달음이니라"(롬 3:20). 나는 이 구절을 백 번도 넘게 읽으며 깨달음을 얻었다. 당신도 그럴 것이다. 우리의 배우자는 율법으로는 무죄가 될 수 없다. 절대 그럴 리가 없다. 우리는 배우자에 의해 죄를 당하고 상처 받을 것이다. 그리고 나서 선택에 직면할 것이다. 상처와 분노와 쓴뿌리에 우리 자신을 내어주거나, 아니면 용서라는 중대한 교훈을 배움으로써 그리스도인으로 더욱 성장할 수 있다.

하나님은 두 배우자가 도저히 지킬 수 없는 기준을 내세워 서로를 비난하게 하려고 율법을 주신 게 아니다. 자기 의를 내세우는 배우자는 비록 잠시 동안은 율법의 조문에 비춰 흠없고 의로울 수 있겠지만 아주 짜증나는 배우자일 것이다. 그리고 그런 배우자도 결국에는 죄를 짓게 될 것이다.

그러면 우리는 어떻게 해야 하는가?

바울은 계속해서 말한다. "이제는 율법 외에 하나님의 한 의가 나타났으니"(롬 3:21). 그것은 "그리스도 예수 안에 있는 속량으로 말미암아"(롬 3:24) "믿음의 법으로"(롬 3:27) 된 의다.

경건한 배우자가 상대방을 율법으로 찌르면 결혼 생활은 예외없이 무너지게 마련이다. 어느 누구도 율법을 따라 살 수 없다. 우리는 모두 율법을 어긴다. 결혼은 내게 죄를 범한 사람들을 향해 은혜와 용서의 마음을 키워 가도록 가르친다. 용서를 배우고 불완전한 배우자를 받아들이는 사람은, 결혼 외의 관계에서도 용서를 베푸는 마음을 갖추었을 것이다. 용서는 저절로 이루어지는 행위가 아니므로 끊임없는 연습이 필요하다.

죄인 사랑하기

어느 집 거실에 바퀴벌레가 나타나자, 아내는 기겁하며 바퀴벌레를 잡아 변기 속에 던졌다. 바퀴벌레는 잘 죽지 않는다. 그래서 아내는 변기에 살충제 한 통을 다 뿌린 후에야 안심하며 욕실에서 나왔다.

    그날 밤 늦게 남편이 돌아왔다. 그는 변기에 앉아 담배 꽁초를 변기 속에 던졌다. 변기 속에 남아 있던 살충제에 그만 불이 붙었고 남편은 민감한 부위에 심한 화상을 입었다. 아내는 즉시 응급 구조대를 불렀다. 몇 분 안에 도착한 구조대원들은 남편을 들것에 실어 계단 아래로 내려갔다.

    이 남자가 어떤 경위로 부상을 당했는지 알게 된 구조대원들은 터지는 웃음을 주체하지 못하다가 그만 들것에서 그를 떨어뜨리고 말았다. 남자는 골반뼈와 갈비뼈가 부러졌다.[9]

    이런 상황에서 그 남자가 용서를 베푸는 게 쉬울까? 사실 상황이 괜찮을 때에도 용서는 쉬운 일이 아니다. 용서는 우리의 본성을 거스르는 일이다.

로마 가톨릭 평신도 지도자 센터의 임원수련회에 가서 강연을 한 적이 있다. 예배당은 작았지만 아주 특이해서 나는 도착하자마자 잠시 그 주변을 돌아다녔다. 예배당 뒤에서 고해소를 발견했는데 문을 열어 보니 서류가 빼곡히 들어찬 캐비닛이 있어서 깜짝 놀랐다.

때때로 결혼도 그렇다. 배우자가 자신의 죄와 약함을 고백할 때면, 우리는 그 고백들을 모두 머릿속 캐비닛에 저장해 놓고 배우자에게 공격당할 때마다 방어용으로 사용한다. 그러나 진정한 용서는 한때의 사건이 아니라 과정이다. 한 번 용서할 수는 있지만 그 문제가 완전히 가라앉는 경우는 거의 없다. 우리는 쓰라린 마음을 열 번이라도 억누르며 잘못을 저지른 사람을 나의 심판에서 자유롭게 해주어야 한다.

그렇기 때문에 용서는 힘들다. 필립 얀시는 『놀라운 하나님의 은혜』(*What's So Amazing About Grace?*)에서 말한다.

> 나의 단점을 놓고 아내와 격렬하게 벌이던 말다툼은 그녀의 다음 말에서 절정에 이르렀다. "당신의 비열한 행동들을 내가 용서했다는 사실이 놀라워요!"

용서는 캔에서 분사되는 공기 청정제처럼 이 세상에 쉽게 뿌려지는 달콤한 이상이 아니다. 용서는 쓰라리고 힘들며, 용서받은 후에도 그 상처(내 비열한 행동들)가 기억 속에 살아 있다. 용서는 저절로 이루어지

지 않는다. 내 아내도 용서의 뻔뻔한 불공정함에 대해 항의한 것이다.[10]

클로드 란츠만이 감독한 유태인 대학살을 다룬 다큐멘터리 영화 '쇼아'는 바르샤바 유태인 강제 거주 지구에서 일어났던 반란의 인상 깊은 장면을 기록한다. 반란 주동자는 마음에 남아 있는 쓴뿌리에 대해 이렇게 말한다. "당신이 내 마음을 핥는다면 그 독에 중독될 것이다."

수많은 결혼 생활 역시 이런 모습이다. 상대방에 대한 비난과 공격이 격해지면 싸우는 당사자들의 마음에 독소가 가득해진다. 비극적이게도 독을 품은 마음은 그것을 핥는 사람만 오염시키지 않는다. 독을 품은 마음 자체가 기관들을 감염시켜 자신의 몸 전체에 독을 퍼뜨린다. 그런 의미에서 용서는 분노로 인한 치명적인 출혈을 막는 지혈대이며 자기방어 행위라 할 수 있다.

어떤 상황에서든 그곳에서 용서하는 능력을 키워 갈 수 있다면, 그런 삶의 여건들은 예수 그리스도의 성품을 닮아 가도록 우리를 빚을 수 있다. 그 중에서 부부 관계만큼 규칙적으로 용서를 연습할 수 있는 좋은 환경은 없다.

헨리 나우웬은 용서를 "서툴게 사랑하는 사람들 사이에서 실행되는 사랑"이라고 정의한다. 핵심을 잘 요약하고 있다. 예수님이 능숙한 사랑의 모범이 되시는 반면 나의 사랑은 서툴다. 당신의 사랑도 서툴고 우리 모두의 사랑이 서툴다. 우리는 완벽하지 못한 배우자를 완벽하지 못하다는 이유로 무릎 꿇게 만들 수 있다. 아니면 용서를 베풀기 어렵게 만드는 자기 안의 악마와 싸워 몇 번의 승리를 거둘 수 있다.

결혼 생활에서 용서를 훈련하다 보면 기독교에서 하는 가장 진부한 말을 받아들일 수밖에 없게 된다. "죄는 미워하되 죄인은 사랑하라." 그것은 실천하기 가장 힘든 훈련이다. 우리 안에 있는 자기 의가 불쑥 나타나 죄에 대한 반감을 죄인에 대한 반감, 즉 배우자를 향한 반감으로 바꿔 버리기 때문이다.

필립 얀시는 예수님이라면 그 일이 어떠셨을지 생각해 보길 권한다. 예수님은 도덕적으로 완전하셨다. 그런 예수님이 죄에 대해 느끼셨을 거부감은 어땠을까? 그런데도 예수님만큼 깊이 죄인을 사랑한 사람은 없다. 그러므로 우리 역시 예수님을 생각하면서 죄인을 용서하는 방향으로 나아가야 한다는 것이다.

C. S. 루이스는 죄는 미워하면서 죄인을 사랑하기 위해 애썼던 경험을 고백한다. 어느 날 갑자기 그는 확실히 깨달았다.

> 내가 평생 용서해 온 한 남자가 생각났다. 바로 나 자신이다. 나의 비겁함과 자존심과 탐욕을 몹시 싫어하면서도 나는 계속해서 그를 사랑해 왔다. 그렇게 하는 게 전혀 어렵지 않았다. 사실 내가 그런 것이 싫었던 이유는 그를 사랑했기 때문이다. 단지 나 자신을 사랑한다는 이유로 내가 그런 행동을 한다는 것이 유감스러웠다.[11]

그 사랑을 자신에게 베푸는 우리는 이렇게 자문할 수 있다. 왜 그 사랑을 배우자에게 베풀지 않는가? 헤더 캄포스는 그렇게 했으며, 자신의 인생을 변화시켰다.

궁극적인 배신

헤더 캄포스는 자신의 결혼 생활을 "진정한 동반자 의식을 경험하는 헌신된 관계"로 여겨 왔다. 그녀에게 결혼은 치유와 성장이 있는 안전한 장소였다. 그래서 자신의 결혼 생활을 사랑했다.

결혼하고 25년이 흐른 시점에 이 '안전한 장소'가 풍랑을 만났다. 그녀의 남편 레니 목사가 인터넷 채팅에 빠지면서 모든 변화가 시작되었다. 그는 얼마간 휴식을 가지라는 주변의 권유를 받아들여 두 달 동안 목사직을 쉬었다. 그리고 1년 동안 재정비 기간이 필요하다고 선언하고는 아예 목회를 그만두려고 했다. 그러나 같은 교회의 목사가 레니에게 다시 생각해 보라고 했고, 그는 제자리로 돌아왔다.

그 후 얼마 지나지 않아, 헤더는 결혼하고 나서 처음으로 남편이 언제나 자신에게 충실했는지 의심이 들기 시작했다. 자신이 성병에 걸렸음을 알게 되었기 때문이다. 임신여성지원센터 소장인 헤더는 그것이 무엇을 의미하는지 훤히 알았다. 그러나 레니는 헤더의 눈을 바라보며 자신이 성병을 옮겼을 리 없다고 주장했다.

헤더는 남편이 서서히 무너지는 모습을 지켜보았다. 그는 지나치게 비판적이었고 우울증도 생겼다. 그리고 다시 컴퓨터 앞에 앉기 시작했다. 그를 도와줄 상담가를 만나기도 했지만 10월 어느 날 또다시 컴퓨터 앞에 앉아 있는 레니를 보고 헤더는 이렇게 물었다. "채팅방을 떠나고 싶지 않을 만큼 관계가 깊은 사람이 있어요?"

레니는 과자를 훔치다 들킨 소년처럼 당황하는 표정을 지었다. 깊게 한숨을 내쉬며 마침내 대답했다. "응, 전화 통화도 했어."

레니는 헤더의 계속되는 요구에 떠밀려 다시 상담가를 찾아갔다. 상담가는 레니가 아내를 속이는 문제에 집중하면서 다시 헤더와 직면하는 경우 좀 더 정직해질 것을 권했다.

"나만 성병에 걸렸다고 생각할 정도로 내가 멍청하진 않아요." 헤더가 추궁했지만 돌아온 것은 침묵뿐이었다. 정말이지 끔찍한 침묵이었다. 그 침묵에는 답이 들어 있었다.

헤더는 토요일까지 멍하니 지냈다. 그러다가 주일이 시어머니 생신이라 남편 가족이 집에 오기로 했다는 게 기억났다. 자기 집에서 특별한 축하 행사를 열 텐데 어떻게 해야 할지 생각이 안 났다.

레니는 여전히 목사였고, 헤더는 찬양 팀이었기에 주일 아침에도 관계가 깨어진 남편과 아내는 회중 앞에 무거운 마음으로 서야 했다. 그런데 이대로라도 "계속 살고 싶다"는 헤더의 결단은 찬양이 시작되면서 흔적도 없이 사라졌다. 레니가 선택한 찬양이 매우 열정적이고 친밀한 사랑의 노래였기 때문이다.

헤더는 기억한다. "그런 노래를 부르고 있자니 미칠 것 같았어요. 예배당에서 뛰쳐나와 생각했지요. 이렇게는 살 수 없다고요." 헤더는 마음을 가라앉히고 다시 예배당으로 들어갔다. 회중의 3분의 1이 남편과 관련 있는 사람들이라는 사실을 새삼 발견했다. 그 중에는 암에 걸려 시한부 선고를 받은 아주버니도 있었다.

죽어 가는 아주버니에 대한 깊은 연민을 포함해 여러 감정이 이상하게 뒤섞여 극심한 고통이 밀려 왔다. 그로 인해 헤더에게 영적 돌파

구가 열리며 자신도 모르게 기도가 나왔다. "주님, 주님이 이 일을 통해 저의 고통보다 더 큰 일을 이루고 계심을 믿습니다. 이 노래가 저를 위한 것이 아님을 압니다. 이 노래는 당신과 잃어버린 자들을 위한 찬양입니다."

시댁 식구들에 둘러싸인 채 헤더는 예배 인도를 도왔고 레니의 설교를 들었다. 그녀의 결단은 보상을 받았다. 병을 앓던 아주버니가 그날 예수 그리스도를 그의 주님이자 구원자로 영접한 것이다.

헤더는 회상한다. "그 일이 제게 얼마나 큰 의미가 있었는지 잊지 못할 거예요. 제가 겪은 고통은 극심했지만 하나님이 하신 일보다는 크지 않았지요."

정신적 마비 상태에서 풀린 헤더는 남편에 대한 용서가 시작되어야 한다는 걸 깨달았다. "레니를 보고 이렇게 말했어요. '당신을 용서해야 한다는 걸 알아요. 용서하려고 해요.' 하지만 제 마음속 깊은 데서 용서의 감정이 넘치지는 않았어요. 용서를 '해야 한다'는 것은 알았지만 용서가 도저히 안 되었어요."

헤더는 자신의 고민을 한 목사에게 털어놓았다. 그 목사는 용서는 상대에게 신뢰를 보내는 것도, 내게 있는 상처를 없애는 것도 아니라고 했다. 헤더는 그녀가 영적으로 살아 남아 성장하려면 용서를 베푸는 것이 중요하다는 것을 배웠다. "주님은 용서가 순종의 문제임을 가르쳐 주셨어요. 그 모든 끔찍한 과정을 통해 하나님께 계속 내 마음을 열어 놓으려면, 나는 순종해야 했습니다."

그녀가 처음에 초점을 제대로 두었다는 것을 주목하라. 그녀는 하나님 앞에 바로 서기 위해선 마땅히 해야 할 일이었기 때문에 기꺼이 남편을 용서하려고 했다. 그 시점에 결혼 관계는 두 번째 문제였다. 헤더는 먼저 영적으로 무엇이 옳은지 고민했고, 그런 다음 다른 문제들을 생각했다.

시간이 흐르면서 레니가 자신의 이야기를 조금씩 털어 놓았고 용서는 헤더의 삶에서 지속적인 훈련이 되었다. 곰곰이 생각하고 이해해야 할 일들이 늘 새롭게 생겨났다. 쓴뿌리가 자라지 않도록 싸우면서도 그녀는 자신이 목사의 아내라는 것과 교회의 일원이라는 사실을 사랑했다. 그리고 레니의 행동이 그녀에게서 매우 소중한 무언가를 빼앗아 갔음을 알았다.

몇 달 후 레니는 완전히 깨끗해졌다. 그는 자신이 저지른 모든 것을 다 털어놓았다. 그는 또 다른 여성과 관계를 맺었고, 여전히 그녀를 여전히 사랑한다는 생각을 하고 있었다. 그밖에도 상처를 주는 많은 일들이 드러났다.

성경적으로, 헤더는 레니를 차 버리고 그녀의 인생에서 몰아낸 후 다시 시작할 수 있는 권리가 충분히 있음을 알았다. 그러나 그 권리를 행사할 생각은 하지 않았다. "용서는 분명히 더 힘든 선택입니다. 그러나 이혼이 옳다는 생각은 한 번도 하지 않았습니다."

이것이 바로 헤더가 끔찍한 시련을 통해 영적으로 성장할 수 있었던 열쇠라고 나는 믿는다. 헤더는 내게 이렇게 말했다. "저는 언제나 확신을 가지고 살았기에 더 힘한 길이라고 해서 그것을 두려워하지는 않습니다."

그렇다. 헤더는 영적으로 성장하고 하나님께 더 가까이 나아가는 방편으로 바로 그 험한 고통의 길을 걸었다. 그녀는 이런 종류의 시험을 다시 겪지는 않을 테지만, 남편이 불러온 위기 앞에서 바른 선택을 내리고 기꺼이 용서를 베풀었기에, 만일 그 시련이 없었더라면 이루지 못했을 엄청난 성장을 경험했다.

"아무리 큰 고통 속에 있을지라도, 다른 사람을 배려하고 변하지 않는 하나님의 신실하심을 증거하는 것은 우리의 의무입니다. 거기에는 다른 선택의 여지가 없어요."

헤더는 정신적 마비를 겪을 만큼 큰 고통에 빠졌지만, 자녀들과 교회의 안정, 심지어 남편의 영혼을 회복시키는 데까지 깊은 관심을 두고 자기를 내어주는 법을 배웠다. 그녀는 레니에게 화내거나 비난하지 않았다. 레니의 행동이 그녀에게 미치는 피해보다 레니의 행동이 가져올 영적인 결과들에 더 마음 아파했다.

솔직히 나도 놀랐다. 헤더의 말을 듣는데 수행 중인 성자의 말을 듣는 것 같았다. 실제로 그랬다! 힘겹고 어려운 시련이었지만 그녀는 쓴뿌리와 분노를 뒤로하고 용서를 선택했다. 그녀의 결혼 생활은 구속되었고, 레니는 돌아왔으며, 헤더는 예수 그리스도의 모습을 조금 더 닮아 가게 되었다. 그 이유는 무엇인가? 헤더의 말을 다시 생각해 본다. "더 험한 길이라고 해서 그것을 두려워하지는 않습니다."

용서는 하나님의 속성이다. 용서는 하나님의 성품이어서 그분을 멸시한 사람들을 위해 잔인한 죽음을 맞이하신 것이다. 그런 용서는 저절로 생기지 않는다. 그 과정이 고문당하듯 아프고 고통스러우며 끔찍해도 우리는 용서를 배워야 한다. 때로는 다시 배워야 한다. 더 힘들다는 이유로 더 험한 길을 선택하지 않으면 결코 성장할 수 없다.

나는 헤더에게 좀 힘든 질문을 했다. "내 아내가 외도를 했다면, 아내가 돌아왔더라도 신체적 친밀함을 회복하기가 가장 힘들 것 같습니다. 배우자가 한 일을 어떻게 잊을 수 있을까요?"

그러나 헤더는 용서의 길을 선택했기 때문에, 남편과 결혼한 지 25년 만에 다시 신혼으로 돌아갈 수 있었다고 말했다. 레니의 외도는 끔찍한 경험이었고, 그로 인한 상처는 선명하게 남았다. 헤더는 분명 같은 시련을 다시 겪지는 않을 것이다. 그녀가 용서라는 올바른 길을 선택한 덕분에, 결혼에 대한 조언을 구하던 한 여자에게 프란시스 드 살레가 했던 말(이 책 1장에 나와 있다)이 자신의 삶에 실현될 수 있었다. "결혼 생활을 하려면 무엇보다 큰 미덕과 변함없는 지조가 필요합니다. 끊임없는 고행의 훈련이 될 겁니다.… 결혼이라는 사향초 즙은 맛이 쓰지만, 우리는 거기서 거룩한 삶의 꿀을 뽑아 내고 만들어 낼 수 있지요."

헤더는 쓴 즙을 받았다. 그녀는 그 즙을 하나님께 가져갔다. 그녀의 삶에 영성 깊은 달콤한 꿀을 만들어 주실 분께 말이다. 나는 그와 반대인 사람들을 만난다. 어느 강연장에서 한 여자가 다가왔다. 그녀는 자신이 식욕을 절제하는 데 어려움을 겪고 있으며 남편이 과거에 포르노를 즐겼다는 사실을 용서하지 못하겠다고 했다. 그녀의 남편은 아내가 결혼하고 나서 체중이 45킬로그램이나 늘어도 개의치 않을 정도로 부드럽고 온화하며 자비로웠다. 그러나 그녀는 자신이 섭식 장애를 앓는 것과 비슷한 이유로 남자들이 선정적인 것들에 집착할 수 있다는 것을 공감하지 못했다. 자신의 이유 있는 아픔과 상처를 들여다보느라, 남편도 비슷한 아픔 때문에 자신과 비슷한 어려움을 겪는다는 사실을 보지 못했다. 자기 안에 있는 갈등에 골몰해, 또다른 갈등을 겪는 누군가에게 공감할 수 없었던 것이다.

동반자 훈련의 핵심은 이 근본적인 현실을 이해하는 데 있다. 우리는 모두 부대껴야 할 자신만의 싸움이 있고, 결코 100퍼센트 성공적으로 극복할 수 없는 싸움에 날마다 부딪힌다. 기혼자인 경우, 어떤 식으로든 실패를 경험하고 있는 누군가와 결혼해 그의 아픔을 끌어안아야 한다.

우리는 배우자의 쓴 즙을 받아들여 같이 독을 품은 사람이 될 수도 있고, 아니면 그것을 영적 훈련의 장으로 바꿔 거룩한 삶이라는 꿀을 만들어 내는 연습을 할 수도 있다. 이 타락한 세상에서 싸움과 죄, 외도는 어디에나 있다. 그것들 앞에서 우리는 선택해야 한다. 하나님께 더 가까이 나아가는 방향으로 반응하겠는가? 아니면 자신과 창조주와 서로에게서 더 멀어지는 방향으로 반응하겠는가?

앞을 향해 넘어질 것인가, 아니면 뒤로 넘어질 것인가?

결혼이라는 속박은 얼마나 대단한가?
더 강한 사람일지라도 상대방에게 매이게 된다.
서로 속박함으로 두 사람은 서로 섬길 수밖에 없다.
한 사람이 그만두고 싶어도 그 멍에를 끄르지 못함은
그가 상대방의 성적 욕구에 매였기 때문이다.
결혼이라는 예속이 얼마나 명백하게 정의되는지 보라.
암브로시우스

10.

섬기는 자 되기

빌립보서 2장에 기독교의 진수가 나와 있다. 바울은 우리에게 명한다 (이 절대론자의 말은 때때로 성경을 매우 골치 아픈 책으로 만든다). "아무 일에든지 다툼이나 허영으로 하지 말고 오직 겸손한 마음으로 각각 자기보다 남을 낫게 여기고 각각 자기 일을 돌볼 뿐더러 또한 각각 다른 사람들의 일을 돌보아 나의 기쁨을 충만하게 하라"(빌 2:3-4).

바울은 그 가르침의 수준을 한 단계 높여 우리에게 "근본 하나님의 본체시나…자기를 비워 종의 형체를"(빌 2:6-7) 지니신 그리스도 예수를 본받으라고 요청한다.

그리스도인이 된다는 것은 자원하는 마음으로 종이 되는 것이다. 자신이 받아들일 만한 몇 가지 교리에 동의하는 것으로는 충분하지 않다. 우리는 다른 사람을 우리 자신보다 높게 여기는 방식으로 행동하라는 부르심을 받았다. 특히 자신의 안락이나 명성을 도모하려는 목적으로 자기 자신을 높이는 행위는 명백히 금지된다. 오토 파이퍼는 결혼이란 "기꺼운 마음으로 상대방을 서로 책임지려고 하는 두 사람의 의지"[1]라고 정의하면서 결혼이라는 관계가 우리 내면에 서로를 섬기려 하는 마음을 심어 주는 잠재력이 있다고 밝힌다.

이러한 섬김의 요청은 개인적으로는 감당하기 매우 힘들 수 있겠지만 영적으로 분명한 유익이 따른다. 아내에게 청혼했을 때 나는 겨우 스물두 살이었다. 그녀를 선택한 것은, 그녀가 우리의 결혼 생활에 어떤 좋은 것을 가져 올지에 대한 기대가 있었기 때문이다. 주님을 사랑하는 리사는 멋진 여자다. 함께 있으면 즐겁다. 추측하건대 리사도 나와 비슷한 생각을 하지 않았을까 싶다. 가령 '이 남자가 나를 책임질 수 있을까? 계속 매력적인 남자가 될 것인가? 좋은 아버지가 될 수 있을까?'

이런 식의 질문은 나쁘지 않다. 하지만 결혼식이 끝난 뒤, 제대로 된 그리스도인의 결혼 관계로 들어가려면, 생각을 180도 바꾸어 이렇게 물어야 한다. '나의 반려자를 어떻게 섬길 수 있을까?'

그리스도인 남자들은 예전부터 오랫동안 그런 질문에 의미를 두지 않았다. 실제로 대개의 경우 일방적으로 아내가 남편을 섬겨 왔다. 시대와 문화가 달라졌다고 하지만, 여전히 어떤 남자들은 아내를 섬겨야 한다는 말에 심한 거부감을 보이고 심지어 종처럼 부릴 신붓감을 구하러 외국까지 나가는 경우도 있다.

체리 블러썸이라는 회사는 제3세계 국가의 빈곤을 이용해 나이든 미국 남자와 그 나라의 젊은(때로는 어린) 여자를 중매하는 사업을 한다. 남자들은 '아일랜드 블러썸'이라는 제목의 카탈로그를 돈 주고 산다. 카탈로그에는 지원한 여자의 사진과 간단한 신상 명세가 실려 있다. 남자는 여성의 주소를 알기 위해 또다시 돈을 내야 한다.

남자는 여자를 찾아가서 옷장보다 작은 집들로 빼곡히 들어찬 지저분한 마을에서 탈출할 방도를 그녀에게 제안한다. 하지만 이런 식의 '구원'에는 대가가 따른다. 남자가 신부가 될 여자에게 내미는, 수많은 조항이 여백도 없이 가득 들어찬 두 장짜리 계약서를 보자.

당신의 주된 임무는 평생 내 시중을 드는 것이오.…두 번째 임무는 엄마 역할인데…적절히 조정하여 내 시중을 드는 일에 방해가 되지 않게 하시오.…기상 시간은 대략 6시요. 일어나면 화장실에 가서 이를 닦고 알코올이나 비누로 세수한 후 아이들을 깨우시오.…내가 귀가하기 전까지는 늘 집안이 완벽하게 정리되어 있어야 하오.…적어도 하루에 세 번은 세수를 하시오.…내가 부르면 소리내어 대답하시오.…잠자리는 항상 응해야 하며 열정적으로 임하기 바라오.[2]

미국에 올 수만 있다면 어떤 성적 요구도 받아들일 준비가 된 신부를 찾는 남자도 있었다. 그는 마음에 드는 한 여자에게 이런 편지를 썼다. "미국에 데려와 결혼할 기회만 준다면 무슨 일이든 하겠다고 내게 편지를 쓴 여자가 두 명 있소. 대답해 보시오. 당신도 그렇게 하겠소?"

그는 특정한 성행위를 언급하며 이렇게 쓰기도 했다. "나는 특히 언제든 내게 그렇게 해줄 의지와 능력과 기술이 있는 짝을 바라오."

이런 결혼은 그리스도인으로서 도저히 받아들일 수 없다. 그것은 돈이라는 수단으로, 평생 관계를 맺을 매춘부를 찾는 것이나 다름없다. 그런 남자들은 성관계를 주는 것이 아닌 받는 것으로 기대한다. 체리 블러썸의 어린 신부가 결혼하고 첫날밤 "강간당하는 것 같다"고 털어놓는 것도 무리가 아니다.

지난 몇십 년 사이에 벌어진 인권 운동의 효과로 남녀 사이의 성 역할이나 관계가 극적으로 변화되었고, 여자들이 일방적으로 남편을 섬겨야 하는 대상으로 취급받지 않는 시대가 되었다. 하지만 불행히도 남자와 여자 모두 서로를 섬겨야 한다는 부르심을 따르는 대신, 여자도 남자처럼 이기적이고 자기중심적이어도 된다는 말을 선호하게 되었다.

게리와 벳시 리쿠치는 이런 생각에 정면으로 맞선다.

사람들의 통념과는 대조적으로, 여자는 자신만의 성취를 위해 창조되지 않았다(남자도 마찬가지다!). 여자는 돕는 배필이자 자녀의 양육자로 창조되었다. 오늘날 그것은 받아들이기 쉽지 않은 역할이다. 우리는 흥분하며 이렇게 말할 수 있다. "분명 그것 말고 더 중요한 뭔가가 있을 거야!" 일주일에 두세 번씩 빨래를 하고 음식이 잔뜩 묻은 그릇이 가득한 싱크대를 보며 이렇게 말하지 않을 주부가 어디 있겠는가? "지금 내가 하고 있는 일에 어떤 의미가 있다는 걸까?" 그러나 하나님은 종으로 섬기는 것보다 더 중요한 일은 없다고 하신다. 진정 위대해지는 지름길은 섬기는 것이다.

능력을 갖추고 인정받으려고 애쓰는 것은 자연스러운 행동이다. 종으로 섬기는 것은 그러한 자연스러움을 뛰어넘는 일이다. 오늘날 너무나 많은 여성(또한 남성)들이 '의미 있는' 일을 찾는 데 열중한 나머지 (자연스러움을 뛰어넘는) 종의 섬김을 잃어버리고 산다. 모순되게도 그들은 의미 있는 일을 찾아다닐수록 만족을 느끼지 못한다. 왜일까? 의미 있는 일은 자신만의 행복을 추구하는 게 아니라 자신을 내어 주는 데서 찾을 수 있기 때문이다.[3]

섬김 그 이면에 놓인 희생

많은 사람들이 요즘 신학교가 쇠약해졌다고 하지만, 나는 밴쿠버의 리젠트 칼리지에서 매우 색다른 경험을 했다. 그곳의 교수들은 아내를 대하는 방법을 비롯해 많은 부분에서 내게 도전을 주었다.

고든 피 박사의 조교로 일하면서 겪은 일화다. 피 박사와 그의 부인은 몇 명의 학생 부부를 다과회에 초대했다. 그 당시 첫 아이를 임신한 내 아내 리사도 참석했다. 나는 피 교수의 강의를 들으며 효과적인 설교법에 관해 많은 것을 배웠다. 그의 글을 읽고 난 후에는 고린도전서를 새로운 시각에서 공부할 수 있었다. 그리고 무엇보다 남편이 되는 것에 대해 배웠다.

리사가 집 안에 들어서자 피 박사가 얼른 뛰어나와 이렇게 말했다. "여기 앉으세요. 푹신한 의자가 필요할 테니."

피 박사의 말에는 정성과 진심 어린 배려가 묻어났다. 리사는 순간 당황했지만 그 의자에 가서 앉았다. 나는 아내 옆에 앉았다. 그런데 무안하게도 피 박사는 여전히 서 있었다.

"등에 받칠 쿠션도 가져다줄까요?" 그는 물었다.

"괜찮아요."

"물 한 잔은 어때요? 다른 걸 마시겠어요?"

"물이 좋겠어요."

주방에 다녀온 피 박사의 손에는 물컵이 들려 있었다.

"난방이 뜨겁지는 않나요? 추운가요, 아니면 더운가요? 다리를 올리고 싶지는 않아요?"

리사는 얼굴이 홍당무처럼 빨개졌고, 옆에 앉은 나는 무척이나 부끄러웠다.

그 당시 나는 피 교수처럼 아내를 대한 적이 한 번도 없었다. 그분의 온정과 헌신, 배려에 눈이 휘둥그레질 정도였다. 그날 나는 그에게서 종의 마음을 보았고, 내가 남편으로서 성숙하려면 갈 길이 멀다는 것을 깨달았다.

피 교수 말고 내게 가르침을 준 사람이 또 있다. 미식축구 선수인 크리스 스필만이다. 남편으로서 내가 그 미식축구 선수보다 못하다는 사실을 알고는 부끄러웠다.

북아메리카 프로 미식축구 리그에서 네 차례 올스타로 선정된 서른세 살의 라인배커 크리스 스필만은 미식축구 경력이 26년이나 되었다. 분위기가 험악해질 만큼 부당한 판정이 내려지는 경기에서도 그는 미식축구를 즐길 줄 알았다.

스필만은 열일곱의 나이에 스테파니를 만났다. 두 사람은 6년간 사귄 후 결혼했다. 전업주부가 되기 전에 모델로 활동했던 아내와 함께 그는 화려한 결혼 생활을 시작했다. 스필만은 디트로이트 라이언스 팀에서 몇 년 동안 활약하다, 이후에 버팔로 빌스 팀과 계약을 맺었다.

결혼 8년 차에 시련이 한꺼번에 찾아왔다. 7월에 시즌 전 합숙이 시작되고 얼마 후 그들은 결혼한 이들이 가장 두려워하는 말을 의사에게 들었다. 스테파니가 유방암에 걸린 것이다. 그녀는 유방 절제 수술을 선택했고 6주 동안 항암 치료를 받았다. 그 사이에 머리카락이 다 빠졌다.

그들에게는 자녀가 둘 있었는데, 둘 다 다섯 살이 되지 않았다. 크리스는 아내가 항암 치료를 받으면 아주 쇠약해질 것을 알았다. 그래서 결단을 내렸다. "그것은 시험이었고 나를 확인하는 시간이었습니다." 한 잡지와의 인터뷰에서 그는 말했다.[4]

그는 아내와의 연대감을 표시하기 위해 삭발을 했다. 더 중요하게는 미식축구를 그만두었다. 아내가 회복할 때까지 1년 동안 미식축구를 쉬기로 했다.

"아내는 늘 나를 100퍼센트 밀어주었어요. 이제 내가 갚을 차례입니다." 크리스가 한 말이다.

아내는 그에게 그런 희생을 요구한 적이 없다. "암이나 고통 때문에 운 적은 없어요. 하지만 나를 위해 크리스가 내린 결정을 생각하면 눈물이 나요." 스테파니의 고백이다.

이제 크리스는 비디오로 경기를 보거나 코치와 만나는 대신, 아침 일찍 일어나 아이들에게 밥을 차려 주고, 한 시간 후에는 아내를 깨워 아침을 먹인다. 조금 있다 아내가 약을 먹었는지 확인한 후 아이들을 유치원에 데려다준다.

크리스가 그리스도인인지 아닌지는 모른다. 그러나 분명 그는 아내를 위해 희생한다는 것이 무슨 뜻인지 알고 있다. 그는 바울이 에베소서 5장 25절에서 남자들에게 권면했던 바를 실천했다. 바울은 남편들에게 그리스도께서 교회를 사랑하듯 아내를 사랑하라고 명했다. 그리고 그리스도께서 교회를 어떻게 사랑하시는지 분명하게 설명한다. 그리스도는 '생명을 내어 주기까지' 교회를 사랑하신다.

크리스는 인터뷰에서 이렇게 말했다. "지난 10년간 우리 부부의 삶은 나를 중심으로 돌아갔어요. 늘 나의 일이 우선이었죠. 아내는 무조건 내게 헌신하기 위해 노력했어요. 이제 그녀가 아플 때 내 것을 내려놓지 않는다면 과연 남편이라 할 수 있을까요? 나 대신 처제더러 아내를 돌보라고 해야 할까요? 병원에서 아내 몸에 바늘이 꽂힐 때, 아내가 힘든 항암 치료를 받을 때 장모님더러 와서 옆에 있으라고 해야 할까요? 나는 스테파니의 남편입니다. 그 일들은 나의 책임이고요. 우리 집 일이고 내가 감당해야 할 일입니다."[5]

C. J. 매허니는 오디오 설교 '섭리를 따라서'에서, 남자들에게 희생정신을 회복하라고 호소한다. 자신이 소중하게 여기는 무언가를 버

리지 않는 것은 희생이 아니라며 이렇게 도전한다. "남자들이여, 우리는 아내를 위해 희생이라 부를 만한 무슨 일을 날마다 하고 있습니까? 아내를 위해 당신의 소중한 어떤 것을 대가로 치르며 날마다 살고 있습니까?"[6]

매허니는 자신만의 방식으로 확신에 찬 말을 전한다. "나는 아내의 경건한 마음을 이용하고 있습니까, 아니면 나를 위해 목숨을 버리신 예수 그리스도를 닮아 가고 있습니까?"

매허니는 그 가르침을 실천하기 위해 저녁마다 아내와 소소한 대화를 나눈다. 그에게 그것은 일종의 희생이다. "솔직히 하루 일을 마치고 집에 돌아가면 밖에서 있었던 일을 다시 말하고 싶지 않습니다. 하지만 그건 이기적인 생각이지요. 그렇게 입을 다물고 있는 한 아내가 원하는 것을 채워 줄 수 없거든요. 친밀함도 생기지 않습니다."

내 친구 케빈 리먼 박사는 퇴근하면서 이렇게 말하는 남자를 본 적이 없다고 자주 말한다. "당장 집에 가서 아내와 한 시간 정도 길고 긴 대화를 나누고 싶다." 그러나 이런 마음이 남자에게 영적으로 유익이 되는 이유가 있다. 아내와 대화를 하려면 남자는 자신에게 소중한 무언가를 대가로 치러야 하기 때문이다. 대화는 남자에게 희생을 가르친다.

한 대학교로부터 '예수: 여성해방자인가 성차별주의자인가'라는 주제로 복음주의 관점에서 강연해 달라는 요청을 받았다. 이후에 한 학생이 다가와서 나의 강연 중 "피차 복종"이라는 표현에 가장 놀랐다고 말했다. 자기 자신과 자기 일에 최우선적인 관심을 갖는 데 익숙한 학생들에게 "누군가에게 복종한다"는 것은 생경하고 급진적인 개념이었다. 그런 이들에게 '희생'과 '관계'는 한 문장에 들어갈 수 없는 말이었다. 오늘날 문화에서 바울의 가르침은 급진주의에 속한다.

결혼이라는 환경 속에서, 애지중지 섬김을 받으려는 욕구는 다른 사람을 섬기고 심지어 기꺼이 희생하려는 더 고귀한 욕구로 바뀔 수 있다. 남편과 아내 모두 그런 부르심을 받았다. 결혼이 아름다운 이유는, 우리의 이기심과 정면으로 부딪히면서 하루 24시간 상대방을 섬기도록 요구하기 때문이다. 가장 지치고 기운 없고 자신에게 실망했을 때조차, 우리는 벌떡 일어나 배우자를 섬김으로 자기 연민의 감정과 맞서 싸울 수 있는 기회를 갖는다.

그리스도인 결혼의 특징

희생과 섬김은 결혼한 부부가 영성을 회복하는 데 도움이 되는 개념이다. 디트리히 본회퍼는 말한다. "그리스도인의 결혼은 훈련과 자기 부인이라는 특징이 있다.… 그러므로 기독교는 결혼의 가치를 떨어뜨리는 게 아니라 신성하게 한다."[7]

전통적으로 기독교에서는 결혼하면 영성이 약해진다고 생각했다. 수세기 동안 기독교 영성이라고 하면, 메리 앤 맥퍼슨 올리버가 말한 대로 "특히 부부들에게 부적절하고 치명적인" 독신의 영성으로 여겼다. 올리버는 독신의 영성에 대해 이렇게 정의한다. "성적 관계를 완전히 배제하고, 자신을 돌아보는 데 일차적인 책임이 있으며, 유연성 있고 누구에게도 속하지 않는 이상적인 관계를 우선시하는 모든 경건한 생활방식이다."[8]

올리버의 말이 다소 엄격하게 들리기는 하지만, 자기중심적인 시각에서 나온 말은 아니다. 그럼에도 그 적나라한 설명이 예수 그리스도의 상대방 중심의 가르침과 너무 대조되어 충격적이지 않은가? 사실 많은 수도사와 수녀들이 다른 사람들에게 진실한 관심을 쏟고 온정을 베풀며 관대하고 자비롭게 살았다. 자신을 스스럼없이 주님께 드리는 삶은 훌륭하다. 그러나 자신을 주님뿐 아니라 다른 사람에게도 주기로 결심하고, 배우자가 자녀들을 기르고 섬길 때 그 일을 돕는 평생의 종이 됨으로써 자녀들 역시 주님과 다른 사람을 섬기며 사랑하는 자로 자라게 하는 일 역시 훌륭하지 않은가?

많은 사람들이 이런 생각에 확신을 갖지 못하는 이유는, 대부분이 섬기는 자가 되겠다는 생각 없이 결혼하기 때문이다. 결혼의 동기가 이기적일 때 결혼 관계도 종종 이기적으로 드러난다. 하지만 내 바람은, 우리가 그리스도인으로서 결혼을 가장 이타적인 선택의 결과로 인식할 수 있기를 바란다.

결혼을 온전히 그렇게 만들기 위해서는 예수님이 걸으신 길을 따라가야 한다. 희생과 섬김을 날마다 삶에서 실천해야 하는 훈련으로 받아들여야 한다. 예수님이 그와 같은 방식으로 자신의 몸을 내어 주셨듯, 우리도 우리 몸과 에너지와 목숨까지도 다른 사람을 위해 내어 주어야 한다.

캐슬린과 토마스 하트는 부부가 걸어야 하는 삶의 방식에 '부활의 신비', 즉 죽었다 다시 살아나는 과정이 담겨 있다고 말한다. 그렇다. 우리는 날마다 자신의 욕망을 죽이고 종으로 다시 살아나야 한다. 날마다 십자가에서 고통당하신 예수님과 자신을 동일시하고, 부활하신 그리스도에게서 권능을 받아야 한다. 우리 자신의 기대, 요구, 두려움에 대해 죽어야 한다. 그리고 화해, 섬김, 용기에 대해 다시 태어나야 한다.

이런 의미에서, 진정한 그리스도인의 청혼은 '요청하는 것'이 아니라 '주는 것'이 되어야 한다. 요컨대 누군가에게 청혼할 때 "나를 위해 이 일을 해주겠소?"라고 말하는 대신 "내가 주려는 것을 받아 주겠소?"라고 말하는 것이다.

결혼이 날마다 그런 모습을 향해 나아간다면, 배우자에게 환멸을 느낄 이유가 없다. 서로를 섬기는 임무를 얼마나 잘 감당할 수 있을까를 생각하는 것으로도 바쁘기 때문이다.

자격

섬김은 우리가 하나님께 드려야 하는 영적 훈련이며, 다른 사람에게 실행될 때 비로소 그 섬김이 우리 삶에서 드러날 수 있음을 기억해야 한다. 사람들을 섬기는 것을 통하여 하나님을 섬기도록 하나님이 나를 부르셨지만, 그 사람들이 나의 섬김을 받을 자격이 있는지 여부는 아무 상관이 없다는 사실을 나는 오래 전에 배웠다. 나는 위기 상황에 처한 임신 여성들을 위해 몇 년 동안 사역했다. 사역자 가운데 몇몇은 자기가 뿌린 대로 거두는 것일 뿐인데 왜 도와야 하는지 의구심을 가졌다.

사역 대상자 중 어떤 사람들은 자신의 죄악된 선택과 행동 때문에 곤경을 겪는 것이 분명했다. 그러나 요한은 다른 시각으로 이 상황을 판단한다. "누가 이 세상의 재물을 가지고 형제의 궁핍함을 보고도 도와줄 마음을 닫으면 하나님의 사랑이 어찌 그 속에 거하겠느냐"(요일 3:17). 요한은 궁핍함에 처한 형제나 자매에게 아무 잘못이 없다는 식의 언급을 하지 않는다. 단지 그들이 궁핍함에 처했으므로 우리가 섬길 의무가 있다는 점을 지적할 뿐이다. 섬김은 그 섬김의 대상이 얼마나 합당한 자격을 갖추었느냐의 문제가 아니라 하나님의 사랑을 실천하느냐의 문제로 접근해야 하는 것이다.

내가 다른 사람들에게 다가가는 것은 하나님이 나를 사랑하셨기 때문이며, 하나님이 나를 사랑하신 그 사랑으로 이번에는 내가 다른 사람들을 사랑하라고 그분이 요청하셨기 때문이다. 그 사람들이 사랑을 받을 자격이 있기 때문이라거나 나의 사랑으로 인해 그들이 내게 감사할 수 있기 때문이 아니다. 그 사람들의 자격 유무를 판단하는 것은 전적으로 나의 몫이 아니다. 나의 몫은 다른 사람들을 사랑함으로 하나님을 사랑하는 것일 뿐이다.

하나님은 우리의 순종과 섬김을 받기에 합당하신 분이다. 그러므로 내가 하나님께 순종하려 한다면, 내게 섬김을 받는 사람은 그럴 만한 자격을 갖추지 않아도 된다. 하나님이 나를 사랑하셨기 때문에 내가 그들에게 은혜를 베풀 수 있는 것이다. 그 진리를 요구와 기대가 너무 많은 결혼 생활에 적용하기는 어렵지만 나는 일부러 다음의 사실을 기억하려 애쓴다. "언제나 우리의 순종을 받기에 합당하신 하나님이 내게 아내를 섬기라고 하시기에, 아내가 특정한 상황에서 나를 어떻게 대하든지 그것과 상관없이 나는 종으로서 그 부르심에 반응해야 한다."

그런 점에서 예수님이 보이신 모범은 크나큰 도전을 준다. 마지막 성찬을 나눌 때 예수님이 발을 씻기실 만한 자격이 있는 제자는 아무도 없었다. 모두 다 몇 시간 후면 그분을 배반할 터였다. 그럼에도 예수님은 섬김을 보이셨다(요 13:1-7 참조). 실제로 예수님은 곧 자신을 배반할 유다의 발도 씻기셨다.

하나님은 섬길 만한 자격이 있는 사람이나 다시 나를 섬김으로 되갚을 수 있는 사람만 섬기라고 하지 않으신다. 항상 주고 또 주는데 돌아오는 것은 전혀 없는 일방적인 관계로 굳어버린 결혼 생활을 하고 있는가? 그와 같은 상황을 부분적으로 극복하는 길은 하나님께로 당신의 마음을 더욱 모으는 것이다. 당신이 영적 성장을 이루고 한 계단 올라갈 수 있는 상황 가운데 있다는 것을 잊지 말라. 섬김이 기독교의 핵심이라면, 균형을 잃은 결혼 생활이라 할지라도 당신 안에 섬기고자 하는 마음을 키워 주는 그 상황은 어떤 것이든 값지다.

진리인 줄 알면서도 따르기 힘들다는 이유로 인색한 마음을 품는다면 그 역시 잘못이다. 그리스도인의 섬김은 기꺼운 마음으로 실천하는 것이 마땅하다.

섬기는 마음

기독교에서 중시하는 미덕을 실천할 때 마주치는 하나의 도전은, 겉으로 드러나는 행동 이면에 자리한 내면의 실체를 강조하는 성경의 가르침을 그대로 살아 내야 한다는 것이다. 예수님은 우리가 외식하는 마음으로 선을 행한다면 하늘에서 그 보상을 잃을 것이라고 말씀하신다(마 6:1-4 참조).

우리의 섬김도 잘못된 동기에서 나올 수 있다. 배우자가 자신의 우월함을 드러내려는 의도로 섬기는 모습을 보일 수 있다. "강인한 성격을 가진 사람은 일방적으로 결혼 생활의 모든 의무를 다하려는 유혹에 빠질 수 있다. 배우자에게 섬김을 요구하는 대신 자신이 모든 일을 다 하려고 한다. 그것은 희생적인 사랑으로 보일 수 있지만 사실은 상대방을 지배하려는 열망에 지나지 않는다."[9]

섬김은 배우자도 당신에게 무언가를 주도록 허락하는 것이다. 물론 상대방이 원할 때 말이다. 다시 말해, 섬김은 상대방의 발을 씻어 줄 뿐 아니라 당신의 발도 상대방이 씻어 주도록 내놓는 것이다.

진정한 섬김은 또한 자원하는 모습으로 나타나기도 한다. 투덜거리고 불평하며 섬기는 것은 그리스도인의 자세가 아니다. 이 책을 읽는 아내들 중 95퍼센트 정도가 경악할 게 분명하지만, 나의 버릇을 하나 이야기하겠다. 나는 책 읽는 방식으로 영화 보기를 좋아한다. 두 시간짜리 영화 한 편을 한 번에 보지 않고 이틀이나 사흘 밤에 걸쳐 본다. 첫날 30분 동안은 등장인물 중심으로 보고, 그 다음 날 45분 동안은 갈등이 어떻게 전개되는지를 중심으로 본다. 마지막 날 30분 정도는 결말을 본다. 그래야 영화에 대해 생각해 볼 시간이 생기고, 일찍 잘 수 있기 때문이다. 다음 날 이른 아침부터 일하려면 내게는 어쩔 수 없는 선택이었다.

어느 주말에도 영화를 빌려 그런 속도로 토요일에 한 부분, 주일 밤에 또 한 부분을 보았다. 이미 밤이 늦었다(적어도 내게는 그랬다!) 그래서 그날은 그만 보고 나머지는 월요일에 마저 보겠다고 리사에게 말했다.

"하던 일이 거의 끝나 가요. 기다렸다가 나하고 조금 더 봐요." 아내가 말했다.

나는 그러마 하고 15분 정도 더 영화를 보았다. 그러나 아내 일은 여전히 끝나지 않았다.

"나 이제 자야 돼. 내가 본 부분은 되돌려 놓을 테니 당신 혼자서 봐요. 더 기다리다간 내일 아침에 당신을 원망하게 될 것 같아."

엄밀히 말하면, 나는 리사가 일을 다 마칠 때까지 기다렸다가 함께 영화를 보았어야 했다. 그러나 나는 나의 한계를 안다. 더 늦으면 화가 날 게 분명했고, 그건 하나님을 섬기는 일이 아닌 게 된다. 그리스도인의 섬김은 기꺼운 마음에서 진실성이 드러난다.

나는 섬김의 행위뿐 아니라 섬기는 마음 또한 변질되지 않도록 경계해야 한다고 배웠다. 아내를 도우면서 화를 내고 툴툴거린다면, 그것은 예수 그리스도가 기뻐하시는 태도가 아니라 자만한 사람이나 거짓 순교자의 마음일 뿐이다.

예수님이 유다의 발을 씻기시던 장면을 다시 생각해 보게 된다. 예수님이 유다의 발을 유독 거칠게 씻기셨을까? 유다의 발목을 살짝 비틀며 그가 무슨 일을 할지 알고 있다는 티를 내셨을까?

나는 그렇게 생각하지 않는다.

기꺼운 마음으로 섬김을 실천하도록 배려하는 결혼 관계를 살펴보면 섬김에도 부부 각각의 역할과 영역이 다를 수 있다는 점을 이해할 수 있다. 결혼한 지 15년이 되어 가는 리사와 나는 오래된 청바지처럼 일정한 습관의 틀이 잡혔다. 우리가 여행에서 돌아오면, 리사는 언제나 전화 음성 메시지를 점검하고 나는 차에서 짐을 내린다. 리사는 차에 기름을 가득 채우는 것을 싫어하기 때문에 나는 여행을 떠나기 전에 기름이 가득 찼는지 확인하려 한다. 리사는 차에서 연기가 날 때까지 기름을 채우지 않고 놔 둘 사람이다.

나는 그 점에 대해 화내지 않는다. 리사도 영화를 보면서 빨래를 개고 있을 때, 내가 옆에서 빈둥대도 화를 내지 않는다. 우리는 집에 함께 있을 때, 그리스도가 보이신 행동만 본받으려 하지 않고 그리스도의 마음과 태도도 본받기 원한다. 계속 섬기기만 할 때가 있다면 줄곧 섬김을 받을 때도 있는 법이다.

그런 헌신이 아름다운 이유는, 리사와 내가 서로에게 의존하기보다는 하나님께 의존하게 되기 때문이다. 내가 하루 종일 시무룩해 있거나 수고하는 아내에게 굳이 고마움을 표현하지 않을 때에도 나를 신실하게 섬기는 아내는 하나님에게서 내적 만족을 얻고 있는 확실한 증거를 보여 준다. 리사는 하나님이 그렇게 섬기는 자신을 보고 기뻐하신다는 것을 마음으로 확신하며 기쁨을 얻고 있다.

종이 된다는 것은 영적으로 철저히 강해진다는 뜻이다. 그렇게 되면 수많은 삶을 파괴하고 수많은 마음을 실망과 자기 연민의 용광로 속에 던져 버린 사소한 요구들과 불평들로부터 자유함을 얻게 된다. 진실한 마음을 품고 진실한 섬김을 베풀 수 있을 때 진정한 기쁨이 찾아온다.

돈, 돈, 돈

섬김은 가끔 설거지를 해준다거나 배우자를 양육에서 하룻밤 해방시켜 주는 것 이상의 것들을 포함한다. 섬기는 마음은 우리의 돈과 시간 사용 방식을 포함해 결혼 생활의 모든 영역에서 나타날 수 있다. 댄 알렌더와 트렘퍼 롱맨은 이 문제에 대해 잘 설명하고 있다.

> 돈은 권력의 매개체다. 대개의 경우 돈이 다툼의 문제가 되는 이유는 그 돈이 곧 권력을 의미하기 때문이다. 누가 더 자격이 있는지, 누가 더 상대방을 위해 희생할 마음이 있는지를 놓고 다툼이 벌어지는 적은 없다. 누가 가족의 문제를 결정할 가장 확실한 수단, 즉 돈을 '손에 쥐고 있는가'를 놓고 수없는 다툼이 벌어진다.
>
> 시간 역시 빠질 수 없는 다툼의 원인이다. 아내는 퇴근한 남편을 보자마자 아이들을 돌보라고 요구해야 할까? 남편은 일찍 들어오라는 아내의 말을 무시한 채 밖에서 친구들과 더 많이 시간을 보내야 할까?

돈과 시간을 놓고 벌어지는 갈등은 진짜 문제를 보지 못하게 만든다. 문제는, "우리는 상대방의 유익과 영광을 위해 기꺼이 희생할 마음이 있는가?"이다. 돈과 시간 문제로 인한 다툼을 들여다보면 그 이면에는 나의 재물과 나의 자존감으로 상대방을 섬기기보다 나의 삶을 '나의 것'으로 소유하고픈 욕구가 반영되어 있다. 전형적인 예로, 부부들은 누가 자녀의 등하교를 도울지 결정할 때, 누구의 시간이 더 가치 있고, 누가 더 열심히 일했으며, 누가 덜 중요한가를 가지고 싸운다. 집안일 담당을 바꾸거나 책임을 나누는 것은 나쁜 게 아니다. 하지만 서로를 아프게 하는 행동은 대개 사소한 문제를 놓고 다툼을 벌일 때 일어난다.[10]

이제부터 돈이나 시간 문제로 배우자와 다툼이 일어날 때면, 잠시 멈추고 예수 그리스도를 더욱 닮아 가기 원한다는 당신의 기도가 시험대에 올랐음을 기억하라. 자신에게 정직하게 물어보라. 나는 유치한 힘 겨루기를 하고 있는가, 아니면 나의 완고한 본성을 종의 마음으로 바꾸기 위해 때로 즐겁지 않은 현실을 받아들이고 있는가?

남편과 아내가 서로를 지배하거나 조종하는 게 아니라 섬기기 위해 돈과 시간을 사용하려면 어떻게 해야 하는가? 그런 일은 배우자에게 감사할 줄 알고, 먼저 이해하려고 애쓰며, 자신을 내려놓고, 자기 일과 시간과 필요가 가장 소중하다는 생각을 당장 버릴 때 가능하다.

한때 미국 프로농구협회가 20억 달러의 수익을 배분하는 과정에서 반목하며 세상에서 가장 탐욕스러운 장면을 연출한 적이 있다. 20

억 달러를 배분하다니 이 얼마나 기분 좋은 일인가. 비교적 적은 인원에게 그 엄청난 액수가 골고루 돌아간다면 모두가 감사하고 흐뭇해할 것이라고 생각할지 모르겠다. 그러나 전혀 그렇지 않다. 원한과 비난, 고발, 인신공격으로 얼룩졌다.

남편과 아내가 3만5천 달러, 5만 달러 또는 10만 달러를 나누면서 악의와 증오심을 드러내는 모습을 본 적이 있다. 돈의 액수는 중요한 게 아니다. 그 돈을 어디에 쓸지에 대한 서로의 생각이 다른 게 문제다. 돈을 쓰는 과정에서 근본적인 동기, 우선순위, 기대하는 바가 드러난다는 것이다.

어떻게 해야 섬기는 마음으로 돈을 쓸 수 있을까? 돈과 시간을 포함해 자신이 가진 모든 것을 다른 사람을 섬기는 데 사용하되, 아내를 (하나님 다음으로) 최우선 순위에 둘 때 그리스도인으로서 내가 가장 온전해진다는 사실을 잊지 말아야 한다. 이같이 헌신하면 사소한 일로 시작되는 권력 싸움은 아무 힘을 발휘하지 못한다. 남편이 생활비를 벌어 온다는 이유로 자신이 가정에서 얼마나 중요한 인물인지 강조하며 아내에게 굴욕감을 준다면, 아내가 집안일과 관련해 남편이 얼마나 쓸모없는 인물인지 지적한다면, 그것은 상대의 가치를 떨어트리는 게 아니라 자기 자신의 가치를 떨어트리는 일이다. 그리스도의 모든 지체가 다 쓸 데가 있음(고전 12:14-31 참조)을 부인함으로써 기독교 공동체를 무너뜨릴 수 있다.

얼마간 희생했다고 해서 늘 배우자에게 보상이나 인정을 받는 것은 아니다. 그래서 시간이 흐를수록 희생하기가 더 어려운지 모르겠다. 그러나 우리 마음을 분노나 원한으로부터 지키면, 그 희생을 가장 잘 이해하며 중요하게 여기시는 하늘 아버지로부터 인정을 얻게 될 것이다.

섬기는 마음은 돈과 시간을 소비하는 방식을 바꿀 수 있듯, 배우자와의 성관계에도 영향을 미친다. 결혼 생활에서 잠자리는 섬김의 기술을 시험하는 장이 되기도 한다.

절대 권력을 휘두를 것인가, 섬길 것인가

한 기자가 골프계의 전설적 인물 게리 플레이어에게 질문했다. "42년간 결혼 생활을 한 아내와 당신이 가장 좋아하는 골프채 중에서 하나만 선택하라면 무엇을 고르시겠습니까?" 게리는 주저하지 않고 대답했다. "분명 아내가 그리워질 겁니다." 게리 플레이어가 숙소에 돌아왔을 때, 그가 가장 애지중지하는 골프채가 야한 잠옷에 싸인 채 침대에 놓여 있었다.

성적 욕구는 본질상 그 권력이 막강하다. 그리스도인 부부는 배우자를 통해 유일하게 성관계를 누릴 수 있다. 이것은 부부의 잠자리에 조종과 거절이 늘 존재한다는 뜻이기도 하다. 배우자에게 육체적으로 거절당하는 것은 절대적 거절이 된다. 배우자 외에 합법적으로 성욕을 분출할 다른 방법이 없기 때문이다(한편, 다른 목적을 위해 배우자에게 참기 힘들 정도의 성적 부담을 지우는 것도 권력을 남용하는 것이다).

"절대 권력은 반드시 부패한다"는 옛 격언이 결혼이라는 작은 세계에 그렇게 잘 들어맞을 수 없다. 인생에서 부부의 성적 욕구만한 절대 권력을 찾아보기 힘들다. 몸과 마음이 피곤한데도 상대방이 적극적인 태도를 보이면 어떻게 해야 하는가? 부끄럽고 독재적인 권력의 남용은 언제든지 일어날 수 있다. "당신이 원하는 것이 내게 있어. 하지만 당신 뜻대로 되지는 않을 거야." 이것은 파괴하고 경멸하며 미워하기 위해 휘두르는 끔찍한 폭력이 될 수 있다.

이와 대조적으로 권력을 바르게 사용한 예를 십자가에 달리시기 전날 밤 예수님의 모습에서 분명히 볼 수 있다. 요한복음 13장 3절에서 요한은 우리에게 "예수는 아버지께서 모든 것을 자기 손에 맡기신 것 … 을 아시고"라고 말한다. 그러나 예수님은 폭군처럼 행동하지 않으시고, 식사하던 자리에서 일어나 제자들의 발을 씻기셨다. 화를 내고 응징하며 속을 푸는 데 권력을 사용하지 않고 섬기는 데 그 힘을 사용하셨다.

영적인 차원에서 성이 갖는 아름다움은 배우자의 육체적 욕구와 필요를 사랑의 마음으로 채워 주며 섬길 때 나타난다. '내어 준다'는 것, 바로 그 헌신의 행위 속에 성이 갖는 기독교적 영적 의미가 담겨 있다. 상대방을 압도할 힘이 있으면서도 그 힘을 책임 있게, 바르게, 그리고 자비롭게 사용할 때 우리는 그리스도 안에서 성장할 수 있을 뿐 아니라 우리가 다른 사람에 대한 섬김을 통해 하나님을 사랑하도록 창조된 존재임을 드러내게 된다.

성이 즐거운 섬김이 될지, 다툼의 씨앗이 될지는 어느 한 사람 또는 두 사람의 이타적인 태도 여부에 달려 있다. 따라서 성관계는 두 그리스도인이 자신들의 성품과 태도를 현실 세계에서 제대로 검증해 볼 수 있는 좋은 기회다. 부부의 성관계를 통해 영적 성품의 진정한 본질이 드러난다고 해도 과언이 아니다.

성관계가 어느 일방으로만 흐를 때 우리는 영적으로 쇠약해진다. 청소년들이 일찍 성에 눈뜰 때 어떤 문제가 생기는가? 포르노 같은 음란물에 빠질 뿐 아니라 성을 '내어 준다'는 개념으로 받아들이지 못하게 된다. 성이란 단지 경험하는 것, 받는 것, 그리고 신비를 알아가는 것 정도에서 그치고, 한마디로 '가지는 것'이 되고 만다.

성으로 향하는 지름길을 찾는 건 너무 쉽다. 하지만 영적으로는 치명적이다. 성은 놀랍도록 독특하고도 인간적인 방식으로 누군가에게 '내어 주는' 능력을 우리에게 부여한다. 반면에 요구하고 강압하며 수치스럽게 하고 해를 끼치는 방식으로 사용될 때도 자주 있다.

자신에게 정직하게 물어보라. "나는 성관계를 아내에게 내어 주는 방편으로 삼고 있는가, 아니면 나의 통제 아래 두고 있는가?" "나는 성관계를 요구하는가, 아니면 주는가?" "나는 성관계를 통해 아내를 조종하는가, 아니면 사랑을 표현하는가?" "하나님이 나를 성관계로만 평가하신다면 나는 성숙한 그리스도인인가, 아니면 이방인과 다름없는가?"

성관계의 기술적 숙련에 관한 책은 많다. 그런 책들도 나름대로 가치가 있다. 그러나 성관계에서 우리가 진정 도전해야 할 것은 영적 숙련이다. 건강하고 성장하며 이타적이고 내어 주는 성생활을 유지하기가 결코 쉬운 일은 아니지만, 그게 가능해질 때 놀라운 영적 성장의 발판이 마련될 것이다.

부부 관계에서 성이 갖는 섬김이라는 측면을 배제한다면, 성관계는 금욕하고 자기를 절제하고 철저히 수련을 쌓는 삶의 반대 모습으로만 비칠 수 있다. 그러나 섬김의 측면에서 볼 때, 성은 우리를 영적 성숙의 정점으로 이끌 수 있다. 성은 인간에게 가장 큰 즐거움이 될 수 있을 뿐 아니라 요구하고 착취하고 남용하기보다 섬기기 위한 방편으로 사용될 수 있다는 점에서 무엇보다 강력한 수단이 될 수 있다. 가톨릭 철학자 딕 웨슬리는 이렇게 말한다. "부부의 성 행위는 그것이 진실한 사랑에서 비롯되고 영적 활동으로 인식될 때 비로소 무분별한 자기 방종에서 벗어날 수 있다. 금욕주의의 정점이 되는 것이다."[1]

하나님이 성적 고민이나 재정 문제처럼 현실 세계의 일반적인 문제를 사용해 우리를 영적 성장으로 이끄신다는 것이 놀랍지 않은가? 성을 가지기 보다 내어 주며, 나의 요구 사항을 줄이는 대신 배우자의 요구에 더 민감해지는 법을 배울 때, 매순간 우리가 내리는 소소한 선택들이 우리의 영적 삶에 큰 수확을 가져다 줄 것이다. 그 과정에서 우리는 날마다 조금씩 더 이타적인 사람으로 변해갈 것이기 때문이다. 우리는 예수 그리스도를 닮아가고 섬기는 종의 속성을 배워 갈 텐데, 그것이 그리스도인으로서 우리에게 주어진 부르심이다.

남편과 아내가 풍성하고 만족스러우며 흥분되는 성관계를 누리는 것은 경이로운 일이다. 그것을 목표로 삼는다 해도 잘못이 아니다. 그러나 그와 함께, 사실 그 목표를 넘어 더 나은 그리스도인이 되고자 하는 소망을 가져야 한다. 상대방을 섬기고, 자기를 부인하는 현실의 장으로 부부의 침실을 사용하라. 그로부터 돌아오는 영적 유익이 많을 것이다.

뿐만 아니라 결혼 생활의 다른 여러 국면에도 변화가 일어날 것이다. 집안일, 대화, 시간, 돈과 같은 영역에서 내어 주려는 마음이 더 자라게 될 것이다. 우리의 이기심을 걷어 내고 보다 자상하고 용서를 알며 은혜를 베풀고 따듯한 사람이 되는 일에 하나님께서 이런 것들을 사용하시도록 기도하자.

예수님을 닮아 가는 것, 기독교의 핵심이 그것이다. 우리 중 누구도 섬기는 종의 모든 자질을 충분히 갖추었다고 자신할 수 없다. 우리의 결혼이 바로 그 종의 모습을 향해 매일 나아갈 기회를 열어 준다.

다른 모든 신비가 그렇듯
사랑도 이 세상과 우리 육체에 깊이 뿌리내리고 있다.
캐서린 앤 포터

창조주가 선물로 허락하신 우리 몸은 은혜를 가로막는 벽이 아니다.
이 사실을 진정으로 받아들일 수 있다면,
성이라는 모호한 기쁨 속에서도 하나님을 알 수 있다.
에블린 • 제임스 화이트헤드

우리는 영혼의 갈망뿐 아니라
육체의 접촉을 통해서도 하나님을 발견한다.
에블린 • 제임스 화이트헤드

11.

성욕을 지닌 성자들

중학교 때의 일이다. 아이들이 모여 웅성거리기에 무슨 일인가 싶어 다가가려고 하자 친구가 막아섰다.

"안 돼. 넌 싫어할 거야."

"무슨 소리야?" 나는 볼멘소리로 물었다.

"너한테는 어울리지 않아."

나중에 알았지만 그 친구는 학교에서 돌던 '빨간 책'을 내가 보지 못하게 막은 것이다. 야한 사진으로 도배된 책이었다. 끝이 너덜너덜 해진 것으로 보아 십대들이 한동안 집에서 몰래 보다가 서랍이나 침대 밑에 재빨리 숨기던 책이었을 것이다.

우리는 대부분 부끄러운 방법으로 성을 알게 된다. 음란물을 보거나 어른에게 성적 학대를 당하는 등 어두운 경로를 통해 너무 이른 시기에 성 지식을 얻을 때가 많다. 그에 대한 부작용으로 우리 대부분은 성에 관해 깊이 자리 잡은 염려들을 극복해야 한다. 많은 그리스도인들이 성을 감사해야 하는 선물로 생각하지 않고, 불가피하게 받아들여야 하는 죄 짐으로 여긴다. 그러므로 죄에 가깝게 연결된 성을 거룩함에 이르는 사다리로 보기 어려울 만하다.

사실 어느 정도의 죄책감은 필요하다. 심리학자 윌라드 게일린은 그런 죄책감을 "선의 수호자"[1]라고 부른다. 하나님의 완전한 뜻에서 벗어날 때 죄책감을 느끼는 것은 당연하다. 그러나 죄책감은 때로 오류인 경우가 있으며, 굳이 죄책감을 느낄 필요가 없을 때조차 사라지지 않는 때도 있다.

성적인 부분을 말하기가 다소 불편하기는 해도, 대부분의 기혼 그리스도인들은 성적 친밀함이 순수한 초월적인 순간을 만들어 낼 수 있음을 안다. 짧지만 황홀한 일몰처럼 잠시나마 어슴푸레하게 영원을 경험하는 것이다.

그래서 우리는 종종 성관계가 삶에서 최고의 순간과 최악의 순간을 동시에 반영한다는 난제에 부딪힌다. 성은 때로 가장 깊은 수치심을 남기지만, 그 어느 때보다 살아 있다는 느낌을 주기도 한다.

이 장에서는 보호벽 바깥에서 일어난 성 경험에서 야기된 상처와 수치를 넘어, 이런 지극히 육체적인 경험이 어떻게 우리의 영적 분별력을 더 날카롭게 할 수 있는지 살펴보고자 한다. 성관계를 통해 하나님과 배우자에게 더 가까이 다가갈 수 있다면, 기독교적인 관점에서 성을 고찰하는 게 맞다. 그리스도인의 영성이라는 측면에서 성에 대해 적어도 세 가지로 살펴볼 대목이 있다. 먼저, 성관계 그 자체는 선하지만 그보다 더 중요한 것들이 있다는 것이다. 또 쾌락을 우상화하지 않으면서 성적 만족을 경험할 수 있어야 한다. 마지막으로 성관계가 분명 우리 삶을 다채롭게 할 수 있지만 그것이 우리 심령에 온전한 만족을 주지 못한다는 것이다.

성관계를 하나님을 향한 우리의 갈망과 열정을 반영하는 거울로 인식하기 시작하면, 결혼이라는 제도가 아주 중요해진다. 성관계를 오직 결혼의 틀 안에서만 생각함으로써 (하나님이 의도하신 대로) 그것을 신성한 것으로 여기면, 성관계가 우리를 하나님께로 이끈다는 생각은 그다지 부자연스럽게 보이지 않는다. 물론 결혼의 울타리 안에서도 성은 남용될 수 있다. 그런 부분은 좀더 깊이 다루어볼 생각이다. 앞서 말했듯이 성관계가 배우자를 섬기는 방편으로 사용되어야 한다는 것에 더해, 끊임 없는 우리의 성 경험 추구가 하나님의 향한 우리의 갈망을 반영한다는 개념을 추가하라. 그러면 우리의 성이 영적으로 유익한 도움이 된다는 생각이 점차 이해되기 시작할 것이다.

그러므로 이 장을 공부하면서 유익을 얻으려면, 먼저 결혼의 울타리 밖에서 당신이 경험하고 대화하고 목격한 것으로부터 생겨난 성에 대한 상처, 수치심, 죄의식, 고민을 떨쳐 버리라. 동성애, 혼전 성관계, 몽상 속의 자위, 포르노 등은 지금 우리가 정의하고 있는 '성관계'에 해당하지 않는다. 에덴 동산에서 아담이 하와를 알았을 때, 사람이 이 세상에 생육하기 시작했을 때의 모습으로 성관계를 다시 정의하

자. 이런 의미에서 성관계를 생각하라. 그리고 부부 관계의 성적 즐거움이 이어지는 당신의 결혼 생활 속에서 하나님이 어떻게 그분을 드러내실지 생각해 보라.

하나님은 부부가 침실에 들어갈 때도 눈을 돌리지 않으신다. 충격적으로 들릴 수 있지만 사실이다. 우리가 배우자와 친밀한 순간을 가질 때도 우리가 하나님에게서 눈을 돌리지 않는 것과 같은 이치다.

믿음의 선배들이 고민한 성

예전의 기독교 저자들은 성을 부정적인 시선으로 바라보곤 했다. 교회도 성에 담긴 본질을 의도적으로 외면하면서 그 힘을 단속하는 데만 신경을 써왔다. 그런 시도는 때로 우스꽝스러운 결과를 낳았다.

알렉산드리아의 클레멘트는 하루 24시간 가운데 밤 12시에만, 그것도 즐기기 위해서가 아니라 아이를 낳기 위해 갖는 성관계를 허락했다. 지금은 터무니없어 보이지만, 중세 시대까지 교회는 중요한 절기인 성탄절 전 40일, 더욱 중요한 부활절 전 40일, 부활절 후 8일, 오순절 후 8일 동안, 그리고 축일 전날과 주일에 예수님의 부활을 기념하기 위해, 수요일마다 사순절 시작을 마음에 새기기 위해, 금요일에는 십자가 처형을 기억하기 위해, 또한 출산 후 30일(여자아이를 출산한 경우에는 40일)과 생리 기간, 그리고 성찬식 5일 전부터 성관계를 금지했다.

축일을 세지 않더라도 금지일이 모두 252일이나 된다. 최소한으로 추정해도 30일이 더 포함되는 경우를 합하면, 성관계를 가질 수 있는 날이 1년에 83일만 남는다(물론 여성의 생리 기간이나 임신 중, 출산 후가 아니라면 말이다). 부부는 83일 동안만 성적 결합을 시도할 수 있었다. 아니 허락받을 수 있었다.²

해변에서 놀던 어린 시절이 생각난다. 파도가 밀려오는 바닷가에서 우리는 모래성을 쌓았다. 그리고 밀려오는 파도로부터 모래성을 지키기 위해 45분 동안 필사적으로 싸웠다. 성 주변에 큰 벽을 만들고, 나무 막대기를 가지고 와서 파도를 막았다. 그러나 결국 파도가 이기고 모래성은 무너졌다. 당연한 일이다.

결혼 관계 안에서 이루어지는 성적 행위처럼 강력한 동력에 지키기 힘든 너무 많은 제한을 두려는 시도는 결국 헛될 뿐이다. 그것은 파도를 막으려는 것과 같다. 부부의 성관계를 규제하려는 생각은, 부분적으로는, 두려움에서 나온 것이다. 상식적으로도 후대를 이어 가려면 성관계가 필요하다. 하나님이 아담에게 "생육하고 번성하여"(창 1:28)라고 말씀하신 것은 성관계를 가지라는 명백한 명령이다. 그러나 종교적인 우려 탓에 우리 중 '정말 거룩한' 사람들은 성의 즐거움을 피하려 할 거라는 생각을 갖게 되었다. 이것은 비극적이게도 거룩하지 못한 사람이나 자녀를 키우려 할 거라는 의미가 되었고, 다음 세대에게 권장할 만한 신앙의 본이 될 수 없는 것으로 받아들여졌다.

성관계에 대한 두려움 탓에 사람들은 일찍부터 부정적으로 비판하기 시작했다. 그랬으니 명백히 선정적이라 할 수 있는 아가서의 해석은 어떠했겠는가? 오리겐의 글을 보면, 육체적으로 우리를 흥분하게 만드는 즐거움은 이 땅에 설 곳이 없음을 암시하고 있다. 그는 영적 즐거움만 인정했다. 댄 알렌더와 트렘퍼 롱맨은 지적한다. "오리겐은 매우 감각적인 아가서를 풍유적이고 영적인 차원으로 해석했다. 그것은 칼로 스스로를 거세하는 것과 맥락이 같다."[3]

니케아 공회에서 일부 급진주의자들이 교회의 주교들은 반드시 독신이어야 한다는 주장을 하기 시작했다. 널리 존경받던 금욕주의자 주교 파프누티우스는 남자들이 아내와 함께 사는 것이 오히려 '순결'을 지키는 것이라 주장하며 강력히 반박했다.[4] 파프누티우스처럼 독신 서약을 한 금욕주의자가 자신에게 이득이 없음에도 이런 입장으로 논박했다는 사실은 의미가 있었다. 그러나 당시 파프누티우스의 의견은 극히 소수에 불과했으며 저명한 교부 아우구스티누스의 주장에 묻히고 말았다.

아우구스티누스는 기독교 사상의 기틀을 마련한 몇 안 되는 인물임에도, 인간의 성교를 통해 원죄가 전달된다고 가르쳤다. 그래서 그가 의도한 바는 아니겠지만 유감스럽게도 사람들은 오랫동안 성행위를 죄와 연결지어 생각했다. 그 결과 교회는 성적으로 적극적인 삶과 성결함 사이의 거대한 간극을 좁히는 데 어려움을 겪었다. 메리 앤 맥퍼슨 올리버는 기혼자 중에 성인으로 시성된 경우는 거의 없고, 그 중에서도 "부부의 덕목에서 본이 될 만한 이들로 인정 받은 경우는 아무도 없다"[5]고 지적한다.

암브로시우스는 결혼은 "칭찬할 만한" 것이지만 육체의 순결을 지키는 것은 "더욱 칭찬할 만한" 것이라고 말하여 결혼을 상대적으로 낮게 여겼다. 교회 제도상에도 이런 인식이 반영되어, 부부가 자녀 출산을 목적으로 성관계를 갖는 것은 허용되지만 출산이 아닌 다른 목적으로 이루어지는 성관계는 모두 소죄(하나님의 은총을 잃지 않을 정도의 가벼운 죄)로 간주되었다.

이런 고정 관념에 긍정적인 변화가 일어나는 순간도 있었다. 중세 시대 성직자들은 때때로 잠자리에 드는 신혼 부부를 축복하곤 했다. 청교도들이 이례적으로 성적 즐거움을 편안하게 받아들였다는 점은 매우 흥미롭다. 리처드 백스터는 남편과 아내가 서로 사랑하고 한 몸을 이루며 대화하는 데서 기쁨을 누려야 한다고 했다. 그는 말한다. "부부간에 지속적으로 뜨겁게 열정적으로 사랑하라." 더욱이 배우자들은 사랑이 "미지근해지도록 내버려 두어서는 안 된다"[6]는 말도 덧붙였다.

하지만 이런 변화는 오래가지 않았으며, 그것도 대부분 말에 국한되었다. 영국 국교회 기도문의 기초가 된 사룸 예식서에는, 적어도 1125년부터 결혼 예식에서 낭송하는 다음과 표현이 들어 있다. "나의 몸으로 당신을 경배하겠습니다." 이는 중세가 아닌 어느 시대라 해도 교회에서 낭송하기에 다소 대담하고 선정적인 표현이다. 그러니 이 구절이 한때 영국 국교회 기도문에서 누락되었던 것도 그리 놀라운 일은 아니다.

2차 바티칸 공회에서 결혼한 신자들을 이류 그리스도인으로 여기는 개념이 일정 부분 철회되었지만, 성관계와 성결함 사이에 놓인 간극은 오늘까지도 완전히 좁혀지지 못했다. '온 교회를 거룩함으로 부르심'이라는 문서에서 로마 가톨릭 교회는 "모든 하나님의 백성이 그리스도인의 성결함을 온전히 이루도록 부르심을 받았으며, 그 성결함은 백성들에게 부여된 특정한 소명 안에서 그리고 그 소명을 통해 모두가 이룰 수 있다"[7]고 강조한다.

그렇다고 해도 메리 앤 맥퍼슨이 지적하듯, 20세기에 와서 성인으로 시성된 소수의 기혼자들은 주로 순교자 아니면, 성흔을 몸에 지닌 사람, 수도회를 세운 미망인, 성직자나 은둔자가 되려고 아내와 가족을 떠난 남편이었다. 이들이 기혼자임에도 성인으로 시성될 만큼 칭송을 받은 것은, 결혼 생활을 하면서 거룩함을 위해 특별한 헌신을 보였기 때문은 아니었다.

이처럼 성에 대해 부담스러워했던 신앙의 선배들을 우리는 일정 부분 이해할 수 있다. "섹스는 하나님이 인류에게 부여하신 무거운 짐"[8]이라는 데 우리도 부인할 수 없기 때문이다. 아가서에서도 나타나듯, 성경은 분명 성에 호의적이며 긍정적인 입장을 취하고 있지만, 한편으로 성경의 저자들은 우리 모두가 성적 죄악으로부터 자유롭지 못하며 하나님이 주신 선한 선물을 망치곤 한다는 사실을 날카롭게 꿰뚫고 있다.

우리의 이런 성향 때문에, 성적 욕망이라는 바다를 항해하려 할 때 결혼이라는 제도가 중요해지는 것이다. 결혼이야말로 성을 영적으로 의미 있고 유익하게 경험할 수 있는 유일한 터가 되는 것이다.

영적으로 의미 있는 성관계: 기초 다지기

성경은 성을 어떻게 보는가

육체의 친밀한 경험을 영적으로 의미 있는 신앙의 관점으로 통합시킬 수 있는, 성에 대한 성경적 시각을 가지려면 무엇보다 바른 신학이 중요하다. 기독교 신앙의 바탕에 남아 있는 유대교에서 관련한 몇 가지를 배울 수 있다.

교회가 성적 활동을 바라보면서 구약의 유대인보다 어려움을 겪은 신학적 이유가 있다. 유대인들은 혈통을 순수하게 보존하는 것을 가장 중요하게 여겼다. 그들은 "선택 받은 백성"으로서, 불임일 경우에도 이혼을 받아들일 수 있는 것으로 간주했다. 실제로 배우자에게 행할 수 있는 최악의 일은 그에게서 낳은 자녀를 부정하는 것이었다. 자손은 더럽혀지지 않은 하나님의 택함 받은 백성이 계속 이어지는 방법이기 때문이다. 유대인들은 성관계를 출산의 수단 이상으로 생각했다. 유대 여자들은 세 가지 기본권이 있었다. 음식, 의복, 그리고 '오나'다. 오나는 출산의 의무와 별개로 이루어지는 성관계를 말한다. 혈통을 중요시하는 종교는 출산 활동을 경시할 수 없었다.

13세기에 나흐마니데스가 쓴 유대교 문서 '거룩한 서신'은 성관계를 가리켜 하나님과 만나는 신비로운 경험이라고 했다. "부부는 그 행동(결합)을 통해 하나님의 동역자로서 창조 행위에 참여한다. 남자가 그의 아내와 거룩한 연합을 이룰 때, 그 두 사람 사이에 쉐키나, 즉 하나님 임재의 영광이 나타난다."[9] 출애굽기 24장 15-18절에서 모세가 하나님을 직접 대면하여 만났을 때 나타났던 그 동일한 임재의 영광이다.

나흐마니데스는 중세 기독교가 금기시한 것과는 반대로, 부부들이 안식일에도 그들의 믿음을 기념하며 정기적으로 성적 결합을 가지라고 권한다. 그가 이렇게 주장할 수 있었던 이유는, 생식 기관과 성적 접촉에서 경험하는 감각 등을 포함해 하나님이 만드신 모든 것이 선하다는 믿음이 있었기 때문이다. 실제로 하나님은 창조하신 모든 것을 향해 보시기에 좋다고 선포하셨다(창 1:31 참조).

그러나 그리스도인들은 가족의 혈통을 통해서가 아니라 신령한 믿음으로 구원을 받는다. 출산은 더 이상 우리가 추구하는 최고의 목표가 아니다. 그런 이유로 더 성숙한 신앙을 위해 성적 결합을 피하는 사람이 더 숭고한 길을 선택했다는 생각을 종종 하게 되었다. 하지만 성관계가 더 이상 구원을 얻거나 하나님 나라를 이 땅에 선포하는 수단이 아니라고 해서, 성화의 과정에서도 더 이상 아무 의미가 없다는 말은 아니다. 구원을 위해서는 믿음이 혈통 보존보다 절대적으로 중요하지만, 잠자리에서 하나님 임재의 영광을 추구했던 유대인들의 자세는 버리지 말아야 한다.

성을 영성 훈련의 방편으로 삼고 신앙과 육체의 조화를 이루려면, 성에 대한 유대인들의 관점이 충분히 반영된 신학적 토대를 마련할 필요가 있다. 하나님이 육체를 만드셨다. 그분은 육체를 만들면서 놀라운 자극을 받는 감각 기관을 더하셨다. 남자의 생식기도 그렇지만, 특히 여자의 생식기에는 성적 쾌감을 느끼는 클리토리스가 있는

데, 하나님이 성적 황홀경을 주시려고 이 기관을 계획하고 만드신 것으로 보인다. 이것은 사탄의 생각이 아니라 하나님의 생각이었다. 하나님은 창조하신 그 모든 것을 보시고 "보시기에 심히 좋았더라"(창 1:31)고 말씀하셨다.

벳시 리쿠치는 여성의 관점에서 이 문제에 접근한다. "남편과의 언약적 사랑과 상호 섬김이라는 목적 안에서라면 열정은 아무리 커도 지나치지 않다. 성경은 성적 친밀함을 "항상 연모하라"(잠 5:19)고 말한다. 믿기 힘들겠지만, 우리는 남편을 향한 성적 갈망을 키우며, 우리를 향한 남편의 성적 갈망을 받아들임으로써 하나님께 영광을 드릴 수 있다."[10]

당신의 성 경험에 감사가 아닌 죄의식이 그늘을 드리운다면, 하나님이 우리의 성에 대해 품고 계신 생각들을 떠올리며 감사하기를 연습하라. 예를 들어, 진솔한 태도로 하나님께 이렇게 말할 수 있다. "하나님, 저를 어루만지는 배우자의 손길에 저의 성적 갈망이 일어날 수 있게 하심을 감사드립니다." 결혼 관계 속에서 지극한 성적 즐거움을 허락하신 하나님께 부부가 함께 감사기도를 드릴 수 있다. 이런 감사가 반복될 때, 전에는 영적인 것과는 동떨어진 것으로 생각했던 성관계를 성화의 관점에서 바라볼 수 있게 된다. 하나님이 계획하시고 만드신 성이기에 우리는 선한 것으로 누릴 수 있다.

신학적 관점에서 부부의 성을 살펴보았다면, 이제는 우리의 정서적 태도를 살펴보자. 이 경우에도 우리에게 남아 있는 죄책감을 감사로 바꿀 수 있다.

감사로 죄의식을 대체하라

해럴드 베스트가 쓴 『신앙의 눈으로 본 음악』(Music Through the Eyes of Faith)에는 사탄 숭배에 깊이 빠진 한 청년의 실화가 나온다. 베스트는 말한다. "그것은 아무렇게나 행해진 의식이 아니라 매우 신중하게 의도된 것이었다." 사탄 숭배를 위해 요한 세바스찬 바흐의 곡을 중심으로 복잡하고 정교하게 짜인 의식 절차를 만들었다.

나중에 이 청년은 그리스도인이 되었고 한 교회 예배에 참석했다. 오르간 연주자가 바흐의 곡을 힘차게 연주하기 전까지는 모든 게 좋았다. 그러나 바흐의 곡이 연주되자 청년은 두려움과 공포를 이기지 못하고 예배당에서 뛰쳐나갔다.

베스트는 이렇게 썼다. "바흐의 곡은 기독교 예배에 쓰이는 가장 고상한 음악이다. 그러나 이 청년에게 그 곡은 전혀 고상하지 않으며 사악하고 공포스럽고 적그리스도처럼 느껴질 뿐이었다."[11]

성관계를 이런 식으로 보는 그리스도인들이 있다. 과거의 경험과 죄의식이 가혹한 영적 장애물이 된다. 바흐의 음악이 본질적으로 악하다고 여기는 사람은 거의 없지만, 청년은 그 음악이 과거의 경험에서 왜곡되었기에 그렇게 느꼈다. 그리스도인도 성관계가 본질적으로 악하지 않음을 믿으려고 하지만, 과거의 부정적인 경험으로 인해 성을 악하게 느끼는 것이다. 부정적인 경험에 따른 영향력은 성관계에 대한 성경의 바른 이해를 배우고 지난 잘못에 대한 고백 및 회개를 실천함으로 줄일 수 있다. 필요하다면 부정적인 성 경험을 보다 긍정적이고 희망적인 시각으로 바꿀 수 있게 돕는 상담도 있다.

근거 없고 부적절한 죄책감에 휘말리면 성관계는 우리에게 영적 유익을 줄 수 없다. 무엇보다 이 놀라운 경험을 허락하신 하나님께 감사하는 것이 매우 중요하다. 그렇지 못하면 성관계의 압도적인 느낌 때문에 자칫 자기 자신에게만 집중할 수 있다.

성을 우상화하는 것과 강박적인 죄의식을 품는 것은 아이러니하게도 같은 결과를 가져온다. 즐거움 때문이든 절망 때문이든 계속 자신에게 집착하게 된다. 반면에 감사는 우리의 마음을 하나님께 향하게 한다.

성관계와 그로 인한 즐거움이 거룩하다는 사실을 받아들이지 못하여 의도치 않게 내가 얼마나 하나님을 무시했는지 깨닫기까지 오랜 시간이 걸렸다. 금식의 고통 속에서 하나님을 찾는 사람을 떠올리기는 쉽다. 그러나 내 삶에서 하나님의 임재를 드러내는 수단으로 고통은 받아들이면서 기쁨은 받아들이지 못하다니, 과연 나는 하나님을 제대로 믿고 있는지 모르겠다. 나는 아내와 함께 있을 때 느끼는 즐거움과 육체적, 영적 친밀감을 의심하지 않고, 깊은 감사와 경외심을 가져야 한다.[12]

이 문제에 관한 우리의 신학적, 정서적 태도를 돌아보았으니, 우리가 찾는 친밀함이란 어떤 것이어야 하는지에 대해서도 생각해 보자.

배우자는 연인 이상의 존재다

세 번째로, 그리스도인의 결혼에서 남편과 아내가 단순한 연인 이상의 관계임을 인식할 때 성은 우리의 영성 훈련에 충분히 기여할 수 있다. 남편과 아내는 그리스도 안에서 형제와 자매다.

약혼 시절, 나는 아내에게 '나의 여동생, 그분의 신부'라는 시를 써 주었다. 이 시를 통해 나는 결혼의 여정을 통과하는 것은 이 세상에서도 기념할 만한 일이지만, 그 과정 속에서 남편과 아내라는 신분을 넘어 형제와 자매라는 더 중요하고 영원한 결합이 우리 두 사람에게 이루어졌음을 이야기했다. 영적으로 형제와 자매라는 관계에 대해서는 아직 많은 부분이 탐구되지 않았다.

오토 파이퍼는 이렇게 설명한다. "결혼이 주 안에서 맺어지는 것임을 믿는 이들은 단순한 성적 결합을 넘어 주님과의 교제를 더 중요하게 여긴다. 그러면 배우자는 섹스 파트너를 넘어 그리스도 안에서 한 형제와 자매가 된다. 이런 태도를 견지할 때 모든 사랑 안에 내재한 본능적인 갈망은 실현되고, 이땅에서의 삶은 하나님과 동거하는 삶으로 변모한다."[13]

즉 육체적 즐거움은 하나님이 허락하신 것으로 충분히 선하고 감사함으로 받아들일 수 있기에, 우리는 성관계를 단순한 '육체'의 경험으로 그 의미를 축소해서는 안 된다. 성관계는 단순한 즐거움 이상으로 훨씬 심오한 영적 실재들을 대변한다.

바울은 우리 몸을 성령의 전이라고 했다(고전 6:19 참조). 그러므로 우리의 성관계도 이전과는 완전히 새로운 의미를 가지게 되는 것이다. 그리스도인의 결혼에서 아내가 자신의 몸 안에 들어오도록 허락하는 몸과, 남편이 기꺼이 들어가려고 하는 몸은 거룩하게 된 몸, 즉 하나님이 성령을 통해 임재하시는 몸이다. 두 사람의 몸은 한분이신 거룩의 영 안에서 하나가 되어 함께 송축한다.

남자는 자기 몸이 거룩한 성전이므로 창녀와 합해서는 안 된다고 바울은 말한다. 하나님의 임재가 나타나는 거룩한 몸이기에 죄를 범하지 말아야 한다면, 아내와 몸을 합할 때도 하나님의 임재에 어울리는 방식으로 이루어져야 하지 않을까? 믿음 안에서 친밀한 배우자와 함께하는 것은, 쉐키나 영광의 문을 두드려 하나님의 전으로 들어가는 것이라고 할 수 있지 않을까? 배우자와 몸으로 사랑을 나누는 것은 하나님을 더 생각하게 하려는 무언의 격려는 아닐까?

오토 파이퍼는 성관계를 더 깊은 영적 실재가 육체적으로 나타나는 것으로 생각하라고 말한다. "성관계를 가질 때 남편과 아내는 하나님 안에서 하나가 된다. 하나님은 두 사람을 부르시고, 가정을 이루게 하시고, 섬기게 하시고, 두 사람 안에 거하실 뿐 아니라, 이제는 육체를 통해 영적 진리를 표현하게 하심으로 두 사람이 더 이상 둘이 아닌 하나가 되게 하신다."[14]

성관계를 깊은 영성의 차원으로 이해할 때 성중독의 문제가 해결될 수 있다. 즐거움을 추구하는 수단으로만 성관계를 이해하면 남편의 기대를 충족시킬 수 있는 아내는 아무도 없다. 즐거움은 본질상 수명이 짧다. 덧없이 사라진다. 포르노에 심각하게 중독되었던 어느 그리스도인이 쓴 글을 읽은 적이 있다. 그는 항상 새로운 음란물을 구해야 했다고 분명히 말한다. 집에 도배할 정도로 많은 음란물이 있었지만, 그는 항상 새로운 여자가 등장하는 새로운 음란물부터 오는 자극이 필요했다.

아내가 날마다 새로울 수 없기 때문에 남편은 포르노를 향한 갈망을 포기하지 못한다. 그러면 아내는 뒤로 밀리고 남편은 무언가 다른 것을 찾아야 한다. 하지만 남편은 성적 만족을 포기하거나 우상화하지 않으면서, 성적 만족 이면에 있는 하나님을 발견하고 그리스도인의 교제를 발견함으로 깊고 영적으로 의미 있는 성관계의 성취감을 맛볼 수 있다.

기억하라. 우리를 육체적으로 유혹하는 모든 갈망은 하나님에게서 더 풍성하게 채워질 수 있는 필요들을 앗아 간다. 경건한 성관계는 부부 관계에서만 가능하다. 부부 관계 밖에서 이루어지는 성관계는 당장은 달콤할지 모르지만 영혼의 입맛을 오염시키고, 그것만 갈망하게 만들어 파국을 불러오는 영혼의 정크 푸드다. 그런 성관계는 삶 가운데 거룩함이나 의로움, 또는 하나님의 임재에 대한 우리의 민감도를 무디게 할 뿐이다.

우리는 죄의식 없이 깊이 있는 육체의 성관계를 즐길 수 있다. 하지만 성관계를 맺을 때 부부는 육체의 즐거움에 더해 보다 깊은 영적 성취감도 맛볼 수 있다. 그러니 육체적 경험이든 영적 경험이든 어느 하나로만 성관계 경험을 제한하지 말라.

지금까지 성관계에 대한 신학과 정서적 태도, 우리의 기대에 대해 살펴보았다. 과거에 성적 갈망을 두려운 것으로 인식한 적이 있다면 이제는 그런 부담을 내려놓고 편안한 마음을 가지라.

조화로운 성관계

우리 몸에서 섹스에 대한 필요와 음식에 대한 필요는 같은 방식으로 작동하지 않는다. 음식을 먹지 못하면 죽지만, 오르가즘을 한 번도 경험하지 못했다 한들 사는 데 지장이 없다. 그러나 성관계가 육체적 동력인 것은 분명하다. 그것은 예측 가능하며 정서적인 동시에 물리적이기도 하다. 중요한 것은 남자와 여자가 서로에게 성적 갈망을 느끼는 것은 하나님이 의도하신 바라는 점이다. 하나님은 섹스에 대한 '필요'를 우리 안에 심으셨다.

그리스도인으로서 우리는 이 필요를 어떤 시선으로 바라보아야 하는가? 우리가 느끼는 이런 필요가 하나님을 향한 숨겨진 갈망에 대한 표출이라고 여긴다면 도움이 될 것이다. 즉 우리는 하나님 없이는 불완전한 존재이며, 날마다 새롭게 하나님과 연합을 이룰 필요가 있다는 것이다. 토마스 하트는 "우리가 섹스에 매혹되는 것은 하나님께 매혹되는 것과 밀접한 관련이 있다"[15]고 말했다.

섹스는 하나님을 대신할 수 없다. 하나님을 대신하는 대체 요소로서 충분하지 않다. 그러나 성관계를 건강한 시각으로 바라본다면, 하나님을 향한 우리의 필요와 갈망에 대해 유익한 묵상을 할 수 있다. 즉 자신을 상대방에게 내어주고 기쁨과 성취감을 얻은 후에도 뭔가 완전하지 못하다는 느낌이 결국 우리를 하나님께로 향하게 만들 것이다.

필요가 크면 클수록 성취감은 더 달콤해질 것이다. 정말 배가 고파야 식사를 맛있게 할 수 있는 것과 같은 이치다. 무언가를 간절히 바란다는 것은 때론 두려운 일이다. 우리가 혼자서는 불완전하다는 사실을 일깨워 주기 때문이다. 하지만 하나님이 우리를 그렇게 만드셨다. 하나님은 우리를 불완전한 존재로 만드셨다. 그러므로 우리는 그분이 필요하고, 다른 사람들도 필요하다.

젊었을 때, 아가서를 읽으며 매우 불편했던 기억이 난다. 아가서의 두 연인처럼 상대방을 그렇게 필사적으로 원해야 한다는 것이 두려웠기 때문이다. 어린 시절에 깨달았지만, 그러한 갈망으로 인해 우리는 엄청난 고통과 환멸과 슬픔에 빠질 수 있다.

하나님을 원하는 것은 두려운 일이다. 하나님이 나타나시지 않으면 어떻게 하지? 다른 사람을 원하는 것은 더 두려운 일이다. 내가 다가가는 것을 그 사람이 거부하면 어떻게 하지? 나의 갈망을 도리어 무기로 삼으면 어떻게 하지?

그래서 어렵다. 배우자가 우리의 갈망을 볼모로 삼아 횡포를 부리지 않는다는 보장은 없다. 그러나 그런 위험이 있는 반면, 영적 성장으로 이어지는 큰 길이 될 수도 있다. 우리는 우리 안에 있는 간절한 필요를 사용해 상대방을 섬기는 종으로 성숙하는 기회로 삼을 수 있다. 그리스도인인 남편과 아내가 상대방의 성적 욕구를 성실하게 충족시키려 애쓰는 건강한 결혼 관계 안에서라면, 하나님이 그들과 함께하시면서 그들 안에서 일하신다는 사실을 배울 수 있다.

마태복음 7장 9절에서 예수님은 제자들에게 아들이 떡을 달라고 하는데 돌을 주는 아버지는 없다고 말씀하시며, 하늘에 계시는 너희 아버지께 이같이 구하면 좋은 것을 주시지 않겠느냐고 말씀하신다.

남편과 아내도 배우자가 상대방의 성적 필요를 충족시켜 주려고 얼마나 애쓰는지를 경험하게 되면, 그 일을 계기로 하나님께 자신들의 마음을 열 수 있게 된다.

사실 이런 육체적 갈망이 없으면 많은 부부들은 서서히 갈라지게 될 것이다. 우리는 본성상 서로에게서 숨는 이기적인 존재다. 상대방을 향해 계속 다가가고 공감하려 노력하는 일은 우리의 죄성과 자기중심적 경향에 맞서야 하는 일이다. 그렇기에 하나님은 우리 안에 육체에 대한 갈망을 심어 놓으심으로, 우리가 서로 교제하고 나누는 법을 배울 뿐 아니라, 심오한 방식으로 상대방의 삶과 영혼 속으로 들어가는 영적 실재에 참여하도록 초대하신 것이다.

지금까지 우리의 성이 영적 성장의 도구가 될 수 있음을 강조하려는 의도로 논의를 진행했다. 이 주제를 제대로 탐구하려면 책 한 권으로도 부족하다. 다음 부분에서는 부부가 육체적 친밀함을 통해 어떻게 영적 성숙을 이루는지 몇 가지 예들을 살펴보겠다.

성적 표현을 통한 영적 성장

클레보의 버나드는 육체적이고 세속적인 사랑은 사실상 하나님에 대한 사랑으로 우리를 이끄는 인간의 경험 중 첫 번째 단계라고 여겼다. 말하자면, 유치원 같다는 것이다. 유치원에서 우리는 다른 사람과 함께 지내는 법을 배우고, 초등학교 1학년 때 할 진짜 학습의 전 단계를 경험한다. 버나드는 한 단계 더 나아가, 우리가 육체를 지닌 존재이기에 이 땅에서 하나님에 대한 우리의 사랑도 어느 정도는 육체적인 성격을 띤다고 말했다. 실제로 신비주의자들이 하나님을 향해 부끄러움 없이 드러내는 사랑을 보면 에로틱한 사랑과 비슷한 부분이 있다.

우리는 성적 표현을 멀리하는 대신 그것을 올바른 방향으로 돌릴 수 있다. C. S. 루이스는 말했다. "우리의 감성을 자극하는 즐거움은 영광의 한 줄기 광선이다. 그것을 경배의 통로로 만들라."16 이것이 바로 우리가 추구하는 바다. 이 땅에서 경험할 수 있는 부부의 즐거움을 (그리고 도전을) 거룩한 경배의 통로로 바꾸라.

성관계를 날마다 신선하게 유지하는 방법을 소개하는 책들이 많지만, 여기서는 우리의 지극히 육체적인 행위를 통해 영적인 변화를 이룰 수 있는 방법을 살펴보려고 한다. 성의 영적인 측면을 다루겠다는 것이다. 그것은 아름다움에 대한 개념을 바꾸고, 우리에게 있는 것을 내어주는 법을 배우고, 우리 자신으로부터 시선을 돌리고, 열정적이 되는 것을 배우고, 함께 기념하는 법을 배우는 것이다.

하나님의 눈으로 결혼의 아름다움을 보기

남편과 아내는 강력한 힘을 가진 성적 경험을 통해 정서적 친밀감, 동반자 관계, 가족이라는 책임감, 그리고 관계의 지속성을 쌓아 간다. 그 과정에서 결혼은 두 사람의 성품과 덕과 경건함을 키워 영적 성장을 도모하는 환경으로 작용한다.

영화의 누드 한 장면을 찍기 위해 세계적인 여배우가 트레이닝 코치와 체육관에서 몇 달 동안 하루 다섯 시간씩 보냈다는 이야기를 들었다. 그 모든 시간과 노력의 결과 그녀는 보다 젊은 시절의 모습을 되찾았을 것이다. 시간과 돈이 충분하고 전문가 헤어 디자이너, 메이크업 팀만 있으면 사실상 모든 여성이 '아름답게 보일 수' 있다.

내가 처음 아내에게 끌린 이유 중 하나도 그녀가 아름다웠기 때문임을 부인하고 싶지 않다. 그러나 리사가 아름다움에 집착했다면 어떻게 되었을까? 매일 세 시간씩 운동하며 시간의 흐름을 거슬러 성숙한 여인의 엉덩이와 젖 먹이는 가슴을 십대의 것처럼 만들기 위해 애쓰는 모습을 보며 하나님이 뭐라고 하실까? 시간을 효율적으로 잘 사용한다고 생각하실까?

예수님의 제자 베드로는 단호히 말한다. 여성이 외적인 아름다움에만 초점을 맞추어서는 안 된다고, "외모로 하는 단장"보다 내면의 아름다움을 추구하라고 말한다. "오직 마음에 숨은 사람을 온유하고 안정한 심령의 썩지 아니할 것으로 하라 이는 하나님 앞에 값진 것이니라"(벧전 3:4).

베드로는 아내들이 아름다움을 추구할 때, 하나님 앞에 값진 것으로 인정받는 아름다움을 추구해야 한다고 말한다. 남편들이 "혹 말씀을 순종하지 않는 자라 하더라도"(3:1) 아내들에게 하나님이 보시기 아름다운 것을 추구하며 살라고 권한다. 그 가르침은 여러 의미에서 중요하다.

C. S. 루이스의 『스크루테이프의 편지』에서 악마 스크루테이프는, 웜우드가 담당하는 인간을 성적으로 유혹하지 못한 것을 안타까워한

다. 스크루테이프가 다음으로 취한 단계는 이렇다. "부정을 저지르는 데 관능을 써먹을 수 없게 되었다면, 바람직한 결혼을 하도록 부추기는 쪽으로라도 써먹어야지." 여기서 '바람직하다'는 것은 악마의 입장에서 본 것으로서 기독교 입장에서는 '타락'을 의미한다. 스크루테이프는 계속해서 이야기한다.

어느 시대에나 이른바 성적 '취향'을 총체적으로 오도했던 것은 바로 이 위대한 거장들의 업적이지. 이 업적은 유행을 주도하는 대중 예술가나 의류업자, 배우, 광고업자 등 소수 패거리를 통해 이루어졌어. 이런 공작의 목적은 영적으로 건강하고 행복하고 충만한 사람들의 결혼과는 다른 방향으로 성관계를 가르치는 거야.…

남자들의 취향에 관해서는 아주 다양한 변화를 만들어 냈지. 한때는 조각 같고 귀족적인 여성상에 심취하게 함으로써, 남자의 허영과 욕망을 뒤섞어 가장 교만하고 방탕한 여자들을 통해 인류의 씨를 퍼뜨렸지. 또 어떤 때에는 지나치게 여성적인 유형, 나약하고 핼쑥한 유형을 선택해 어리석고 비겁하며, 일반적으로 거짓되고 속 좁은 여자들이 인기를 누리게 만들기도 했어.…

그뿐인가? 우리가 외견상 누드나 다를 바 없는 (진짜 누드 말고) 표현에 관한 사회의 허용 기준을 대폭 상향한 덕분에, 이제 그런 예술 작품들이 버젓이 무대에 오르거나 해수욕장에 전시되고 있어. 물로 그건 다 사기야. 대중 예술에 등장하는 인물들은 있는 그대로의 모습과는 다르게 그려지거든. 설령 수영복을 입거나 타이즈를 신은 진짜 여자들이 등장했더라도 사실은 자연이 성숙한 여인에게 허락하는 몸매보다 훨씬 더 단단하고 더 날씬하며 더 어리게 보이기 위해 잔뜩 졸라매고 받쳐 놓은 모습에 불과하다고. 성숙한 여자들은 다 그래야 하는 것처럼 말이야. 그 결과 남자들은 현실에 존재하지 않는 것을 욕망하게 되었어. 관능에서 눈이 차지하는 역할이 점점 더 커지는 동시에 눈이 욕망하는 것이 이루어질 가능성은 점점 더 줄어들게 되었지. 그 결과가 어떨지는 쉽게 짐작이 될 거야.[17]

남편 된 그리스도인 남자의 의무는, 이러한 성향을 고치고 '성에서 눈이 차지하는 역할'을 그 안에서 일어나는 영적 실재를 파악하는 일보다 덜 중요하게 하는 것이다. 시각은 남자들에게 항상 중요하다. 그것은 하나님이 의도하신 바다. 그럼에도 우리가 무엇을 보고자 하는가에 의해 우리의 성숙도가 달라진다. 우리의 욕구는 계발될 수 있다. 다른 문화에 있는 사람들은 다른 음식을 즐긴다. 그것을 평생 먹어 왔기 때문이다. 우리 아이들은 아침에 밥을 주면 입을 실룩거린다. 한편 중국 어린이들은 시리얼을 더 낯설어 할 것이다.

성적 욕구에도 같은 원리가 적용된다. 시대에 따라 다른 유형의 여성들이 인기가 있었다. 요즘 슈퍼모델들은 성숙한 여인의 가슴과 십대의 허리를 갖춘 몸매를 이상적이라고 생각한다. 반면에 고대 산스크리트어 '가자가미니'는 고대 인도에서 이상적인 여인을 가리키는데, 코끼리같이 걷는 여성을 뜻한다. 이렇듯 아름다움에 대한 기준은 역사적으로 고정된 적이 없다. 아름다움에 대한 논쟁이 결론난 적도 없다. 남자들과 여자들이 저마다 동경하고 꿈꾸고 집착하는 이상형이란 바로 자신들이 추구하던 모습일지 모른다.

경건한 결혼 생활은 아름다움에 대한 우리의 초점을 내적인 것에 맞추도록 도울 수 있다. 유대 문서 '거룩한 서신'에서는 남자가 여자를 선택할 때 육체의 아름다움만 보는 것을 꼬집어 말한다. "그들의 결합은 하늘나라를 위한 것이 아니다."[18] 아름다움은 경이로운 것이긴 하지만 그리스도인의 결혼이 추구하는 유일한 가치 또는 최고의 가치는 아니다.

결혼을 기대하는 독신이라면 많은 이성들이 결혼하고 싶어하는 사람이 되고 싶다는 생각을 해보았을 것이다. 때로 하나님 앞에서 어떻게 살아갈지에 대한 기대는 뒤로 밀리고, 내면을 가꾸기보다 겉모습을 꾸미는 데 더 많은 노력과 비용을 들이기도 한다. 결혼은 이런 삶의 방식과 잘못된 기대에서 벗어날 기회를 제공할 수 있다. 일단 결혼하면, 하나님이 매력 있게 여기시는 내적 아름다움에 더 관심을 기울일 환경이 마련되기 때문이다.

결혼하면 외모에 신경 쓰지 않고 아무렇게 하고 다녀도 된다는 말이 아니다. 겉모습을 보기 좋게 가꾸는 것도 배우자에게 줄 수 있는 선물이다. 그러나 특별히 남편들에게 여자는 나이가 들고 아이를 낳으면 체형이 변한다는 사실을 알고 받아들이는 은혜가 요구된다. 결혼은 남편들이 '현실에 존재하지 않는' 몸에 대한 집착에서 벗어나 우선순위와 가치를 다시 생각해 보게 만든다.

가령, 결혼을 통해 우리는 사회에서 일반적으로 말하는 매력적인 남자와 여자가 아닌 누군가의 사랑하는 배우자로서 특별한 한 사람이 되는 것에 다시 초점을 맞추게 된다. 우리는 한 사람의 배우자와 결혼하고 그 배우자를 닮은 자녀를 낳는다. 하나님은 우리의 기쁨을 위해 단 한 사람의 배우자를 선물로 허락하셨다. 선물을 이미 받았으므로 다른 사람의 몸을 탐내서는 안 된다.

결혼하던 날, 나는 이렇게 기도했다. "주님, 제가 리사의 몸이 가장 아름답다고 여기게 해주십시오. 저의 욕망을 주관하시어 리사에게만 매력을 느끼게 해주십시오."

나는 성경 말씀에서 다른 여자가 아닌 나의 아내에게만 즐거움을 느껴야 한다고 배웠다. 잠언의 저자는 말한다. "네 샘으로 복되게 하라 네가 젊어서 취한 아내를 즐거워하라 그는 사랑스러운 암사슴 같고 아름다운 암노루 같으니 너는 그의 품을 항상 족하게 여기며 그의 사랑을 항상 연모하라 내 아들아 어찌하여 음녀를 연모하겠으며 어찌하여 이방 계집의 가슴을 안겠느냐"(잠 5:18-20).

구체적으로 설명하면 아내가 당황할 수 있으므로 결론만 말하겠다. 하나님은 내 기도를 들어주셨다. 아내가 다른 어떤 여자들보다 매력적으로 보인다. 그러나 55사이즈에 맞는 몸을 만들기보다는 성화와 내면의 아름다움을 추구하는 아내가 내게는 참으로 소중하다. 이것은 시대의 유행을 타지 않는 아름다움이다.

부부의 성욕은 우리가 존중하고 가치 있게 여기는 것들의 우선순위를 세움으로 우리의 영성을 키워 가는 데 유익하다. 이 세상이 얼마나 얕은 기쁨을 추구하며 무가치한 것들을 선호하는지 우리는 잘 알지 못할 때가 많다. 많은 남자와 여자들이 단순한 이유로 부자가 되기 원하고 유명해지기 원한다. 자신이 도적적으로나 성품 면에서 진짜 어떤 사람인지는 중요하지 않다. 그 결과 세상 사람들이 인정하는 (특히 외모면에서) 능력치에 미치지 못하면 자신이 무가치한 존재라고 느끼게 된다.

나는 우리 안에 계신 하나님의 성령으로 말미암아 우리가 하나님이 반하실 만한 것들을 소유한 매력적인 사람이 될 수 있다고 확신한다. 나 자신을 그릇된 취향으로부터 지키고, 아내의 사랑에 '사로잡히는 것'을 포함해 올바른 것을 묵상하고 거기서 나오는 영양분을 섭취함으로써 바람직한 욕구만 가지도록 노력할 것이다. 다른 사람의 아름다움을 인정하지 않는다는 말이 아니라, 성적으로나 정서적으로 부적절한 관계를 원하지 않겠다는 말이다.

이러한 관점을 가질 때 영적 성숙이 가능해진다. 에블린과 제임스 화이트헤드는 간단히 단언한다. "사랑이 육체에만 머문다면 변화는 우리의 적이 될 것이다."[19] 그리스도인의 관점에서 변화는 적이 아니라 실제로 결혼이 목적하는 바다. 단 우리가 보다 경건해지는 변화를 원할 때만 그렇다. 그런 변화를 기대하지 않고 단지 내가 겉모습만 보고 아내와 결혼했다면, 나의 애정은 서서히 그러나 분명히 침식되어 갈 것이다.

성적 만족과 자극에 집착하는 사람들은 인생을 제한적으로만 볼 수밖에 없다. 그리고 짐작하건대 어쩔 수 없이 나이가 들고 몸이 늙어 갈수록 깊은 좌절감을 경험하게 될 것이다. 성관계뿐 아니라 자녀를 돌보고, 하나님을 섬기며, 계속적인 기도 생활과 고결한 삶에서 의미와 만족을 찾는 사람들은 훨씬 풍성하며 그로부터 즐거움을 얻는 인생을 누릴 수 있다. 사려 깊고 경건한 결혼은 우리를 그런 방향으로 이끌 것이다.

내가 가지고 있는 것을 주라

배우자의 벗은 몸을 처음 보았던 때를 기억하는가? 한 친구는 어떻게 하면 결혼 첫날 밤의 긴장을 풀고 잘 보낼까 고민하다가 불을 끄고 함께 목욕하기로 했다고 한다. 그런데 그만 욕조 물이 넘쳐 버렸다. 낯선 호텔의 캄캄한 욕실에서 무슨 일이 일어날지 몰라, 두 사람은 어쩔 수 없이 불을 켜고 물이 흥건한 욕실 바닥을 닦아야 했다. 둘 다 벌거벗은 채로 말이다. 첫날 밤의 낭만이 우스꽝스러운 장면으로 돌변하는 순간이었다.

이십 대 초반이라면 배우자 앞에 벗은 몸을 고스란히 내보이는 건 괜찮다고 생각했을 수 있다. 그러나 삼십 대 후반, 사십 대, 육십 대가 되면 어떨까? 아내가 아이를 둘 또는 셋을 낳았다거나 남편이 운동부족으로 불룩한 뱃살이 생겼다면 어떨까?

배우자가 '흠 있는 상품'처럼 느껴지더라도 계속해서 몸을 내어줄 수 있다면 그것으로부터 영적으로 큰 보상이 따를 것이다. 겸손과 섬김, 내가 아닌 다른 사람을 먼저 생각하는 태도뿐 아니라 매우 강력한 영적 원칙 하나를 배우게 된다. "내게 있는 것을 내어 주라."

주어진 상황이 마뜩찮은데도 불구하고 계속해서 하나님을 섬겨야 하는 때가 많다. 이웃에게 복음을 전해야 하지만 그 일을 감당할 지혜나 성경 지식이 없다고 생각할 수 있다. 누군가의 선행에 도전을 받아 나도 천 달러쯤 기부하고 싶지만 지갑에 20달러밖에 없을 때도 있다.

결혼은 다만 우리에게 있는 것을 내어 주라고 가르친다. 하나님은 우리에게 몸을 주셨다. 그리고 하나뿐인 배우자의 몸을 통해서만 즐거움을 얻으라고 명하셨다. 그러므로 배우자에게 몸을 허락하지 않는 것은 주님의 명령을 완전히 거부하는 것이다. 나의 몸은 완벽하지는 않을지라도 내가 배우자에게 내어 줄 수 있는 유일한 몸이다.

내어 주는 일이 쉽다고는 절대 생각하지 않는다. 그러나 내어 줄 만한 자격이 있다. 우리는 이렇게 말할 수 있어야 한다. "내게 있는 가장 좋은 것을 당신에게 주고 싶어요. 그 모든 것이 위대하지는 않겠지만 같이에요." 이러한 헌신은 베드로가 예루살렘에서 구걸하는 사람에게 했던 말을 생각나게 한다. "은과 금은 내게 없거니와 내게 있는 이것을 네게 주노니 나사렛 예수 그리스도의 이름으로 일어나 걸으라"(행 3:6).

하나님이나 다른 사람에게 뭔가를 내어 주기 싫어하는 이유가 '다' 주지 못하기 때문인 경우도 많다. 그러나 나의 결점과 한계까지 포함해 배우자에게 내어 주는 것을 배울 때 우리는 하나님께 우리의 모든 것을 내어 드리는 순종의 작은 걸음을 내딛을 수 있다.

자기 자신에게서 벗어나기

그리스도인의 영성에 대해 숙고하면서 가장 당혹스러웠던 순간은, 우리가 신체의 화학 작용에 얼마나 영향을 많이 받는지 알았을 때다. 심각한 장애를 앓다가 신체의 화학적 불균형 상태를 조절하고 난 후 사실상 치유된 사람을 보고 정신이 번쩍 들었다.

남자들은 나이가 들고 테스토스테론 수치가 감소하면서 무언가를 키우려는 성향이 강해지고, 여자들은 나이가 들고 에스트로겐 수치가 조절이 필요한 단계까지 감소하면서 이전보다 대담해지는 양상을 보인다고 과학자들은 말한다. 호르몬 수치가 달라진다고 해서 남자와 여자의 특성이 뒤바뀌지는 않지만 다소 흐려지는 경향은 있다.

우리의 성은 본질상 화학 작용에 따른 신체의 충동과 긴밀하게 연결되어 있다. 얼마 동안은 절제가 가능하지만 시간이 지날수록 그 흐름을 거스를 수 없다. 영적으로 애쓴다고 해서 늘 육체적인 평안을 얻는 것도 아니다. 하나님은 나와 당신을 그렇게 만드셨다.

그러나 또 다른 시각으로 볼 수도 있다. 성관계는 하나님이 우리를 서로 연결시키는 방법이라 할 수 있다. 섹스라는 육체적 표현을 통해 때로는 정서적이고 영적인 갈등을 해결할 수 있다. 그래서 이혼과 재혼에 대한 성경적 견해가 참으로 중요하다. 혹 그리스도인 중에 이혼 이후에도 마음만 먹으면 결혼을 다시 할 수 있을 거라 생각하며 이혼을 결심하는 이들이 있을지 모르겠다. 성경이 이렇게 선언한다면 어떻게 될까? "이혼은 선택할 수 있는 일이다. 그러나 평생 다시는 다른 사람과 잠자리를 같이할 수 없다." 그러면 적지 않은 남자들은 아내와 재결합할 방법을 찾지 독신을 선택하지는 않을 것이다.

두 명의 그리스도인 남자와 이상적인 결혼에 대해 솔직한 대화를 나눈 적이 있다. 이야기 중에 그들은 나의 고백에 웃음을 터트렸다. "아내와 싸우다가 그날 밤 아내에게 원하는 게 생각나서 얼른 싸움을 그만둔 적이 있어요." 그들 역시 같은 경험이 있다는 듯 고개를 끄덕였다. '성적 충동'을 느낄 때 믿음을 위해 그것을 참으려 애쓰지 않았다는 것이 자랑스럽지는 않다. 특별히 육체의 욕구가 나의 영적 태도를 이끌어 간다는 사실이 나는 싫다. 하지만 육체의 욕구를 영적 유익을 위해 사용하는 법을 배울 수 있다.

간단하게 정리하면, 우리는 성적 충동을 성품을 다듬어 가는 일에 사용하는 법을 배울 수 있다. 아내와 친밀해지고 싶은 욕구로부터, 남편은 자상함과 공감을 표현하는 법을 배울 수 있다. 아내는 신체적 친밀감을 사용하여, 남편의 감정적인 관심을 이끌어낼 수 있다. 이상적이게도, 우리는 그리스도인으로서 마땅히 그래야 한다는 부르심을 받았기에 성적 욕구를 통해 성장의 기회를 모색할 수 있다. 다행스럽게도, 우리의 성적 충동이 우리의 성장에 도움이 되는 방향으로 몰아갈 때 그것이 고통스럽지는 않다는 것이다.

기억하라. 우리는 타락한 성도다. 하나님이 분명 구속하셨지만 우리는 모두 여전히 죄의 진창에 빠져 있다. 우리의 성화는 하늘 아래 이 땅에서는 결코 완성되지 않을 것이다. 결혼을 지켜 가는 것처럼 중요한 문제는 (특히 자녀들이 어리고, 안정이 아주 중요한 결혼 초기에) 단순히 상대방을 배려하는 식의 이타적인 동기만으로 접근해서는 안 된다.

성적 충동은 우리 자신에게서 벗어나 다른 사람에게로 향하도록 우리를 이끈다. 그 사람이 배우자라면 그것은 열매 맺는 훈련이 될 것이다. 이는 앞서 9장에서 말한 "앞을 향해 넘어지기" 개념을 강화시켜 준다. 자기 자신에게서 벗어날 때, 우리는 그리스도인의 소중한 덕목인 상호 의존성과 친교를 더 키울 수 있다.

열정의 가치

다윗 왕의 삶과 그의 시편을 보면, 그가 아주 열정적인 인물임을 알 수 있다. 나단 선지자가 가난한 사람의 양을 빼앗은 부자 이야기를 들려 주었을 때, 다윗은 "이 일을 행한 그 사람은 마땅히 죽을 자라"(삼하 12:5)며 격노한다. 자기 이야기인 줄도 모르고 독설을 퍼붓는다. 하나님에 대한 애정을 표현하는 다윗을 보면 비길 데 없는 감정의 열기가 느껴진다. "하나님이여 주는 나의 하나님이시라 내가 간절히 주를 찾되 물이 없어 마르고 황폐한 땅에서 내 영혼이 주를 갈망하며 내 육체가 주를 앙모하나이다"(시 63:1).

그 열정 때문에 밧세바 사건처럼 때로 문제도 생겼지만, 그만한 열정을 가진 사람을 성경 어디서도 찾을 수 없다. 요한계시록에서 하나님은 우리에게 뜨겁든지 차든지 하는 것이 불쾌하게 미지근한 것보다 낫다고 말씀하셨다(계 3:16 참조).

철학자 하이데거는 열정이 우리를 세상에서 살아가게 한다고 말했다. "세상에서 살아가게 한다"는 말을 잠시 생각해 보라. 성적으로 만족하며 적극적인 아내는 특정한 에너지를 발산한다. 아내와의 성관계에서 만족을 얻는 남편은 행복감을 드러낸다. 열정은 아주 건강한 것이다.

사랑이 우리를 확장시키듯 열정도 그럴 수 있다. 열정은 표현한다고 해서 녹아 없어지거나 줄어들지 않는다. 사실 그 반대다. 어느 하나에 대한 열정이 커지면 다른 모든 것을 열정으로 대하게 된다. 아내에게 열정적인 남편은 정의, 하나님 나라, 하나님의 자녀들, 환경에도 열정적이다. 반대로 결혼 생활에서 성적으로 심각한 문제에 부딪히고 좌절하며 실망하면 다른 일과 신앙과 교제에도 먹구름이 낄 수 있다.

금욕주의가 그리스도인의 철학이었던 적은 없다. 진실을 말하자면, 우리는 열정적인 하나님을 깊이 있게 섬기는 사람들이다.

열정은 우리를 살아 있게 한다. 매사에 냉담한 사람은 가련한 사람이다. 열정 때문에 사고와 다툼 또는 파괴적인 행동이 일어날까 봐 두려울 때도 있지만, 그 해결책은 열정 없이 사는 게 아니라 열정을 올바르게 쓸 일을 찾는 것이다.

성경 속 이스라엘의 역사와 지난 2천 년의 역사를 돌이켜보면, 그리스도인의 영성이란 하나님과 그분의 목적을 향한 우리의 목마름과 열정을 고스란히 지켜가는 것과 관련이 있다. 때로 열정이 우리를 엇나가게 만들기도 하지만, 그리스도인의 결혼이야말로 그 열정을 잘 보듬어 가도록 배울 수 있는 최적의 장소다. 워싱턴 주의 서부 도로를 지나다 보면 근처의 다양한 댐을 지나게 된다. 우리 가족에게 그 풍경은 너무 익숙하다. 댐 관리자는 거대한 댐에 들어찬 물을 때로는 풍부하게, 때로는 졸졸 흐르게 할 수 있다.

우리가 결혼을 통해 배우는 것도 이와 같다. 열정이 선을 넘어 욕정이 될 위험도 있지만, 때로 부부 생활의 열정을 자유롭게 쏟아붓는 것이 건강하고 좋다. 어떤 사람들은 열정과 성적 굶주림에 불타서 그것을 해독하려면 성관계를 완전히 중단해야 한다고 잘못 믿기도 한다. 그들은 성관계를 거식증 환자가 음식 대하듯 한다. 먹으면 살이 찌니 전혀 안 먹겠다는 것이다.[20] 이것은 건강한 태도가 아니며 잘못된 것이다.

건강한 삶은 "예"와 "아니요"가 분명하다. 나는 출장을 꽤 많이 다니기 때문에 아내와 잠자리를 못할 때가 많다. 어린 자녀들, 특히 아기가 있는 부부는 원할 때마다 성적 표출을 할 수 없다. 배우자가 아프거나 피곤할 때 잠자리를 기대하는 것도 예의가 아니다. 그런 상황에서 성적 절제는 적절하며 또한 필요하다.

그러나 부부가 기쁨의 향연을 나누는 시간도 필요하다. 사실 성관계를 삼가는 것도 두 사람이 깊은 공감대를 이루는 '동의'가 있을 때에만 해야 한다.

에로스의 사랑이 악하다는 이유로 성적 접촉을 삼가는 것은 그리스도인이 추구하는 훈련이 아니다. 그것은 결코 경건하거나 건강한 태도가 아니다. 성관계를 삼가는 것은 두 사람이 삶 가운데 깊은 공감대를 이루는 '동의'가 있을 때에만 유익할 수 있다. 절제라는 고된 훈련 뒤에는 기쁨의 향연을 나누는 보상이 따라야 한다. 성관계를 삼가는 데는 분명

한 이유가 있어야 한다. 그렇지 않은데도 특별한 이유 없이 충동을 억제할 필요는 없다.[21]

다시 말해, 성관계를 삼가는 것은 최종 목적지가 아니라 진입로여야 한다. 내가 아내와 떨어져 있을 때 성적으로 절제하고 참을 수 있는 것은 집에 돌아가면 그만한 보상이 기다리고 있기 때문이다. 사실상 내가 자신에게 하는 말은 "안 돼"가 아니라 "기다려"인 것이다. 성욕을 아예 거부하는 게 아니라 적절한 시기로 미루는 것이다. 성적 절제는 독신주의자가 아닌 미혼에게도 이 같은 성격을 띤다. 십대들이 성관계를 결혼 때까지 미루고 기다려야 하는 것도 그래야 앞으로의 부부 관계가 달콤할 것이기 때문이다. 결혼의 침실에 들어가기까지 순결을 지키는 일은 많은 면에서 우리에게 풍성한 기쁨을 준다.

영적으로 과장하고 싶지는 않다. 부부 관계를 즐길 때 늘 '영적'인 것으로만 생각해야 하는 것도 아니다. 열정은 우리를 온전히 삶 속으로 들어가게 한다. 열정은 두 가지 측면에서 안식일 계명의 핵심이다. "엿새 동안은 힘써 네 모든 일을 행할 것이나 제칠일은 아무 일도 하지 말라." 힘써 일할 것 그리고 잘 쉴 것! 두 가지 모두 의미 있는 삶을 위해 필요하다. 성관계는 때로 영적인 의미를 가질 수 있으나 다른 때는 육체의 즐거움을 누리는 향연이 되어야 한다. 이 두 가지 모두 결혼 안에서 경건한 행위인 것이다.

결론은 이것이다. 열정은 매우 중요하다. 우리 모든 삶과 관련 있으며 결혼이라는 관계 속에서도 무르익어야 한다.

축제

엘튼 트루블러드의 『그리스도의 유머』(The Humor of Christ)를 읽을 때마다 나의 신앙을 진지하게 돌아보고 큰 도전을 받는다. 트루블러드는 "기독교라고 말하면서 그것을 유쾌하게 표현하지 못한다면, 어떤 면에서 보면, 명백한 가짜다"[22]라고 말한다. 그러면서 이를 뒷받침하는 성경의 근거를 다수 제시한다. 구약 성경에는 유월절, 안식일, 초막절(장막절) 같은 적어도 세 개의 중요 절기와 더불어(레 23장, 민 28-29장 참조) 다른 여러 절기들이 나온다. 이날들은 아주 특별하게 지내는 기념일이다. 초막절의 경우, 7일의 성회 기간 동안 이스라엘 사람들은 기뻐하라는 명령을 받으며 곡하는 것이 금지된다.

여기서 중요한 사실은, 하나님은 우리가 무한히 기뻐해야 할 분이라는 점이다. 예수님은 "만일 이 사람들이 침묵하면 돌들이 소리 지르리라"(눅 19:40)고 말씀하셨다. 정말 돌들이 우리 대신 나서는 것을 하나님은 싫어하신다.

나도 습관적으로 '심각한' 표정을 짓지 않도록 주의해야 한다. 그것은 내 습관이기도 하다. 나는 무슨무슨 기념일을 그다지 달가워 하지 않는 경향이 있는데, 그 또한 극복해야 할 나만의 편견이다.

부부간의 성은 다른 어디에도 없는 고유한 축제의 장을 제공한다. 벌거벗은 채로 서로의 품에 안겨 있는 순간에는, 백만 달러짜리 수표가 있든, 적자 문제로 고민하고 있든 그것은 아무 문제가 안 된다. 최고급 호텔 스위트룸의 호화로운 침대에 누워 있든, 고속도로변의 모텔에 누워 있든 그것은 중요한 게 아니다. 젊은 날의 신혼을 즐기고 있거나, 다시 한 번 열정을 불태우는 노년의 낭만을 즐기고 있든, 당신이 처한 환경이나 여건에 상관없이, 부부가 서로의 품에 안긴 순간은 너무나도 인간적인 춤을 즐기는 것이며, 전능하신 하나님이 창조하신 것만큼이나 탁월한 초월적인 경험이다.

성관계를 잠시 동안 삼가야 하는 때가 있다. 날마다 자기 십자가를 져야 하는 때도 있다. 불로 연단을 받는 것 같은 때도 있다. 그러나 배우자의 몸을 친밀하게 나누고 탐구하면서 사실상 또다른 세계로 들어가는 때도 있음을 기억하라.

그러므로 우리는 좀더 열정적으로 그 축제를 즐겨야 할 필요가 있으며, 좀 더 진지하고 조용히 경외심을 가지며 신중하게 의무를 다해야 할 필요도 있다. 결혼 관계를 통해 우리는 만족스럽고 뜨겁게 반응하며 동시에 서로에게 책임감을 느끼는 경험을 얻는다. 그 책임감이 있기에 우리는 현실 속에서 이 땅의 것인 성관계를 기쁨으로 누릴 수 있다. 또한 그 뜨거운 축제를 통해 우리는 하늘에서도 이와 같은 기쁨이 모든 하나님의 자녀를 위해 준비되어 있음을 고대할 수 있다.

성관계 그 이상의 것

성관계를 통해 누리는 친밀감을 영적인 경험으로 바라보고, 신앙 및 성숙함의 차원으로 인식하기가 수월하지는 않을 것이다. 기독교가 이런 데서 선도적이면 좋겠지만, 안타깝게도 다른 종교가 대중의 인기를 얻으며 저만치 앞서 있다. 실제로 동양 철학과 탄트라의 영성을 성과 통합시키는 책들이 많이 나왔다. 그러나 그 책들은 영성을 단지 육체의 감각을 자극하고 고조시키는 수단으로 사용할 뿐이다.

우리는 정확히 그 반대를 추구한다. 육체의 감각을 통해 영적 민감도를 고조시키는 것이다. 기독교 세계관은 육체적인 것을 무시하지 않는다. 오히려 포용한다. 그러나 그와 함께 육체적 즐거움보다 더 고상하고 이 세상이 간과하지만 훨씬 가치 있고 진정한 기쁨과 만족은, 하나님과의 관계와 하나님 자녀와의 경건한 교제를 통해서만 찾을 수 있음을 이야기한다.

하나님이 계획하신 부부간의 성을 온전히 경험하려면, 남편과 아내는 기독교 신앙을 침대 위로 가져가 육체적 친밀함과 영적 친밀함 사이의 벽을 허물어야 한다. 도널드 고건은 말한다. "성과 영성을 나누는 이분법은 파괴적이며 부적절하다. 성적인 것과 영적인 것을 동시에 볼 줄 알고, 그 중 하나를 삶의 방식으로 선택한다고 해서 선택하지 않는 다른 하나가 열등하다는 의미가 아님을 알 때, 둘 사이에 통합이 이루어진다."[23]

성관계는 분명히 육체적 접촉이지만 접촉 이상의 의미를 가진다. 그것은 우리 '내면에서' 일어나는 일이다. 만족스런 성생활을 한다는 것은 잠자리에서 단순히 몸을 내어 주는 게 아니라 관대함과 섬김을 실천한다는 뜻이다. 즉 아내를 단순히 충동을 부르는 인간의 몸이 아니라 하나님의 거룩한 성전으로 본다는 의미다. 심지어 성관계는 몸으로 드리는 기도의 한 형태로 봐도 좋다. 하나님의 임재를 나타내는 쉐키나 영광과 비교될 만큼 거룩한 하나님의 친밀하심을 반영하기 때문이다.

숨이 가빠지고 땀이 나면서 몸의 부분부분이 뒤엉키는 매우 육체적인 관계 속에서도 우리는 영이신 하나님(요 4:24)을 만날 수 있다. 하나님은 우리에게서 돌아서지 않으신다. 하나님은 우리가 성관계에 뛰어들 때, 그 열정 속에서도 하나님의 임재를 기대하고 하나님을 우선시하며 하나님이 기뻐하실 만한 덕목을 실천하기를 원하신다. 이런 방식으로 성관계를 경험할 때, 무릎을 꿇고 기도할 때처럼, 부부의 침대 위에서도 우리는 매순간 변화를 경험하게 될 것이다.

그리스도인에게 가정은 믿음의 산실이다.
결혼은 일상의 모든 관계를 하나님의 성령으로 채우는,
무엇과도 비교할 수 없는 기회를 부여한다.
부부는 함께 살아야 하고 서로를 피할 수 없기에
가정에서의 모든 순간과 모든 행동을
하나님의 뜻에 따라 함께 해야 하는 도전이 되기 때문이다.
오토 파이퍼

12.

하나님의 임재

 진심만으로는 충분하지 않다. 나는 그 사실을 결혼 초기에 힘들게 깨달았다. 결혼하고 얼마 안 되었을 때 아내가 스무번 째 생일을 앞두고 있었다. 당시 나는 부부간에 능숙하게 대화하는 법을 전혀 모르는 새내기 남편이었다. 그래서 리사가 "신경쓰지 마요. 내 생일이 대단한 날도 아닌데요"라고 말했을 때, 큰 실수를 저지르고 말았다.
 그 말을 곧이곧대로 믿은 것이다. 대학 시절에 내게 "경건한 커플이 되라"고 말씀해 주신 목사님이 있었다. 리사는 실제로 내가 대학에서 만난 여자들 중에 가장 경건했다. 문제는 그 목사님이 경건한 여자도 마음을 있는 그대로 표현하지 않을 수 있음을 일러 주지 않았다는 것이다. 그래서 아내 생일에 뭘 할지 별로 고민하지 않았다. 게다가 새로 들어간 직장에 적응하던 시기라 좀 힘들기도 했다.

리사가 스무 살이 되기 전날 밤, 나는 서점에 가서 그녀를 위해 책을 세 권 샀다. 다음 날 아침에 웃으면서 아내에게 그 책들을 건넸다. 그날 둘 중에 한 사람이라도 웃을 수 있어서 그나마 다행이라고 해야 할까? 내가 책이 좋아서 아내에게 책을 선물하는 것은 사랑이 아니라 소망에서 비롯된 행동이라는 사실을 나는 깨달아야 했다. (지금도 그 두 가지가 가끔 헷갈린다.) 사랑은, 아내에게 내가 그녀를 잘 알고 있으며 아낀다는 사실을 확신시키고 보여 주는 것이다.

내 친구 짐도 나와 비슷한 실수를 했다. 아내 페기의 생일에 계량컵을 선물한 것이다. 짐의 말에 따르면, 그 컵은 보통 컵이 아니라 한정 생산되는 특제품이었다. 그러나 페기는 그것을 짐이 결혼 생활에서 저지른 최대의 실수라고 여긴다.

짐과 나는 아내를 사랑하는 데 '진심'만으로는 충분하지 않다는 사실을 깨달아야 했다. 그 진심을 온전히 반영하는 내용도 필요하다.

야고보서의 저자 야고보는 우리와 하나님의 관계에도 이 같은 진리가 적용된다고 말한다. '영성'이란 말은 오늘날 일상어가 되었지만, 요즘 많은 사람들은 영성의 최고 가치로 진심을 든다. 진정성만 있으면 무엇을 믿든, 심지어 누구를 믿든 문제가 되지 않는다고 생각한다.

그러나 이것은 성경적 진리가 아니다. 야고보서 1장 27절은 진정한 영성을 몇 마디로 소개하면서 이를 규정한다. "하나님 아버지 앞에서 정결하고 더러움이 없는 경건은 곧…그것이니라."

하나님이 받으실 만한 경건이 있다면 받지 않으시는 경건도 있다.

우리가 하나님을 사랑하기를 하나님은 원하시지만 그것은 우리가 하나님이 원하시는 방식을 따를 때만 그렇다는 것이다. 다시 말해, 진심만으로는 충분하지 않다.

여기서 기독교의 영성을 완벽하게 정의할 수는 없지만, 이러한 영성을 형성하는 가장 중요한 요소는 바로 관계적 측면과 관련이 있다. 그리스도인의 영성은 정신 계몽이나 새로운 경험 또는 심오한 지혜를 찾아다니는 것이 아니다. 그것은 영이신 하나님을 열정적으로 추구하고 그분에게 반응하는 것이다. 나는 화이트헤드 부부가 내린 정의가 마음에 든다. "그리스도인의 영성은 일상에서 하나님의 임재에 따른 기쁨과 하나님의 임재를 위한 필요에 우리가 지속적으로 반응하려는 노력이다."[1]

여기서 가장 중요한 단어는 '임재'다. 위대한 기독교 작가들은 하나님의 임재를 지속적으로 의식하는 삶을 강조해 왔다. 깨어 있는 그리스도인은 하나님이 우리와 늘 함께하실 뿐 아니라 도전과 격려, 확신, 사랑이 담긴 교훈의 말씀을 들려 주려 하신다는 사실을 잊지 않는 법을 터득한 사람들이다. 하나님은 항상 지켜보시고, 항상 돌보시며, 항상 들으신다.

하나님의 임재를 연습하는 방법 중 하나는 '되돌아서는 것'이다. 위대한 기독교 신비주의자로 꼽히는 프랑소아 페넬롱은 다음과 같은 글을 썼다.

시간을 선용하는 일반 원칙은, 하나님의 성령에 지속적으로 의존하는 삶에 익숙해지는 것이다. 매 순간 하나님이 우리에게 주시는 말씀을 받으며, 피해 갈 수 없는 의심이 들 때면 하나님을 주목하고, 선을 행하다 지쳐서 연약함 속으로 미끄러질 때 그분을 향해 '되돌아섬'으로써 우리는 탈진 상태에서 빠져나올 수 있다. 또 물질 때문에 마음이 흔들릴 때 하나님을 찾아가 나 자신을 올려 드릴 수 있다. 그러면 자신도 모르게 하나님을 잊어버리고 그분을 떠나 방황하던 길에서 벗어나도록 인도받는다.[2]

그리스도인의 일상을 보여 주는 로렌스 형제의 고전 『하나님의 임재 연습』은 그리스도인의 삶이 어떤 것인지 보여 준다. 이 책에서 겸손한 수도사 로렌스는 하나님의 지속적인 임재 안에서 특별한 기쁨을 발견했다. 그래서 주방에서 감자를 깎을 때나 제단에 무릎을 꿇고 기도할 때나 똑같이 하나님을 가까이 느낄 수 있었다.

로렌스 형제는 "하나님과 지속적으로 이야기를 나눔으로써 하나님의 임재 안에 거해야 한다"고 말하면서 사소한 생각들이 이런 영적인 대화에 비집고 들어오는 것은 '부끄러운 일'이라고 했다. 그는 우리에게 "하나님에 대한 고결한 생각으로 영혼을 먹이라. 그래서 그분과 함께 있음으로 크나큰 기쁨을 발견하라"고 촉구한다.

하나님의 임재를 경험하려면 처음에는 훈련이 필요하다. 하지만 시간이 지날수록 그 훈련은 자연스러운 것이 된다. 로렌스 형제가 깨달은 것처럼 "처음에 하나님과 끊임없이 대화하는 습관을 기르려면 계속 노력해야 한다. 그러나 얼마 후에는 그분의 사랑으로 인해 어려움 없이 그분의 임재 가운데 거할 수 있게 된다."[3]

많은 사람들이 수도원과 수녀원으로 간 것은 바로 이러한 하나님의 임재를 추구하기 위해서였다. 이렇듯 간절한 마음을 가진 사람들은 돈을 벌고 가족을 돌보는 일에서 자유로워짐으로써 하나님의 임재로 인한 기쁨을 가장 잘 경험할 수 있다고 생각했다. 당시 수도사와 수녀의 삶은 거의 이같이 하나님을 기억하는(끊임없이 인식하는) 것이 그 중심을 이루었다. 그들은 하루를 기도로 시작하고 기도로 끝냈으며 의무적으로 오랫동안 침묵하는 시간도 가졌다. 공동체 자체가 하나님만 바라보는 환경이었다.

그렇다면 결혼한 성도인 우리는 어떻게 해야 많은 일들과 번잡한 가정 생활 속에서 하나님의 임재를 경험할 수 있을까? 확실히 극복해야 할 장애물이 많기는 하다. 결혼 후 영적 감각이 둔해져 입으로는 하나님을 섬기면서 실제로는 무신론자처럼 살지 않는 방법이 있을까? 결혼을 통해 하나님께 더 가까이 나아갈 길이 있을까? 결혼으로 인해 영적 감각이 흐려지지 않고, 오히려 새롭고 심오하게 영혼을 깨울 방법이 있을까?

진실로 그렇게 할 수 있는 방법을 설명하는 놀라운 장면이 구약에 나온다.

그룹 사이에서

언약궤에는 속죄소라고 부르는 덮개가 있다. 그 속죄소의 양 끝에 정금으로 만든 두 그룹(cherubim)이 날개를 펼친 채 서로 얼굴을 마주하고 있다. "거기서 내가 너와 만나고 속죄소 위 곧 증거궤 위에 있는 두 그룹 사이에서 내가 이스라엘 자손을 위하여 네게 명령할 모든 일을 네게 이르리라"(출 25:22).

하나님이 두 그룹 사이에 임재하신다는 것은 구약에서 익숙한 그림이다. 사무엘 시대에 이스라엘은 자신들이 되찾아오기 원하는 언약궤를 언급하면서 만군의 여호와가 그룹 사이에 계신다(삼상 4:4)고 했다. 시편 기자는 "이스라엘의 목자여 귀를 기울이소서 그룹 사이에 좌정하신 이여"(시 80:1)라고 썼다. 이사야도 같은 그림을 사용한다. "그룹 사이에 계신 이스라엘 하나님 만군의 여호와여"(사 37:16). 이 그림은 신약에도 등장한다. "그 위에 속죄소를 덮는 영광의 그룹들이 있으니"(히 9:5).

이렇듯 하나님의 임재는 두 존재가 한데 어우러지는 곳에서 우리에게 나타난다. 하나님은 이런 함께함 그 한가운데 거하신다. 매우 아름다운 그림이다.

고독 속에서 하나님을 추구하는 오랜 전통도 있지만, 공동체와 관계 속에서 하나님을 추구하는 성경적 근거 또한 명백히 존재한다. 마태복음에 나오는 예수님의 말씀을 생각해 보라. "진실로 다시 너희에게 이르노니 너희 중의 두 사람이 땅에서 합심하여 무엇이든지 구하면 하늘에 계신 내 아버지께서 그들을 위하여 이루게 하시리라 두세 사람이 내 이름으로 모인 곳에는 나도 그들 중에 있느니라"(마 18:19-20).

"두세 사람이 내 이름으로 모인 곳에"라는 예수님의 말씀을 주목하라. 연합을 이루어 하나가 되는 자리마다 예수님이 임재하신다고 믿는 가정이라면, 남편과 아내는 예수님을 그들의 결혼 생활 깊숙한 곳으로 기꺼이 초대함으로 하나가 되려 할 것이다. 그 가정이 하나가 되는 것은 외로움을 면하기 위해, 재정 관리를 더 효율적으로 하기 위해, 혹은 성적 욕망의 출구를 찾기 위해서가 아니다. 그보다는 하나님 안에서 믿음으로 살며 신앙을 더욱 깊게 하기 위해서일 것이다.

비록 처음부터 그런 영적 목표를 품고 결혼하지 않았더라도, 이제라도 이런 원리를 따라 결혼 생활을 하겠다고 결단할 수 있다. 그러면 결혼은 하나님의 임재를 우리의 일상에 모셔들이는 효과적인 연결통로가 된다는 사실을 알게 될 것이다. 결혼을 통해 우리는 소통을 배우고, 초월적 갈망에 눈 뜨며, 하나님의 형상을 바라볼 뿐 아니라 창조 사역에 참여하는 자가 됨으로써 하나님의 임재를 경험할 수 있다.

대화

젊은 시절의 나는 침묵이 하나님의 마음으로 들어가는 바른 길이라고 생각했다. 교회 주보에는 이런 문구가 있었다. "예배를 위해 마음을 경건하게 합시다." 사실 기독교에는 침묵이 영적으로 가치 있음을 증거하는 오랜 전통이 있다. 예를 들어, 트라피스트회 수도사들은 침묵을 지키느라 수화로 의사 소통을 했다. 기록에 따르면, 수도사 중에는 30년이 넘도록 말을 하지 않은 이가 있었다고 한다.

트라피스트회 수도사들이 침묵을 거룩한 영역으로 들어가는 훈련으로 보았듯, 부부간의 대화도 하나님께 나아가는 통로가 될 수 있다. 20세기 초반 프랑스에서는 대화를 영적 훈련으로 여겨야 한다는 견해가 있었다. 이로 인해 '르 드보아 드 세스와'(le devoir de s'asseoir) 운동이 일어났는데, 말 그대로 "앉을 의무"[4]라는 뜻이다.

결혼 생활에서 배우자와의 소통은 의무다. 침묵과 묵상이 필요한 시간도 분명 있지만, 배우자와의 관계에서 소통은 사랑을 훈련하는 행위다. 배우자에게 다가가는 것은 하나님이 우리에게 다가오시는 것이기도 하며, 그분이 다가오실 때 우리는 그분의 임재와 성품을 더 잘 알게 된다. 성경에서 하나님이 자기 백성과 소통하시려고 꿈을 사용하신 사실은 그분이 밤낮으로 언제나 우리에게 다가오려 하신다는 것을 입증한다. 하나님은 눈에 보이는 팔로 우리를 안으시는 것이 아니라, 말씀으로 우리를 사랑하신다. 우리도 그와 동일한 말로 배우자를 사랑할 수 있으며 그 과정에서 예수님을 더욱 닮아 갈 수 있다.

알렌더와 롱맨은 말한다. "우리는 배우자가 그리스도의 성품을 닮아 가도록 말의 힘을 사용해야 한다."[5] 우리의 말이 어떻게 이런 일을 할 수 있을까? 그 핵심을 지적한 표현이 있다. "좋은 말은 혼란을 가라앉히고 기쁨과 생명을 낳는다. 나쁜 말은 혼란을 양산하고 우리를 절망과 죽음으로 이끈다."[6] 이런 관점에서 우리의 혀는 하나님을 모셔들일 수도 있고, 그분을 떠나시게 할 수도 있다. 가족에게 내뱉은 모든 말은 경건 또는 혼란을 경험하는 발단이 될 수 있다.

야고보서는 말을 제어하는 것이 그리스도인의 영성에서 가장 중요한 훈련이라고 본다.

우리가 다 실수가 많으니 만일 말에 실수가 없는 자라면 곧 온전한 사람이라 능히 온 몸도 굴레 씌우리라 우리가 말들의 입에 재갈 물리는 것은 우리에게 순종하게 하려고 그 온 몸을 제어하는 것이라 또 배를 보라 그렇게 크고 광풍에 밀려가는 것들을 지극히 작은 키로써 사공의 뜻대로 운행하나니 이와 같이 혀도 작은 지체로되 큰 것을 자랑하도다 보라 얼마나 작은 불이 얼마나 많은 나무를 태우는가 혀는 곧 불이요 불의의 세계라 혀는 우리 지체 중에서 온 몸을 더럽히고 삶의 수레바퀴를 불사르나니 그 사르는 것이 지옥 불에서 나느니라(약 3:2-6).

야고보가 볼 때, 우리 혀에서 나오는 말은 하나님을 향한 우리의 영적 태도를 드러내며, 이때 혀는 온도계 역할을 한다.

혀는 두 가지 측면에서 잔인할 수 있는데, 악한 말을 하거나 선한 말을 하지 않을 때 그렇다. 결혼 생활에서 슬며시 찾아든 침묵은 위험하다는 사실을 알아야 한다. 침묵이 치유가 될 때도 있지만 거기에 악의가 들어갈 때도 있다. 자신은 알 것이다. 회복을 위해 침묵하는지, 아니면 이기적이거나 비겁하거나 악한 의도를 가지고 침묵하는지 말이다. 후자일 때 우리는 그리스도인으로서 한 걸음 후퇴하는 것이다.

하나님은 우리에게 말을 하되 신중히 하라고 말씀하신다. 때때로 말을 하지 않는 것이나 또는 잘못 말하는 것이 왜 배우자를 화나게 하는지 알기 위해서는 소통하는 법을 익혀야 한다. 다시 말해, 사랑이 충만한 결혼 생활을 위해 혀를 잘 길들이는 법을 배워야 한다.

소통은 우리를 다른 사람의 세계 속으로 들어가게 하는 힘이 있다. 부부가 소통을 이루려면 나만의 틀에서 어떤 말을 꺼낼지를 이해하는 차원을 넘어, 같은 말이라도 어떻게 각 사람에게 다르게 들릴 수 있는지 이해해야 한다. 이것은 자아를 비우는 훈련으로서 영적으로 매우 유익한 일이다.

악의에서 나온 말은 깊은 상처를 낼 수 있다. 말은 상대방을 파괴하고 찌르고 벽을 쌓는다. 댄 알렌더와 트렘퍼 롱맨은 이러한 진리를 상기시키며 말을 신중하게 고를 것을 당부한다.

> 하나님이 축복하시는 과실을 얻게 될 씨앗을 뿌리듯, 나는 말의 씨앗을 뿌린다. 우리는 삶과 죽음의 도구를 선택하듯 말을 선택해야 한다. 말의 힘을 안다면, 두려워서 말을 거의 하지 않게 되거나 가끔씩 말하지 않게 될 것이며, 파괴의 씨앗을 뿌리는 일도 없을 것이다. 우리는 사랑하는 사람을 하나님의 마음으로 더 가까이 이끌기 위해 격려하는 말을 해야 한다. 또한 교만과 자기 의로 이끌리는 본성을 억제하기 위해 책망하는 말을 해야 한다.[7]

소통의 또 다른 면은 듣는 데 있다. 이것은 내가 아주 힘들게 노력하고 있는 영역이다. 나는 생각을 하다가 종종 맥이 끊기는데, 그때 누군가 내 생각을 방해하고 자기 생각을 이야기하면 화가 난다. 그러나 리사와 결혼하면서 우리는 소통을 위해 힘쓰기로 약속했다.

아내는 〈가이드포스트〉 지를 즐겨 읽는다. 주로 비극적인 이야기나 비극에 가까운 이야기를 감명 깊게 읽는데, 정기 칼럼인 '하나님의 신비로운 손길'을 읽을 때면 종종 눈물을 흘린다. 한번은 아내가 〈가이드포스트〉 지에 나오는 글을 읽어 줄 테니 잠시 들어 보라고 했다.

아내도 그 이야기들이 내가 주로 읽는 글과 다르다는 것을 알고 있다. 나는 1년에 30-40권의 책과 많은 잡지를 읽지만, 개인의 경험을 소개하는 수필 형태의 글은 별로 읽지 않는다. 그럼에도 아내가 들려 주는 그 이야기를 듣는 것은, 아내의 세계에 들어가겠다는 약속을 지키기 위해서다. 사랑은 타인을 향해 의식적으로 움직여 가는 것이라 하지 않았는가.

이렇듯 들어 주는 것이 어떻게 하나님의 임재를 부르는 일이 될 수 있는가? 하나님께 귀를 기울이는 행위도 기도의 중요한 부분이기 때문이다. 존 버거 박사의 말을 짧게 줄여서 전하면 다음과 같다.

여자는 사랑할 때 조용히 사랑하며, 그 사랑을 말할 때도 속삭임으로 합니다. 그러므로 우리는 주의 깊게, 신중하게 그 사랑의 목소리를 듣고 알아야 합니다. 하나님도 그렇게 하시지 않습니까. 하나님도 우리가 삶의 대부분에서 자신을 돌아보지 못하고, 주의를 기울이지 않거나 신중하지 않으면 속삭임으로 간섭하시지 않습니까. 하나님이 들려주시는 사랑의 속삭임을 듣기 위해 지속적으로 애쓰지 않는다면 우리는 그 음성을 놓쳐 버릴 것입니다. 진정으로 여자를 사랑하고 그 사랑을 돌려받기 위해서는 경청, 인내, 겸손, 섬김, 신실한 사랑 같은 덕목이 필요합니다. 이것들은 우리가 하나님을 사랑하기 위해, 그리고 되돌아오는 그분의 사랑을 느끼는 데 필요한 덕목입니다.

소통을 통해 우리는 자신에게 몰두하는 데서 벗어날 수 있다. 소통하는 법을 배우는 것은 의미 있는 결혼 생활에 중요하며, 의미 있는 기도 생활에도 똑같이 중요하다. 소통이라는 행위를 통해 우리는 하나님이 우리의 일상 속에 임재하시도록 초대할 수 있다. 핵심 진리는 이것이다. "말이라는 수단을 통해 우리는 하나님의 임재에 들어가거나 하나님을 밀어내기도 한다."

초월적 열망

배우자와의 관계에서 당신은 다른 모든 구혼자들을 물리치고 남은 생을 함께 살아갈 바로 그 사람에게 충실하기로 결심한 순간이 있을 것이다. 미혼일 때는 누군가 당신을 원하는 한, 평생의 파트너를 선택할 기회가 사실상 무제한적이다. 그러나 세상의 수십 억 사람들 가운데 당신은 단 한 사람을 배우자로 선택했다.

    영적 훈련의 일환으로, 현재 선택의 결과와 상관없이 당신이 지금의 배우자를 선택하던 때를 다시 생각해 보라. 심사숙고한 끝에 당신은 그 사람에게 청혼했을 것이다. 아니면 청혼을 받고 승낙했을 것이다. 그때 당신은 분명한 이유가 있어서 그런 선택을 했다. 말 그대로 일생을 그 사람에게 걸고, 죽음이 두 사람을 갈라놓을 때까지 소중히 간직할 그와의 관계를 결혼으로까지 가져갈 만한 충분한 이유가 있었다.

결혼 생활에서 상대방에게 기대했던 사랑을 받지 못해 실망할 때, 우리에게는 하나님이 필요하다는 사실이 다시금 떠오른다. 하지만 대부분의 사람들은 그 사실을 인정하지 않는다. 결혼의 실망감은 피할 수 없는 것이지만, 이 때문에 오히려 우리는 이혼하고 다른 사람과 다시 결혼해야 하지 않을까 고민한다. 우리의 진정한 필요는 하나님 안에서, 하나님만이 채워 주실 수 있음을 인정하지 못하는 것이다. 자신에게 진짜 필요한 것은 '딱 맞는 사람', 즉 새로운 사람이라고 생각하며 새로운 관계에서 만족을 얻으려고 한다. 그러나 기독교는 우리에게 딱 맞는 사람을 '찾으라'고 하지 않고, 딱 맞는 사람이 '되라'고 한다.

당신의 불만족, 때로는 삶과 관계에서 느끼는 권태를 나침반 삼아 마음속의 열망을 진북(The True North)이 되시는 하나님께 향하게 하라. 몇 번이나 이혼하고 다시 결혼한다 해도 잠시의 흥분과 스릴이 지나면 심각한 실망감이 계속 쌓이는 현상이 반복될 수밖에 없음을 기억하라.

이 책의 1장에서 내가 예로 든 컴퓨터 이야기로 돌아가 보자. 내가 썼던 옛 기종의 컴퓨터를 같은 기종의 다른 컴퓨터와 바꾸는 것은 그리 좋은 교환이 아니라고 했다. 몇 주 동안은 좀 더 광이 나고 흠집이 적은 스크린이 새로워 보일지 모르지만, 결국은 같은 한계를 가진 컴퓨터라는 사실을 깨닫게 될 뿐이다.

우리 인간은 모두 옛 기종의 컴퓨터다. 그러면서 모두 업그레이드된 컴퓨터를 가지고 싶어 한다. 사실 우리는 다른 사람에 의해 완전하게 되지 않으며 그렇게 될 수도 없다. 처음 몇 년은 바꾼 대상이 새로워 보일 수 있다. 결점이나 흠집도 덜 할지 모른다. 그러나 결국은 그도 우리가 바꾸려 했던 사람과 같은 한계를 가진 사람임을 알게 된다. 아우구스티누스의 다음 말은 너무 유명해 언급하기에 좀 진부할 수 있지만 어쨌거나 분명한 진실이다. "주님, 당신 안에서 안식처를 발견할 때까지 우리 마음은 쉴 수 없나이다."

여기서 주의할 것이 하나 있다. 우리가 하나님 안에 있을 때에만 우리 마음이 쉴 수 있다는 것은 사실이다. 그런데 한편으로, 하나님이 아담을 창조하시고 그와의 관계를 기뻐하셨음에도 불구하고 곧바로 이렇게 말씀하신 것은 영적으로 놀라운 또 하나의 사실이다. "사람이 혼자 사는 것이 좋지 아니하니"(창 2:18). 하나님은 우리가 그분과의 관계에서만 즐거워하지 않고 다른 관계에서도 기쁨을 누릴 수 있도록 우리를 창조하셨다.[8] 그러나 우리는 마음의 중심에 하나님을 모셔야 하며, 그 위에 다른 관계들을 더해야 한다.

배우자와의 관계를 통해 당신이 진정 원하는 것은 무엇인가? 하나님의 사랑과 당신의 삶에 그분이 적극적으로 임재하시는 것 아닌가. 무엇보다 배우자와의 관계에 만족하지 못한다고 해서 상대를 비난하지 말라. 하나님과의 관계에서 만족을 구하지 못한 자신을 탓하라. 고독 가운데 하나님을 추구하는 데서 기쁨을 발견하는 수도사와 수녀를 보라. 이들은 결혼 생활에서 친밀함이 부족한 것이 곧 비참함의 증표라든가 영적 즐거움을 막는 장애물이 아님을 보여 주는 생생한 증거다. 이 진리를 발견하면 우리는 누구와 함께 사는가에 관계없이 얼마나 만족할 수 있는지 깨닫게 될 것이다.

결혼 생활이 만족스럽든 그렇지 못하든 우리에게 가장 필요한 기도는 이것이다. "오 하나님, 그래서 저는 당신이 필요합니다." 우리 영혼 속에는 아무리 특별한 사람도 채울 수 없는 초월적 열망이 있다. 이상하게 들릴지 모르지만, 나는 경험을 통해 결혼 생활이 만족스럽든 그렇지 못하든 나와 아내의 관계보다 나와 하나님의 관계에서 해결할 일이 더 많다는 사실을 깨닫는다. 하나님을 향한 마음이 식을 때는 다른 관계들도 괴로워진다. 그래서 아내가 멀게 느껴지거나 애정이 부족하다는 생각이 들기 시작한다. 그때 가장 먼저 할 일은 주님과의 관계에서 해결책을 찾는 것이다. 아내는 말 그대로 하나님과 나의 관계가 어떤지를 보여 주는 온도계다.

배우자, 하나님의 형상

매일 밤, 하나님의 거울이 내 옆에 누워 함께 잠이 든다.

성경은 남자와 여자가 하나님의 형상을 따라 지음받았다고 가르친다(창 1:26-27 참조). 이 진리를 이해하면 하나님의 임재를 더욱 자주 경험할 수 있다. 배우자를 통해 하나님의 속성과 성품을 더 잘 배우고 이해할 수 있기 때문이다.

댄 알렌더와 트렘퍼 롱맨은 남자와 여자가 서로에게 하나님이 어떤 분이신지에 대한 증거를 보여 주는 것이 얼마나 중요한지를 지적한다. "남편의 힘은 하나님의 강하심이라는 속성을 보여준다는 점에서 남편은 불완전하게나마 아내가 하나님의 어떠하심을 배우도록 도울 수 있다. 한편, 여성의 부드러움과 긍휼은 남편에게 하나님의 자비하심이 어떤지를 조금이나마 깨닫게 해준다"(벧전 3:1-2 참조).[9]

절대 결혼하지 말라고 내게 당부하던 친구가 있다. 그는 여자친구와 만날 때마다 싸웠다. 둘의 성격은 극과 극이었다. 스티브는 거칠고 퉁명하며 무뚝뚝하기가 이를 데 없고, 여자친구 로라는 내가 아는 이들 가운데 가장 감성적이었다. 스티브는 로라가 여자친구로서 자격이 없는 이유가 일곱 가지나 된다고 했다. 어떻게 여자친구에게 그렇게 많은 불만을 한꺼번에 말할 수 있는지 모르겠다. 그래도 스티브는 성에 차지 않았다. "아직 못한 말이 더 많아."

그럼에도 스티브와 로라는 예수 그리스도 안에서 그들의 관계를 발전시켰고 많은 부분에서 긍정적으로 변화되었다. 무뚝뚝하게 자란 스티브는 겸손이라는 기독교의 가치를 받아들이기 시작했고 적극적으로 로라의 감성을 배웠다. 로라는 내용이야 어떻든 솔직하게 말한 스티브의 용기를 높이 평가했고, 항상 부드러운 것이 모든 상황에 적절한 태도가 아니라는 것을 깨달았다. 결혼하고 13년이 흘렀고, 그들의 관계는 놀라울 정도로 발전해 내가 아는 가장 듬직한 부부가 되었다. 서로가 (거의 극단적인) 하나님의 강함과 부드러움을 대변하면서 그분의 성품을 닮아 가도록 도운 덕분이다.

결혼을 통해 우리는 하나님의 속성과 성품을 깨닫게 될 뿐 아니라 그분이 우리 삶에서 요구하시는 것들도 알게 된다. 그리스도인의 영성에서 가장 큰 문제 중 하나는 '망각'이라는 그리 복잡해 보이지 않는 문제다. 하나님은 우리에게 특정한 우선순위에 따라 행하라고 말씀하시지만, 우리는 그분이 세우신 우선순위를 '망각하고' 자신이 하고 싶은 대로 한다. 하나님은 언제나 우리와 함께하시지만, 우리는 그분의 임재를 '망각하고' 교회의 다른 지체들에게는 절대 하지 못할 방식으로 아내와 자녀들을 대한다.

경건한 남편과 경건한 아내는 가정에서 하나님의 임재가 더욱 실감나고 역동적이 되도록 해준다. 나는 영화를 좋아하지만, 영화가 언제나 '안전한' 오락은 아니다. 그래서 영화를 볼 때만큼은 아내가 내게 양심의 나침반이 되어 준다. 고백하자면, 나는 집에서 아내와 함께 영화를 보는 게 아닐 때는 몇 가지 이유로 영화를 고르는 수준이 좀 낮아진다. 결혼한 지 15년이 지났지만 아내와 함께 영화를 볼 때면 왠지 하나님과 함께 보는 느낌이다. 아내가 무슨 생각을 할지 알기 때문이다. "이 영화 당신이 고른 거예요?"

루터교 신학자 디트리히 본회퍼는 개신교가 '고해 성사'를 다시 시작해야 한다고 주장해 신학계를 놀라게 했다. 하나님께 죄를 용서받기 위해 인간에게 고해 성사를 해야 한다는 뜻이 아니다. 자기 죄를 다른 사람에게 고백함으로써 자신의 죄를 더욱 생생하게 돌아보자는 뜻이다.

이해되지 않는다면 스스로 물어보라. 하나님께 죄를 고백하는 것이 목사에게 죄를 고백하는 것보다 쉬운 이유는 무엇인가? 죄 있는 다른 사람이 나의 연약함을 목격하는 것이 온전히 거룩하신 하나님 앞에서 나의 연약함을 고백하는 것보다 더 부끄러운 이유는 무엇인가?

우리 삶 속에서 하나님의 임재가 약하기 때문은 아닐까? 진정으로 하나님의 선하심과 거룩함을 이해하고 소중히 생각한다면, 그분께 다가갈 때 좀 더 떨리지 않겠는가. 그러나 하나님이 우리 눈에 보이지 않는다는 사실이 그분의 임재에서 오는 충격을 덜어 준다.

배우자를 통해 하나님은 인간의 모습을 지닌 실재로 다가오신다. 내 옆에는 피와 살을 지닌 사람이 앉아 있다. 그녀는 나를 주춤하게 만들 무언가를 보고 주춤하지만 나는 그렇지 못하다. 그녀의 민감한 마음에 나의 무딘 마음을 들키고 만다.

물론 상황은 상대적이다. 때로 아내가 짜증난 얼굴로 아이들에게 말할 때, 나는 그 모습이 어떻게 비치는지 아내에게 알려 주려고 한다. 아내는 달라진 나의 표정을 보고는, 다른 사람을 자신의 죄에 끌어들였음을 깨닫는다.

우리는 서로 성장하고 경건한 사람이 되기를 부드럽게 격려하는 가운데 상대방이 하나님의 임재를 깨닫도록 돕는다. 그런데 여기서 주의할 점이 있다. 상대방의 삶에 하나님의 임재를 소개해야지 자신의 판단을 소개해서는 안 된다는 점이다. 어쨌든 하나님의 임재를 가르쳐 주는 것은 배우자를 위한 근본적인 영적 훈련임에 틀림없다.

영적으로 깨어 있는 결혼 생활을 통해 우리는 성화를 이루어 갈 수 있다. 배우자를 보면서 하나님의 임재와 형상을 깨닫고, 그 임재 속에서 우리가 더욱 거룩해지기를 갈망한다. "모든 사람과 더불어

화평함과 거룩함을 따르라 이것이 없이는 아무도 주를 보지 못하리라"(히 12:14).

성화를 이루어 가는 과정에서 서로를 돕는 것은 쉬운 훈련이 아니다. 나는 허물을 고치려고 애쓰기보다 감추는 경향이 있다. 날마다 나의 실수를 덮고, 거짓되고 화려한 모습을 보이는 데 힘을 쏟든지, 아니면 거룩한 사람이 되기 위해 하나님께 회개하고 도움을 구하든지 둘 중 하나를 선택해야 한다. 하나님의 형상으로 지어진 여자와 함께 살기 위해서는 정직하게 성화에 임하고 성장해야 한다. 하나님의 임재와 내 삶에 그분이 요구하시는 바를 받아들이기로 했다면 말이다.

창조

나는 끔찍한 남북전쟁이 일어났던 버지니아 주 프레드릭스버그의 마리 언덕 정상에 서서 수없이 이런 말을 내뱉었다. "이렇게 헛될 수가…." 당시 북부군은 도시를 점령하기 위해 어리석게도 언덕에 올라 뚫을 수 없는 벽을 뚫으려 했다. 그리고 남부군의 표적이 되었다. 북부군의 선발대는 전멸당하고 말았다. 북부군의 앰브로즈 에버릿 번사이드 장군은 또 다른 군대의 돌진을 명했다. 사기가 오를 대로 오른 남부군은 북부군이 사정거리에 들어오기를 기다렸다가 한 명도 남기지 않고 다 쏴 죽였다.

번사이드 장군은 또 다른 군대를 보냈지만 결과는 마찬가지였다. 많은 사람들이 아들이나 남편, 삼촌, 아버지, 형제를 잃었다. 한 사람의 바보 같은 명령 때문에 많은 목숨이 스러지고 말았다.

헛된 일에 목숨을 거는 것만큼 화나는 일도 없다. 난폭 운전을 하다가 열아홉 살도 채 안 되어 죽은 고등학생 이야기를 듣거나, 흥청망청 술을 마셔 대는 파티를 즐기다가 스물한 살도 안 되어 알코올 중독으로 사망한 대학생에 관한 기사를 읽을 때면 깊은 슬픔을 느낀다. 미리 막을 수 있었던 죽음이 아니던가.

그런 슬픔을 느끼는 것은, 우리가 하나님의 형상대로 지음받은 존재라는 믿음과, 우리에게 창조의 의무가 있다는 신학적 믿음이 있기 때문이다. 우리는 사업, 집, 가족, 책, 삶을 만들거나 다른 무언가를 만듦으로써 인생을 낭비하지 말고 생산적으로 보내야 한다.

결혼을 통해 우리는 창조의 영역으로 들어간다. 두말할 것 없이 결혼 외에 자녀를 낳고 새 생명을 탄생시킬 다른 거룩한 방법이 없다. 탄생이라는 순전한 신비이자 경이, 놀라움 그 자체는 정말이지 세상의 것을 초월한다. 태지에 덮인 아기가 아내의 팔에 안긴 모습을 처음 보면서, 나는 전에 경험하지 못한 감정을 느꼈다. 수동적이던 나의 모습은 홀연히 사라졌다. 그리스도인은 전쟁에 참여한 하나님의 군사라는 내 입장에는 변함이 없다. 다만 내 마음 깊은 곳에서 이 아이와 아내를 지키기 위해서라면 무슨 일이든 할 수 있다는 생각이 들었다.

가족을 이루는 것은 우리가 하나님의 형상을 함께 나누는 것에 가장 근접한 일이다. 결혼해서 낳은 아이를 보라. 하나님의 형상으로 지어진 당신과 놀랍게 닮아 있지 않은가? 나는 아이들과 장난치면서 마음껏 노는 것을 좋아한다. 그런데 이제 아홉 살 된 아들도 나처럼 어린 동생들과 노는 것을 좋아한다. 그리고 내 신앙이 소생할 때 아들 역시 하나님을 향해 새롭게 목말라한다는 사실이 놀랍다. 나의 행동을 통해 세 명의 어린 생명이 빚어지고 있다니 엄숙한 일이 아닐 수 없다.

그런데 이런 창조를 하려면 노력해야 한다. 언젠가 한 목사 가정을 방문했는데, 그의 어린 자녀들이 믿기지 않을 정도로 태도가 훌륭한 것을 보았다. 십 대 딸이 몸에 밴 듯한 예의범절을 보였을 때, 나는 다른 친구에게 슬쩍 물었다. "찌르면 피는 나겠지?"

다음 날 아침 식사를 하면서, 그 목사는 전날 밤에 우리가 그 집을 나선 후 딸과 한 시간 반 동안 중요한 문제를 놓고 진지하게 대화를 나누었다고 했다. 그는 아들과도 그렇게 매일 대화를 나눈다고 했다.

경건한 한 남성이 가족에게 쏟아붓는 노력과 시간, 세심한 관심에 나는 충격을 받았다. 그는 내가 하지 않는 방법으로 가족들을 섬기고 있었다. 그는 다른 사람의 삶을 창조하는 것을 돕기 위해 자기 삶의 많은 부분을 희생하고 있었다. 가족을 함께 만들어 가는 것은 시간이 남아서 하는 일이 아니다. 거기에는 엄청난 노력과 집중, 자기 부인이 필요하다.

창조에 대한 감각을 잃어버릴 때 결혼은 영적 탁월함을 얼마간 상실하게 된다. 댄 알렌더와 트렘퍼 롱맨은 목적 있는 삶에 창조적인 힘이 빠지면 그 결과가 어떤지를 강조하기 위해 한 남자의 이야기를 들려준다. 그의 이름은 잭이다.

잭은 하나님이 자신의 마음을 더 깊이 다스리신다면 어떨지 생각하지 않았다. 자신의 영혼을 창조의 주요 무대로 여기지 않는 잭은 처자식에게도 아무 희망을 갖지 않는다. 그는 가족이 어떤 존재이며, 거기에 얼마나 큰 의미가 있는지에 대해 더 이상 비전을 품지 않는다. 엄격히 말해, 잭은 가족들을 사랑하지만 그들의 존재에 대해 전혀 꿈꾸지 않았다. 자신은 창작하는 일에 몰두하지만 가족에게는 그러지 않았다. 그래서 그의 가족은 목적 없이 움직이고, 지루한 일을 반복하며, 우울해하며 외로움을 느끼는 혼란 가운데 있다.[10]

창조성이라는 경건한 감각을 계발하지 않으면 우리는 공허해진다. 그로 인해 결혼 생활만 비뚤고 그릇된 것으로 비난하게 된다. 사실 이러한 공허함은 결혼 생활에서 오는 것이 아니라, 우리가 무언가를 창조하는 일에 결혼이라는 효과적인 관계를 사용하지 않기 때문에 오는 것이다.

많은 세미나에서 나는 우리가 하나님을 예배하기 위해 만들어졌다고 청중에게 전한다. 하나님을 예배하지 않으면, 우리는 아무 의미 없는 타인 또는 권력, 돈, 명성, 스포츠 등을 경배할 정도로 타락한다. 같은 맥락에서 결혼에 창조 과정이 없고, 우리가 지음받은 목적대로 영혼을 채우지 않는다면, 우리는 금세 불만을 느끼게 될 것이다. 회사에서 승진한다고 영혼을 채울 수 있는 것은 아니다. 효과는 그리 오래가지 않는다. 최신 시트콤이나 드라마를 본방사수 한다고 해도 역시 영혼을 만족시킬 수 없다.

우리 문화가 얼마나 다른 사람들의 창조 활동에 빚지고 사는지 생각해 본 적이 있는가? 얼마나 많은 시상식이 TV 프로그램을 메우는지 보라. 그래미상, TV 가이드상, 블록버스터상, MTV상, 골든 글로브상, 도브상, 에미상 등 끝도 없다. 우리 문화가 다른 사람들의 업적과 안정을 대리로 추구하기 때문에 이외에도 수많은 상들이 존재한다.

하나님은 우리를 창조 활동을 하는 존재로 만드셨다. 식사 준비를 하든, 가정을 꾸미든, 업무를 수행하든, 책임 있게 자녀를 키우든 간에 신중하고 경건한 방법으로 창조적인 일을 하지 않으면 우리는 인간답게 산다는 느낌을 갖지 못할 것이다. 저녁마다 TV 앞에서 시간을 보내고, 주말에는 그저 허송세월하면서 장래성 없고 기쁨 없는 일만 하는 사람은 이 땅에서 지옥을 맛보는 것이다. 그것은 실제로 지옥과 다름없다. 하나님의 창조적인 에너지 없이 낭비하는 인생이기 때문이다. 목적 없는 영혼을 비창조적인 삶을 통해 만족시켰던 결혼은 역사상 유례가 없다.

결혼은 우리 각자에게 날마다 창조할 일들을 부여한다. 결혼을 통해 우리는 다양한 창조 활동을 펼친다. 아내 린다는 아이들을 위해 근사한 파티를 연다. 얼마 전에는 막내딸의 발렌타인 파티를 위해 식탁을 차렸는데, 어디에 내놓아도 손색없을 정도로 훌륭한 차림이었다. 우리는 그런 기회가 오면 주저하지 않고 뛰어든다. 그리고 나서 그 창조 활동이 우리 인생에 이룬 결과를 보고 깜짝 놀란다.

물론 창조는 올바른 초점을 가지고 있어야 한다. 다름 아니라 하나님의 영광에 집중하는 것이다. 우리 자신만큼이나 대충 살아가는 자녀를 '창조하는' 일은, 주님 안에서 성숙하고 주님을 섬기기 위해 살아가는 자녀를 창조하는 것과 다르다. 하나님의 영광을 드높이는 사업을 창조하는 것은 우리 자신의 성공을 기념하는 비를 세우는 것과는 다른 일이다. 다른 사람을 감동시키거나 칭찬받는 것이 주목적인 이기적 친절은 눈에 쉽게 띄지만 진정한 섬김과는 거리가 멀다.

그러나 그리스도 안에서 상대방이 자라는 모습을 보는 데 헌신한 부부는, 주님을 알고 주님의 영광을 높이는 자녀를 기른다. 이 땅에서 하나님의 일을 넓혀 가고, 훌륭한 청지기로서 시간과 돈을 관리한다. 그런 그리스도인은 건강한 영혼에 무수한 기쁨과 목적, 성취를 가져다 주는 창조에 참여하는 것이다.

하나님은 우리 자신과 가족에게 하나님의 성품에 참여하는 자가 되고(벧후 1:4 참조), 예수 그리스도의 형상을 드러내는 "영광스러운 추구"[11]를 할 수 있는 특권과 기회를 주셨다. 진취적이고 품위 있게 가족들을 성화의 길로 차츰 이끌어 갈 때, 당신은 하나님의 영광을 반영하기 시작한 것이다.

결혼이 우리로 하여금 창조적 행위를 할 수 있는 상황을 만드는 것은 분명하다. 이것은 영적 의무에 해당하며, 최우선 순위에 두어야 할 훈련이다.

목적 있는 결혼 생활

결혼은, 그 자체로는, 하나님을 추구하고 그분의 임재를 즐거워하는 일을 어렵게 만들어서도 안 되지만, 실제로 그렇게 하지도 않는다. 결혼 생활에서 영성을 저해하는 원인은 오히려 부부가 서로에게 간섭하지 않으려는 태도에 있다. 소통하려 하지 않을 때, 자기 내면의 하나님을 향한 열망을 무시한 채 인간관계에서 위로를 얻고자 할 때, 배우자를 통해 하나님의 형상을 보지 못하고 사람을 속이며 살 때, 부부의 책임을 다하지 않아 하나님이 맡기신 창조 활동을 이해하지 못할 때, 우리는 결국 하나님에게서 단절되는 지경에 이른다.

여러 면에서 결혼은 미끄러운 경사면이다. 부단히 주의하지 않으면 미끄러지기 십상이다. 열정이 없다면 영적 민감도는 둔해지고 만다. 그러나 신중하고 목적 있으며 경건한 의도로 결혼 생활을 시작한다면, 다른 데서는 경험하지 못할 방법으로 우리는 빚어질 수 있다. 결혼을 통해 우리는 하나님의 임재 속으로 인도된다.

기독교는 오랫동안 우리에게 이 진리를 외쳐 왔다.
"결혼은 그저 결혼하는 것 그 이상이어야 한다.
생명을 섬기지 않는 사랑은 죽기 때문이다."
에블린・제임스 화이트헤드

13.

두 가지 사명

"에스타 리사?"(리사 있나요?) 나는 물었다.

알 수 없는 스페인어가 뒤따랐다. 그 중에서 알아들을 수 있는 말은 없었다.

"에스타 리사?" 전화기 저편의 멕시코 여성이 내 말을 알아차리고 리사를 바꿔 주기를 바라면서 나는 다시 물었다.

마침내 리사가 전화기를 건네받았다. 하지만 그날의 통화는 결코 즐겁지 않았다. 솔직히 말하면, 우리 두 사람은 깊은 한숨부터 쉬었다. 우리가 약혼하기 전 여름에 리사는 선교 여행지인 멕시코시티에 가 있었다. 여름 내내 그녀가 보낸 편지에는 연인으로서 우리의 관계와 미래에 대한 이야기는 갈수록 줄어들고, 그녀가 지금 하고 있는 일과 많은 시간을 함께 보내고 있는 힘센 남자 보조자에 대한 이야기만 늘어 갔다.

편지에 우리 이야기와 내가 그립다는 내용이 사라진 것은, 우리 관계에 빨간 불이 들어왔다는 신호였다. 게다가 거기서 1년 더 머물지 고민 중이라는 리사의 말에 나는 마음이 더 아팠다..

그날 처음 리사에게 전화를 했다. 당시는 국제전화 요금이 무척이나 비쌌으며, 무엇보다 나는 거의 무일푼인 대학생이었다. 이메일은 아직 공상과학 소설에나 등장할 만한 통신 수단이었다.

통화를 어떻게 시작했는지는 기억나지 않는다. 중간에 긴 침묵이 흘렀다. 적어도 1분은 되었던 것 같다. 마침내 내가 그리 따뜻하지도 밝지도 않은 말투로 침묵을 깨뜨렸다. "아무 말 안 해도 요금이 팍팍 올라간다는 거 알아줘!"

우리가 함께하는 것과 주님을 섬기는 것 사이의 갈등은 약혼하기 전부터 있었다. 나도 리사가 주님을 섬기기 원했다. 단, 나와 함께여야 했다. 당시 나는 그게 아닌 다른 가능성은 생각하지 않았다.

그때 나는 디트리히 본회퍼 목사에게 몇 가지 가르침을 받아야 했다. 그는 아돌프 히틀러 암살 계획에 가담했다는 이유로 떼제 감옥 독방에 수감되었다. 당시 그는 약혼한 상태였다. 사랑의 열정으로 달아올랐던 본회퍼는, 히틀러를 몰아내야겠다는 사명감을 확신하면서도, 그것이 가져올 가혹한 대가에 대해 다시 생각하고 싶은 유혹을 분명 느꼈을 것이다. 마음만 고쳐먹으면 마리아와 결혼해 신학교 교수로서 비교적 편하고 즐거운 삶을 기대할 수 있었다. 그러나 본회퍼는 상대적으로 편한 삶을 기꺼이 포기했다.

본회퍼는 독방에 있으면서 어렵고 근본적인 질문을 자신에게 던졌다. "나는 누구인가?" 그는 다정하고, 활기 있으며, 상냥한 성격으로 주위 사람들의 칭찬을 받아 왔다. 그러나 내면에서는 자신이 어떤 사람인지에 대해 매우 다른 경험을 하고 있었다. 깊은 고뇌 가운데 그는 계속해서 자신에게 무거운 질문을 던졌다.

나는 누구인가?
이 사람인가, 저 사람인가?
오늘의 나는 내일의 나와 다른가?
나는 동시에 둘 다인가?
다른 사람 앞에서는 위선자이고,
나 자신 앞에서는 한심할 만큼 수심에 가득 찬 약골인가?
나는 누구인가?
사람들은 이러한 고독한 질문을
자신에게 던지는 나를 조롱한다.
내가 누구든 당신은 아시오니,
오 하나님, 나는 당신의 것입니다.[1]

나는 마지막 문장을 강조하고 싶다. "내가 누구든 당신은 아시오니, 오 하나님, 나는 당신의 것입니다."

결혼 관계의 친밀함은 우리 모두가 소망하는 바다. 그러나 하나님께 자신을 내어 드리겠다는 사명감을 포기하지 않으면서도, 어떻게 그런 연합의 관계 속으로 들어갈 수 있는가? 하나님을 섬기기 위해 자신을 아낌없이 내어 드리겠다고 다짐하면서도, 어떻게 배우자에게 늘 충실하고 끊임없이 자신을 내어 주겠다고 약속할 수 있을까?

긴장되는 인간관계에서 비롯된 갖가지 요구들과, 무엇보다 소중하고 모든 것을 아우르는 영적 헌신 사이에서 균형을 잡기란 쉽지 않다. 결혼 생활에서 부닥치는 가장 큰 도전 중 하나는, 부부가 함께 서로 힘을 모아 살아가는 동안에도 자신만의 사명을 지켜 가는 일이다.

예전에는 확고한 사명감을 가진 그리스도인이라면 대개는 독신으로 살 거라고 생각했기 때문에, 이 문제에 관한 고민을 다룬 책도 별로 없었다. 프란시스 드 살레는 이 문제를 놓고 깊이 고민한 최초의 기독교 작가라 할 수 있다. 그는 법학과 신학을 공부했으며, 서신을 통해 사람들을 영적으로 이끄는 사역을 했다. 그의 상담은 통찰력이 있고 실제적이며 희망을 주는 내용이어서, 이 땅을 살아가는 진지한 그리스도인을 위해 그가 응답한 바를 이 장 전체에 담고 싶다.

이 땅을 살아가는 사람에게 쓴 편지

한 부인이 자신의 결혼 생활과 신앙 생활이 충돌하여 걱정된다는 편지를 프란시스 드 살레에게 보냈다. 프란시스는 다음과 같은 말로 그녀를 격려하며 우려를 잠재웠다. "우리가 누군지 분명히 합시다. 결혼한 사람이라면 결혼한 사람답게 살기 위해 힘쓰십시오. 결혼하지 않은 사람처럼 살려고 하지 마십시오." 그는 우리가 이런 마음가짐으로 살아갈 때 "우리와 함께 일하시는 주님을 영광스럽게"[2] 한다고 했다.

그의 충고를 받아들이면 존 웨슬리가 했던 실수, 즉 결혼했지만 결혼에 삶을 맞추지 않았던 실수를 예방할 수 있다. 웨슬리는 단 한 번이라도 결혼 때문에 설교가 방해받는 일은 없게 하겠다는 뜻을 굳게 세웠다. 사실 이런 비전은 비현실적이며, 배우자의 입장에서 보면 당연히 불공평하다. 결혼에는 의무가 따른다. 대단한 야망을 품은 사람이라면 특히 유념해야 할 의무다. 하나님을 잘 섬기고자 하는 열망마저 때로는 희생해야 한다. 그래야 아내와 자녀들의 삶에 내가 온전히 존재하고 참여할 수 있다. 우리는 긴장을 늦추지 않고 이런 질문을 해야 한다. "하나님의 일을 한다고 하나님의 딸이나 아들을 무시한다면, 그것이 하나님께 영광을 돌리는 일일까?"

특히 그리스도인 남자들은 무엇보다 야망 때문에 결혼 관계에 손상을 입히기 쉽고 종교적인 말로 아내를 속이는 일까지 정당화한다. 그러나 프란시스는 영적 헌신조차 그 정도가 지나칠 수 있다고 경고한다. 우리는 결혼하면서 배우자에게 상당한 에너지와 우선권, 시간을 들여 결혼 관계를 풍성히 가꿔 가겠다고 약속한다. 결혼했는데도 독신 남성이나 독신 여성처럼 사는 것은 영적 기만에 가깝다.

이와 비슷한 고민을 가진 또다른 여성에게 프란시스는 권면한다. 결혼의 굴레에 붙잡혀 수녀가 되고 싶은 소망을 포기할 수밖에 없다고 느끼는 기혼녀다. "하나님은 그분의 종이 수행하는 일이 얼마나 고귀한가를 따져 그를 평가하시지 않습니다. 다만 얼마나 신실히 그 일을 수행하는지 평가하십시오." 병원을 운영하든, 홈스쿨을 하든 각자의 삶에 주어진 부르심에 충실하다면 하나님의 눈에는 아무 차이가 없다.

이번에는 결혼 생활과 하나님께 대한 헌신을 조화시키기 어려워하는 여성에게 프란시스가 쓴 편지다. "부르심이 다양한 만큼 부르심을 이루는 수단도 다양합니다. 당신이 종교에 귀의하든, 남편 없이 혼자 지내든, 가족과 함께든 모두 하나님이 기대하시는 완전함을 추구해야 하지만, 모두 같은 방편을 통해야 하는 것은 아닙니다."

그는 몇 가지 영적 훈련을 제안하면서 격려와 더불어 주의를 주었다. "교회에 너무 오래 있거나, 혼자만의 기도 시간이 지나치게 길거나, 가정일을 허술하게 하여 남편이나 자녀에게 고통을 주지 않도록 주의하십시오. 당신은 독실하고 헌신하기를 좋아하지만, 그렇게 살아가는 모습이 다른 사람들 보기에도 아름다워야 합니다."[3]

자신이 만족할 때까지 헌신하느라 주위 사람들에게 등을 돌리게 된다면, 하나님을 잘 섬긴다고 할 수 없다. 프란시스는 단언한다. "가끔 우리는 주님을 떠나야 합니다. 주님의 사랑으로 다른 사람들을 기쁘게 하기 위해서 말입니다."

나는 신앙이 없는 남편과 결혼한 탓에 원하는 만큼 교회 활동을 하지 못해 낙심한 아내들을 만난 적이 있다. 프란시스는 그런 이들에게 좌절감을 안고 살아가라고 권면한 바 있다. 오히려 영적인 일을 하느라 결혼 생활이 소홀해진다면, 결코 그것이 더 나은 경건이라고 할 수 없기 때문이다.

내가 결혼 생활에서 느끼는 가장 큰 도전 중 하나는 끝없이 이어지는 일거리들이었다. 마당의 잔디를 깎고, 쓰레기를 치워야 한다. 아이들은 하루 종일 나와 함께 있고 싶어하는데, 빨래와 요리, 차 정비까지 해야 하니 어떻게 평안하고 조용한 가운데 하나님의 임재에 집중할 수 있겠는가?

이같이 고민하는 여성에게 프란시스는 잔소리가 아닌 격려의 글을 쓴다. "당신이 해야 하는 일들이 얼마나 많은지 말씀하셨죠? 그것이 바로 참되고 견고한 가치들을 얻을 수 있는 좋은 기회입니다."

프란시스는, 우리가 지속적으로 자신에 대해 죽고 내면의 성숙을 꾀하려는 태도를 잃지 않는다면, 이런 고민들을 하면서 영적으로 고갈되기보다 성장의 기회를 얻게 된다고 말한다. "여름에 여행하는 사람에게 여행 자체보다 파리와 모기 같은 해충이 더 많은 고통과 짜증을 일으키듯, 할 일이 많고 다양하다는 것이 우리에게 일 자체보다 더 많은 고통이 될 수 있습니다. 그러므로 일이 많다는 것은 계속해서 순교하는 것입니다."

프란시스는 우리가 어려운 일을 만날수록 성품을 다듬을 수 있기 때문에 영적으로 더 많은 유익을 얻는다고 말한다. 이러한 가정(假定)은 우리 시대 문화에서는 아예 잊힌 개념이다. 이러한 많은 책임과 의무에 직면할 때, 우리 영혼이 살려 달라고 외치는 것은 자연스러운 일이다. 그러나 프란시스는 그리스도를 닮고자 하는 가운데 인내와 선함과 성장을 추구하면서 그러한 책임으로부터 가능한 한 많은 유익을 얻으라고 말한다.

여기서 주의할 것은, 인내가 좌절이라는 도가니 안에서만 빚어질 수 있다는 점이다. 결혼 생활에서 감당해야 하는 그 수많은 일들로 인해 결혼은 인내를 배우는 최고의 훈련장이 된다. 프란시스는 이렇게 권면한다. "하루를 살면서 마음이 무너질 때마다 스스로를 고쳐 세우고 인내하기로 몇 번이고 결단하십시오."

더불어 프란시스는 "아무리 사소하더라도 모든 사람을 향해 온유한 마음을 연습할 기회"를 잃지 않음으로써 "자기를 부인하는 일"에 더욱 매진하라고 격려한다. 온유함이라는 덕을 훈련하는 것은 특히 힘든 일이다(프란시스도 하나님이 도우셔야 이 일이 가능하다는 점을 인정한다). 이는 옳은 일을 하기는 쉽지만, 그 옳은 일을 올바른 동기로 하는 것과는 완전히 다르며, 결혼 생활을 하는 동안 마음의 동기와 성품이 분명히 시험대에 오를 것이기 때문이다. 프란시스는 더 자세히 설명한다. "나는 이것을 '온유한 열심'이라고 말하고 싶은데, 과격한 열심은 마음과 문제를 망치며, 실은 열심이 아니라 성급함이요 골칫거리이기 때문입니다."

프란시스는 우리가 성숙한 사람이 되는 것은 옳은 일을 하는 것만큼이나 하나님을 영광스럽게 한다는 점을 강조했다. 결혼은 우리가 할 수 있는 많은 일을 제한한다는 점에 의심의 여지가 없지만, 우리를 더 성숙한 사람으로도 변화시킨다. 성취와 업적보다는 영적 성장에 더 초점을 맞출 때, 결혼이라는 관계는 그리스도인의 사명을 감당하는 놀라운 환경이 되는 것이다.

걱정거리가 많을수록 부담도 커질 테지만, 프란시스는 어머니들에게 영원을 기억하며 인내하라고 격려한다.

우리는 곧 영원한 세상에 있게 될 것입니다. 그때가 되면 이 세상의 모든 일들이 얼마나 사소했으며, 그렇게 중요하지 않았다는 것을 알게 될 것입니다. 어린 시절, 우리는 작은 집을 만들기 위해 돌멩이와 나무, 진흙 등을 얼마나 열심히 모았습니까? 누군가 그 집을 부수면 너무 속상해서 울지 않았습니까? 그러나 곧 그 모든 것이 아무것도 아니었음을 압니다. 언젠가 하늘에 있는 우리도 그와 비슷하게, 이 땅에서의 근심이 정말 아이들의 놀이에 불과했음을 깨닫게 될 것입니다.

프란시스는 "이 세상의 모든 일들"이 정말 아무 가치가 없음을 가르치기 위해 이 말을 하는 게 아니라고 덧붙였다. "사소한 일들에 대한 염려를 끊으라는 말이 아닙니다. 하나님이 이 세상에서 우리를 단련시키기 위해 그런 일들을 맡기셨기 때문입니다. 그러나 나는 정말 그런 염려가 우리에게서 열정과 열망을 앗아가지 않기를 원합니다."[4]

프란시스는 또 매우 낙심한 어느 임산부에게 편지를 썼다. 그는 임신의 중압감에 억눌려 있는 그녀를 위로했다. "임신이라는 부담으로 압박받고, 아이를 몸에 지니는 노동으로 약해진 몸과 마음은 그다지 출산을 쉽게 받아들일 수 있는 상태는 아니겠지요. 하지만 이로 인해 영혼의 더 숭고한 부분에서 일어나는 활동이 방해받아서는 안 됩니다."[5]

프란시스는 그녀를 간곡히 권면한다. "사랑하는 자매님, 심신이 힘들다는 이유로 옳지 않은 일을 하거나 자신을 속여서는 안 됩니다. <u>스스로를 붙잡고 인내하십시오.</u>"

결혼 생활에서 오는 걱정거리들은 독신으로 지낼 때보다 정서적으로 더 많은 동요를 일으킨다. 어느 주일 아침이 생각난다. 나는 그 전날 밤 어느 집회에서 강연을 했다. 그리고 주일에 교회에서 네 번의 설교를 해야 했다. 그날 아침 아이들이 주방에서 3차 세계대전을 방불케 하는 소란을 피우기 시작했다. 아내는 교회 갈 준비를 하고 있었고, 아이들을 훈계하는 것은 내 몫이었다. 나는 신경이 곤두선 나머지 평상심을 잃고 말았다. 소리라도 지르고 싶었다. "세상에, 이런 난장판을 겪고 어떻게 설교를 하란 말이야?"

감정을 제대로 수습하지 못하고 교회에 가서는 몇 사람들에게 전후 사정을 말하고 기도를 부탁했다. 내 마음이 완전히 '준비된' 것은 첫 번째 예배 후였다. 그날 아침에는 제발 그런 상황에서 벗어나고만 싶었지만, 지금 돌아보니 (적어도 성장에 관한 한) 그 모든 경험이 결국에는 유익할 것이라는 생각이 든다. 비록 설교를 위한 최선의 준비는 불가능했지만 말이다.

프란시스는 삶에서 만나는 모든 어려움을 영적으로 진보할 수 있는 기회로 보는 놀라운 능력으로 내게 도전을 준다. 중병에 걸린 남편과 함께하는 아내가 그에게 편지를 썼다. 프란시스는 그녀의 고통스런 감정에 응답한다. "진심으로 말씀드립니다만, 고통스런 감정을 호소하는 당신에게 유익할 수 있다면 사랑하는 남편의 질병마저도 기꺼이 사랑할 수 있을 것 같습니다. 이 세상은 악한 것을 종종 선하다고 하고, 그보다 더 많은 경우에 선한 것을 악하다고 말합니다."

프란시스가 쓴 모든 편지를 보면, 결혼이라는 관계 속으로 들어가려면 하나님 앞에서 우리에게 주어진 사명을 타협해야만 하는 것으로 생각하지 않았음을 알 수 있다. 결혼 자체가 우리의 사명과 긴밀하게 연결되어 있으며, 결혼이 사명 그 자체는 아닐지라도, 우리의 사명을 수행하는 최전선이 되기 때문이다.

이런 결론을 내릴 수 있는 이유는, 사명이 우리가 하는 일뿐 아니라 우리가 어떤 사람인가의 문제도 포함하기 때문이다. 기독교는 내면의 실재를 겉으로 드러나는 순종과 결합시키는 보기 드문 종교다. 겉으로 드러나는 의무 이행에만 초점을 맞춰서는 안 된다. 그것은 바리새인들의 행위로서 영적으로 치명적인 실수다. 한편으로, 세상 속에서 세상을 위한 섬김과 관련이 없는 내적 경건도 중대한 오류다. 사실상 결혼은 밖으로 드러나는 것에 초점을 맞출 때 더욱 굳건해진다.

결혼의 울타리 밖으로

마이크는 재능이 많은 친구다. 내가 아는 사람들 중에 언변이 가장 뛰어나다. 사람들을 배꼽 빠지게 웃기면서도 영적으로 도전을 줄 수 있는 범상치 않은 인물이다. 글솜씨도 뛰어나다.

그는 참여 인원 60여 명에 불과하던 캠퍼스 사역을 불과 2-3년 만에 600여 명이 참여하는 사역으로 부흥시켰다. 사역을 그만두고는 경영 컨설팅 회사를 차리고 성공적으로 운영하여 많은 사람을 놀래

켰다. 거기에 더해 캠퍼스 사역자를 위한 회보를 발간하고, 국내 캠퍼스 사역자 협의회를 만들었으며, 기사와 책을 쓰고 만화까지 그렸다.

그는 정말이지 능력자다!

수년 전 어느 날, 그는 교회 사무실에 들러(당시 나는 그의 협동목사였다) 자기 아내에 대한 칭찬을 늘어놓기 시작했다. "자네도 어제 내 아내를 봤어야 했는데…. 정말로 자랑스러웠어!"

그의 아내 셰리는 출산을 앞두고 있거나 출산한 지 얼마 안 되는 엄마들을 전도하는 아이디어를 나누고자 교회 제직회에 참석했다. 셰리는 교회가 그 지역의 예비 엄마들에게 작은 선물과 편지를 보내 예배에 초청하고, 교회 안에서 친교의 기회를 마련해 주자고 제안했다. 아기가 태어날 때마다 지역 신문에 소식이 실렸기 때문에 셰리의 아이디어는 실행하기 어렵지 않았다.

셰리는 하나님 나라를 확장하는 일에 헌신하면서도 남편의 마음도 사로잡았다. 역설적이지만 사실이다. 결혼의 울타리 '밖에서' 섬기는 일을 했음에도, 그들 부부의 관계는 더욱 돈독해졌다.

영적으로 생명력 있는 결혼 생활을 하는 부부는 결혼의 울타리 밖에서 공동의 비전을 제각각 추구하더라도 그들의 결혼을 제대로 유지한다. 역사적인 사실도 이를 증명한다. 독일의 또 다른 영웅 헬무트 폰 몰트케 장군은 디트리히 본회퍼처럼 나치에 맞선 인물이다.

폰 몰트케의 열렬한 아내 사랑은 그의 편지에 잘 나타나 있다.

당신은 지금의 나를 있게 한 하나님의 대리인을 넘어 나 자신이라 할 수 있소. 당신은 고린도전서에서 나의 13장을 장식하는 사람이오. 당신과 내가 연합을 이룰 때, 우리는 비로소 완전한 사람이 되며 단일한 창조적인 생각을 이룰 수 있소.

폰 몰트케는 아내를 깊이 사랑하면서도 이 땅에서 하나님의 일에 참여하는 데도 열정을 다했다. 처형 당하기 불과 몇 시간 전에 그는 아내에게 또 한 장의 편지를 써 보냈다. 그의 글을 읽기 전에 생각해 보라. 아내에게 마지막 편지를 써야 한다면, 무슨 말을 하겠는가?

나의 사랑, 나는 곧 최후를 맞이하오. 나는 나 자신에게 진심으로 이렇게 말할 수 있소. "그는 주어진 연수를 온전히 채우고 삶의 모든 것을 온전히 겪은 후에 잠들었다." 이 말은 이 땅에서 내가 당신 곁에 더 머물러 산다면 더 이상 기쁘지 않다는 뜻이 아니라오. 오히려 내가 당신 곁에 더 있으려면 하나님께 새로운 사명을 위임 받아야 한다는 뜻이오. 내가 태어나면서 부여 받은 사명은 이미 완성되었기 때문이오.[6]

폰 몰트케는 열정적이고 풍성한 결혼 생활을 했음에도 불구하고, 지속적으로 살아가기 위해서는 하나님께 새로운 사명을 위임 받아야 한다고 말하고 있다. 이 얼마나 놀라운 말인가! 그는 몇 시간 후면 교수형에 처해질 사람이었다. 그의 결혼 생활이 다시 풍성해지기 위해 그는 결혼 생활 밖에서 새로운 의미가 부여되어야 한다고 본 것이다. 밖으로부터 오는 사명이 그의 결혼에 의미를 부여하는 것이다.

결혼했다면, 나를 더 이상 '나'가 아닌 '우리'로 보는 것이 중요하다. 그런데 이런 일은 배우자가 자신의 배우자에게, 즉 아내가 남편에게, 남편이 아내에게 자신을 내어주지 않으면 이루어질 수 없다. 사도 바울은 우리 모두에게 고유한 은사가 있으며, 하나님 나라를 위해 감당할 고유한 역할이 있다고 분명히 말한다(롬 12:4-8, 고전 12:1-11 참조). 우리 각 사람은 자신에게 주어진 일을 신실하게 섬기기 위해 열정을 다해야 한다.

성숙한 결혼은 개인의 갈망뿐 아니라 부부 사이에서 누릴 수 있는 안락함이 관계를 지배하지 않도록 내려놓는 차원에 이른다. 그것은 부부가 "우리는 ~이다"라고 말하는 대신 "우리는 ~을 보살핀다"라고 말하는 생활로 설명할 수 있다. 이런 변화는 점진적으로 일어난다. 부부의 성생활과 휴식의 시간은 자녀 출산을 기점으로 바뀐다. 교회 갈 준비를 하는 시간마저 기저귀를 갈거나 아기 용품을 챙기느라 피곤해질 수 있다. 처음 만난 한눈에 반한 젊은 연인들이 서로에게만 집중하던 마음도, 이제는 새로 태어난 이 작고 손 많이 가는 존재를 받아들이는 마음으로 바뀌게 된다.

부부는 아기를 양육하면서 결혼 초기부터 섬김의 가치를 차츰 배워 가기 시작한다. 이때부터는 집 밖에서 할 수 있는 일도 제한된다. 이상적으로는 자녀들이 독립해 부모의 품을 떠나도 부부는 섬김의 가치를 계속해서 배워 갈 수 있다. 자녀 양육에서 벗어나 삶의 더 넓은 영역에 관심을 기울일 여유가 생기기 때문이다.

나는 부모님이 이런 과정을 지나는 모습을 지켜보았다. 아버지는 예순에 은퇴하며 사역을 그만두셨지만 사실 섬기는 방향만 달라졌을 뿐이다. 부모님은 은퇴 후에도 섬기며 사는 모습을 보여 주셨다.

한번은 멀리 있는 전도 집회 장소에서 부모님을 만났다. 부모님은 전날 밤에 아내와 사별한 지 얼마 안 된 남자와 두 시간 반 동안이나 함께 있었다고 하셨다. 일면식도 없는 사이였지만 부모님은 그에게 '얘기를 잘 들어 주는 사람'이라는 인상을 심어 주셨다. 부모님은 그 남자를 위로하기 위해 그날 음악 축제에 참가하는 것도 포기하셨다.

얼마 지나지 않아 그 남자는 가족들과 함께 나의 부모님 바로 옆집으로 이사왔고, 이사 가기 전까지 나의 부모님을 "할아버지", "할머니"라 부를 정도로 가깝게 지냈다.

은퇴 생활은 외로운 시간이 될 수 있지만, 나의 부모님은 인생에서 가장 보람 있고 바쁜 일상을 보내셨다. 계속되는 섬김에서 의미와 만족을 찾는 한편, 가끔 여행을 떠나 여유 있게 즐거움을 누려도 괜찮을 것이다.

섬김과 헌신이 없으면 결혼 생활은 너무 빨리 고립되고 외로운 것이 된다. 이기적인 결혼 생활은 공허하다. 우리는 하나님을 섬기기 위해 창조되었으며, 인간의 어떤 애정도 그 갈망을 달랠 수 없다.

두 가지 꿈, 하나의 삶

야망은 치명적인 결과를 초래할 수 있다. 루 카시취케는 1996년 봄에 에베레스트 산 등정대에 참여했다가 역사상 최악의 재난을 목격했다. 몇 사람이 세계 최고봉에서 실종되어 세계적으로 뉴스가 된 참사였다. 운명의 그날, 다수의 대원들은 정상에 오르기에는 시간이 너무 지체된 상황에도 불구하고 철수하기를 거부했다. 그러나 루는 철수하기로 결심했고 덕분에 살아 남을 수 있었다.

루는 정상에 오르는 일이 중요하지만, 그렇다고 해서 자기 목숨을 중대한 위험 속에 몰아넣고 싶지 않았다. 그는 그 이유를 이렇게 설명한다.

> 그곳에 올랐다가 살아 돌아올 수 없을 거라고 생각했다. 운이 좋아 봐야 손가락이나 발가락을 잃을 테고, 나머지 전부를 잃을 수도 있었다. 나는 그날처럼 심한 압박을 받는 상황에 쉽게 영향을 받는 사람도 아니지만, 내가 보기에 정상에 오르는 것은 사느냐 죽느냐를 결정할 문제가 아니었고 세상에서 가장 중대한 일도 아니었다. 신문에 나의 놀라운 사연을 싣고 싶지도 않았다. 어떤 대원들은 언론에 알려지고 명성과 부, 세계 기록, 그 밖의 모든 일을 큰 보상으로 여겼다. 내 말은 이런 것들이 아무 의미가 없다는 뜻이 아니다. 그것은 내게도 중요하다. 그러나 정상에 오르려는 나의 야망 때문에 내 마음속의 다른 생각들마저 무시할 수 없었다.[7]

"야망 때문에 내 마음속의 다른 생각들마저 무시할 수 없었다"는 이 마지막 말이 인상적이지 않은가? 나는 야망에 휩싸인 사람들을 많이 만나 보았다. 거기에는 종교적 야망도 포함되는데, 그런 맹목적인 야망으로 그들은 주위의 모든 사람을 숨막히게 한다. 강박에 사로잡힌 듯 무언가를 추구하느라 사랑하는 사람들이 고통받는 것을 보지 못한다. 배우자가 자신에게 발맞추지 못하면 영적 살인도 종종 저지른다. 애정이든, 관계든, 도덕이든 무언가를 죽이는 것이다. 어떤 형태로든 피해자가 생긴다.

야망을 포기하지 않은 채 관계를 이어 가려고 하면, 다이너마이트와 불이 만난 것처럼 폭발을 피할 수 없다. 결혼 관계 안에서도 사명을 이어가고 싶다면, 자신을 더 비우고 배우자와 더 많은 것을 나눌 수 있어야 한다. 배우자도 자신처럼 부르심을 받은 것을 기억하며, 배우자를 움직이게 하고 에너지를 얻게 하는 그 부르심이 무엇인지에 관심을 가져야 한다.

우리 부부는 결혼할 당시 조화를 이룰 것 같지 않은 서로 다른 두 가지 사명을 추구하고 있었다. 나는 작가가 되고 싶었다. 나도 가끔 하는 말인데, 전업 작가는 작가 지망생에게 이렇게 말할 것이다. "자네, 정말 작가가 되고 싶다면, 10년 동안 자네를 먹여 살릴 수 있는 배우자와 결혼하게!"

그런데 내 아내는 집 밖에서 일을 한 적이 없다. 그녀는 홈스쿨링과 자녀들의 지적, 문화적, 영적 발달을 돕는 가정 환경을 만드는 일에 열정을 쏟았다.

언뜻 봐도 우리 둘 사이에 흐를 긴장이 느껴지지 않는가? 작가인 나는 아내가 꿈을 실현하는 데 필요한 돈의 10분의 1도 벌어다 주지 못했다. 전업주부인 아내도 내가 작가 경력을 쌓는 데 필요한 돈을 한

푼도 벌지 않았다.

이런 상황에서 가정에 작은 분쟁도 없었다면 거짓말일 것이다. 하지만 돌아보면, 둘 중 누구도 서로에게 포기할 것을 강요하지 않았다. 덕분에 우리의 양립할 수 없는 차이는 상호 보완적이 될 수 있었다. 각자를 향한 하나님의 부르심을 소중하게 여기며 우리는 발전할 수 있었다. 비록 둘 다 원하는 것보다 훨씬 느리게 발전했지만 말이다. 그래도 돌아보면, 급속한 발전이 없었기에 우리는 특히 귀한 두 가지 영적 자질, 즉 인내와 이타적인 태도를 키울 수 있었다.

문제는 우리가 가장 잘 안다고 생각하는 것이다. "하나님, 왜 제가 원하는 방법으로 일을 진행시키지 않으세요?" 더 큰 문제는 우리 생각이 잘못된 경우가 많다는 것이다. 우리가 바라는 일이 우리를 망칠 수도 있다. 우리 눈이 에베레스트 정상에 고정되어 하산할 시점을 놓친다면, 그 욕망에 사로잡혀 꼼짝 못하게 되기 쉽다.

2천여 년 전, 스페인의 한 젊은 총독이 알렉산더 대제의 동상에 올라가 사람들 앞에서 눈물을 흘렸다. 갓 서른을 넘긴 그는 그 위대한 정복자가 자신과 같은 나이에 이룬 업적과 자신의 업적을 비교하며 부끄러워했다. 나이 서른에 스페인 총독이 되었으며 남 부러울 게 없을 것이라고 대부분 생각하겠지만, 젊은 총독은 상심했다.

그 후 30년도 지나지 않아 그 총독 줄리어스 시저는 역사상 가장 강력한 통치자이자 군대 지도자가 되었다. 가장 가까운 친구와 참모마저 그를 암살하려는 공모에 가담할 정도로 권력이 막강해졌다. 그들은 아무리 뛰어나더라도 한 사람이 전권을 휘두르는 것은 위험하다고 생각했다.

암살은 내부에서 일어났다. 그러므로 누구도 살인을 저질렀다는 이유로 피소되지 않기 위해 공모자들 모두가 적어도 한 번씩 시저를 찌르기로 했다. 공모자들은 그를 둘러싸며 원을 좁혀 갔고 칼로 그를 찌르려 했다. 그러나 시저는 이에 격렬히 저항했고 상처 하나 입지 않았다. 확실히 그는 강했다. 오히려 공모자 중 일부가 반역 행위의 대가를 톡톡히 치렀다.

시저는 몸을 돌려 친한 친구 브루투스를 볼 때까지 계속해서 싸웠다. 그러나 친구의 얼굴을 본 순간 그는 극심한 고통을 느끼며 더 이상 싸울 수 없었다. 무서운 침묵이 흘렀다. 그리고 시저의 유명한 말, "브루투스, 너마저!"가 터져나왔다. 그는 자기 앞의 브루투스를 보고는 싸울 의지를 상실했다. 시저는 망토로 몸을 덮은 채 쓰러져 공모자들이 자기를 마음대로 찌르도록 놔두었다.

줄리어스 시저는 큰 야망을 품었지만, 그 야망이 친구들을 배반으로 이끌 줄은 결코 예상하지 못했다. 가장 사랑하고 믿었던 친구에게 습격을 받고 배반당하는 고통은 도무지 상상이 가지 않는다.

야망은 분명 격렬한 특성이 있다. 무언가를 이루기 위해 우리가 희생했던 모든 일들이 목표 달성과는 상관없이 도리어 우리를 매장시킬 수 있다. 어쩌면 하나님은 우리의 꿈을 건전하게 하고 방향을 재설정하기 위해 결혼이라는 관계를 허락하신 것 같다. 어쩔 수 없이 타협하는 과정에서, 우리는 무엇이 정말 중요한지 다시 평가하게 된다. 우리의 우선순위를 다시 점검해 보고, 다른 사람의 의견이나 필요도 돌아볼 수 있도록 속도를 늦추게 된다.

도널드 트럼프의 자서전 세 권을 읽으며 한없이 슬퍼졌다. 왜 세 권을 전부 읽었는지 나도 잘 모르겠다. 그러나 세 번째 책 말미에서 맹목적으로 재물을 추구하느라 그 야망을 의미 있게 만드는 부부간의 친밀함을 잃어버린 사람의 모습이 어떤지 명확히 볼 수 있었다. 첫 부인 이바나와의 문제는, 이바나는 집에서도 남편과 일에 대해 이야기하고 싶은 반면에 도널드는 쉬고 싶었다는 것이다. 결국 그는 이혼했고 젊은 여성 말라와 결혼했다. 두 번째 부인은 호텔 경영에 관심이 없었고 가정을 가꾸고 싶어 했다. 그러나 이번에는 저녁식사 전에 퇴근하기를 바라는 부인으로 인해 도널드가 지쳐 버렸다.

도널드는 아내들을 통해 배워야 하는 것이 무엇인지 깨닫고 자기 야망을 타협하여 문제를 해결하는 대신에 아내를 갈아치웠다. 그는 스펙트럼의 양극, 즉 일에 대한 야망과 가정생활을 모두 얻으려 했으나 둘 다 부족했다. 자신이 소유한 모든 빌딩과 카지노에서 밤늦게 혼자 잘 때, 혹은 별 의미 없는 다른 여자들과 잘 때 그는 과연 따뜻함이란 걸 느꼈을까?

결혼을 통해 우리는 자기 틀에서 벗어나 자신의 비전이 세상에서 유일한 것이 아님을 깨닫는다. 하나님은 교회 전체를 짓고 계시며, 그것을 이루는 구성원 하나 하나가 모두 중요하다. 눈, 손, 발, 입 등 각 지체가 맡은 역할이 있다(고전 12:14-31 참조). 우리는 하나의 지체에 지나지 않는다. 솔직히 말해, 하나님은 언제든 우리 중 누구라도 다른 사람과 바꾸실 수 있다.

대학 시절 나는 십대에게 막대한 영향력을 끼쳤던 천재 그리스도인 음악가 키스 그린의 비극적인 죽음으로 인해 깊이 슬퍼했다. 왜 하나님은 키스 그린을 일찍 데려가셨을까? 그러나 독일의 위대한 작가이자 교수인 디트리히 본회퍼도, 뛰어난 사상가이자 기독교 변증가인 블레즈 파스칼도 마흔을 넘기지 못하고 죽었다. 예수님도 이 땅에서 30년을 조금 넘게 사셨다.

이런 현실은 내게, 신앙이 중요하지만 내가 하는 사역이 절대적으로 필요한 것은 아니라는 사실을 솔직히 가르쳐 준다. 내가 절필하더라도, 설교를 하지 않더라도 교회는 잘 돌아갈 것이고 그 걸음을 늦추지 않을 것이다.

아내 리사에게 꿈의 집을 선사했다면 좋았을 것이다. 아내도 내가 결혼한 직후부터 작가가 되었으면 좋았겠다고 생각하는 것 같다. 우리는 둘 다 연약하기에, 기회가 주어진다면, 그때로 돌아가 쉬운 길을 선택할지도 모른다. 하지만 그렇게 하는 것이 궁극적으로 우리가 가장 원하는 것인지 확신하지는 못한다. 시저처럼 초기에 품었던 야망을 성취하는 것이 오히려 우리를 망칠 수도 있다.

결혼 너머를 보라

결혼 관계를 넘어 섬김의 중요성을 알아야 한다. 결혼 자체는 영원하지 않기 때문이다. 하나님이 우리에게 짝을 주셨지만 이 짝이 평생을 함께하리라는 보장은 없다. 그렇게 되기를 희망하지만 한날한시에 죽음을 맞이하는 부부는 드물다. 결혼은 이 땅의 삶을 위한 것이며, 우리는 모두 각기 다른 시간에 이곳을 떠난다.

오토 파이퍼는 이렇게 말한다. "배우자를 잃는 것을 슬프고 당연한 일로만 보아서는 안 된다. 하나님이 배우자를 데려가심으로 결혼 관계가 종료되면 그때부터는 이 땅에 남은 한 사람이 하나님을 섬기는 일에 온전히 자신을 헌신하도록 기대하신다."[8]

그의 결론을 주의 깊게 듣기 바란다. "그러므로 두 사람이 성적으로 얼마나 성숙한 단계에 도달하느냐의 문제는 하나님의 법에 얼마나 순종하는지에 달려 있고, 한편으로 그것은 하나님의 구속 계획이 실행된 것이기도 하다."

하나님의 구원 계획이라는 큰 틀 안에서 결혼을 바라본다면, 우리가 결혼 관계를 지속하는 일은 자기 백성을 향한 하나님의 지극한 헌신을 드러내는 하나의 방편이 된다. 설령 하나님의 계획하심에 따라 배우자의 죽음으로 결혼이 끝난다 해도 우리의 궁극적인 목적은 변하지 않는다. 그때부터 우리는 '자유롭게' 다른 사람들에게 하나님의 구속 계획을 전하는 일로 주님을 더 적극적으로 섬길 수 있게 되는 것이다.

결혼 자체가 우리의 최고 우선순위가 될 때, 그 관계에서 누릴 수 있는 기쁨은 두려움과 소유욕, 이기심으로 크게 손상되고 말 것이다. 우리는 우리 자신보다 더 큰 목적을 가진 누군가를 흠모하고 존경하며 사랑하도록 지음받았다. 목적의 중심에는 사랑으로 지칠 줄 모르고 백성들을 본향으로 부르시는 하나님의 부르심이 있다.

두 가지 핵심 사명을 받아들일 때, 우리는 결혼이 결혼 그 자체로 끝나지 않고 그 너머의 것을 가리키고 있음을 알게 된다. 하나는 창조주 하나님이 기대하시는 사람으로 자라가는 것이고, 다른 하나는 하나님이 우리에게 맡기신 일을 행하는 것이다. 이 두 가지 사명을 인정할 뿐 아니라 적극적으로 받아들일 때 우리는 충만하고 풍성하며 의미 있는 삶을 영위할 수 있다. 놀라운 사실은, 행복한 결혼 생활도 따라온다는 점이다. 하지만 그것은 다른 모든 것이 제 자리를 찾은 다음에 오는 축복의 산물이다.

에필로그: 부부란 무엇인가?

출장 와서 가족들과 떨어져 지낸 지 일주일이 넘었다. 자동차 안에 혼자 있을 때 잠시 움직임을 멈추고 귀 기울이게 하는 노래가 흘러나왔다. 갈등을 겪는 연인의 마음을 진솔하게 표현한 가사에, 이런 코러스가 듣는 이의 마음을 흔들었다.

"더 이상 이별하는 사람도, 더 이상 멀어지는 사람도 없을 거예요. 지금 나는 사랑하는 법을 배우고 있어요. 누구도…나만큼 당신을 사랑지 못할 거예요."

흔한 사랑의 노래일 수 있지만 이 가사에는 심오한 뜻이 담겨 있다. 무엇보다 "사랑하는 법을 배우고 있어요"라는 가사는 부인할 수 없을 정도로 성경적인 표현이다. 이 가사를 보면, 내가 그 누구보다 리사를 사랑할 수 있다면 '좋은' 남편이 될 수 있다는 생각이 든다. 아내가 생을 마칠 때 이처럼 말하게 하는 것이 나의 목표다. "게리는 힘든 상황에도 많이 처했고, 평생 살면서 애써야 할 부분이 많았지만,

그 모든 어려움 가운데서 누구도 줄 수 없는 사랑을 내게 주었어요."

리사의 형제자매는 모두 다섯이다. 그래서 리사의 부모님은 나만큼 그녀만을 사랑할 수 없다. 우리 아이들은 엄마도 있고 아빠도 있다. 그래서 나처럼 엄마 리사만을 사랑할 수 없다. 결혼 생활에서 부딪히는 많은 갈등과 도전은 나의 몫이고 나의 부르심이다. 나는 이렇게 외친다. "여보, 늘 당신 곁에 있겠어. 더군다나(나는 작사가처럼 시적으로 표현할 줄 모른다. 노래 가사에 '더군다나'라는 말이 등장할 일은 없을 것이다) 나는 당신을 누구보다 더 사랑할 거야."

오래전 아내의 생일에 크나큰 실수를 저지른 후로 나는 더욱 나은 남편이 되어 가고 있다. 이제는 그녀가 좋아하는 선물을 고를 줄 안다. 사실 그녀는 내가 더 잘할 수 있는 방법을 좀처럼 가르쳐 주지 않는다. 그러고는 깜짝 놀랄 만한 이벤트를 기대한다. 지난 크리스마스 때 아내와 나는 상점을 두루 다녔다. 그때 리사가 크리스마스 선물로 메밀로 속을 채운 베개를 받고 싶어 하는 것을 눈치챘다. 그녀는 입도 뻥긋하지 않았지만 말이다. 아이들은 내가 정말 이상한 선물을 한다고 생각했지만 리사가 그것을 좋아하고, 내가 그녀에 대해 연구하고 다른 누구보다 더 잘 안다는 것을 그녀에게 보여 줄 작정이었다. 정말 그랬다.

결혼 생활 동안 잘못된 적도 많았다. 배신감, 무관심, 냉소, 이기심 등을 경험하는 때도 있었지만 결혼은 긴 여정이다. 우리는 조금 느리게 출발할 수 있고 심지어 길을 잃을 때도 있겠지만, 그럼에도 중단없이 가장 의미 있는 여행을 계속해 나간다.

결혼이라는 관계를 탁월한 사랑을 배우고 실천하기 위한 기회로 본다면, 우리에게 사랑하라고 주신 사람이 아무리 어려운 상대라 해도 그게 무슨 문제가 되겠는가? 내가 베푼 사랑이 되돌아오든 그렇지 않든 그것도 중요하지 않다. 우리는 여전히 사랑에 탁월해질 수 있다. 우리는 여전히 "싫든 좋든 나는 누구보다 당신을 더 사랑할 거예요"라고 말할 수 있다.

이것은 그리스도가 보여주신 사랑을 닮았다. 그리스도의 사랑은 무엇과도 비교할 수 없으며, 그 누구보다 깊은 사랑이다. 그 사랑으로 인해 우리는 영적으로 태어나고 다시 태어날 기회를 얻는다. 러시아정교회의 성직자 옐차니노프는 "사랑을 한번 생생하게 체험하고 나면 우리는 악에서 멀어진다. 이는 죄와 맞서는 가장 치열한 싸움보다 더 확실한 효과를 발휘한다"[1]고 말했다.

하나님에 대한 사랑이 커지기 위해서는 인간이 지닌 사랑의 힘을 더 강하게 체험해야 한다. 우리는 결혼을 하늘나라와 견주는 경쟁 관계로 보는 대신 신앙을 배우는 훈련장으로 받아들여야 한다. 막시무스 콘페소르는 하나님을 향한 사랑과 사람을 향한 사랑은 서로 다른 별개의 사랑 같지만 '절대적인 한 사랑의 두 가지 모습'일 뿐이라고 했다. 예수님은 '가장 큰' 계명이 무엇이냐는 질문에 한 가지가 아닌 두 가지로 말씀하셨다. 하나님을 사랑해야 할 뿐 아니라 이웃도 사랑해야 한다는 것이다.

그것은 결혼 관계를 맺은 두 사람이 함께 실천해야 하는 사랑이다. 당신의 배우자가 이를 소홀히 여긴다 하더라도, 당신은 여전히 배우자를 사랑함으로 날마다 성장하는 법을 배워 가야 한다.

그러나 결혼에서 깊은 영적 실재를 헌신적으로 추구하려는 두 사람에게 또 다른 도전이 놓여 있다. 경건한 배우자가 되는 데서 그치는 게 아니라 경건한 부부로 나아가야 한다는 것이다.

먼저 가는 길

누군가 내 설교를 '어디서 들은 것 같은 흔한 이야기'라고 말한다면, 그것을 큰 칭찬으로 여기겠다고 어느 교회에 가서 말한 적이 있다. 나의 사명은 늘 성경과 교회사, 기독교 고전을 통합해 오늘날의 지혜에 적용하는 것이기 때문이다. 앞으로도 그럴 것이다. 나는 새로운 견해를 세우기보다는 잊혀진 옛 견해들을 이 시대에 새롭게 연결 짓는 것이 더 흥미진진하다.

결혼의 영성에 대해 이전에 없던 새로운 지평을 연 것은 아닐 수 있으나, 우리는 분명히 소수자의 길을 가고 있다. 그리스도인의 영성이 금욕이나 고행, 고독하게 하나님만 추구하는 것에 초점을 맞춰 온 것은 부인할 수 없는 사실이다. 이제 그 중심점은 변화되어야 한다. 대부분의 교회는 가족 관계 속에서 하나님을 섬긴다. 따라서 영적인 삶과 관련된 가르침의 90퍼센트는 결혼이라는 상황 안에서 이루어져야 한다.

게리 앤 맥퍼슨의 말에 나는 감동을 받았다.

진실한 성도의 경건함을 갖춘 부부란 우리가 보고 경험하는 현실에 비춰 보면 이상적일 수밖에 없다. 설령 주변에 성도의 진정성을 갖춘 부부가 있다고 해도, 우리는 그들을 알아보지 못할 것이다. 부부의 성 안에서 역사하시는 성령을 기대한 적이 없다면, 실제로 성령이 역사하시더라도 알아채지 못할 것이다. 게다가 진실한 성도는 드물고, 그 둘이 하나 된 경건한 부부는 통계적으로 더 드물다. 두 사람이 있어야 할 뿐 아니라 그들 사이에 완전한 관계가 있어야 하기 때문이다.[3]

이런 도전을 진지하게 받아들이고, '진실한 성도인 부부'가 되는 것을 결혼의 목표로 받아들인다면 어떨까? 부부가 되어서도 홀로 하나님과의 관계를 추구하는 게 아니라, 부부를 하나의 거룩한 단위나 하나님의 임재가 강력히 나타나는 그룹(cherubim)으로 보고 헌신하기에 힘쓰면 어떨까?

그것은 적어도 흥미진진한 과정이 될 것이다. 오늘 이 초대를 받아들이지 않겠는가?

미주

1장 가장 위대한 도전

1. Francis de Sales, *Thy Will Be Done: Letters to Persons in the World* (Manchester, N. H.: Sophia Institute, 1995), 42.
2. Derrick Sherwin Bailey, *The Mystery of Love and Marriage: A Study in the Theology of Sexual Relations*(New York: Harper and Brothers, 1952), 4.
3. C. S. Lewis, *The Allegory of Love: A Study in Medieval Tradition*(New York: Oxford Univ. Press, 1985), 4.
4. 그러나 실제로 프리다는 남편과 자식들을 떠나 로렌스에게로 갔다. 소설과 같은 결혼에 대한 연구는 존 타이텔의 책 *Passionate Lives*(New York: Birch Lane, 1991)에 나와 있다.
5. Katherine Anne Porter, "The Necessary Enemy", *The Collected Essays and Occasional Writings of Katherine Anne Porter*(New York: Delacorte, 1970), 182-184.
6. C. S. Lewis, *The Screwtape Letters*(New York: Macmillan, 1951), 94-95. (『스크루테이프의 편지』 홍성사)
7. 지금까지 나는 이 구절에서 바울은 고린도인들이 한 말을 반복했다고 생각해 왔다. 그러나 이것은 헬라어의 복잡성이라든지 문장 구조로 인한 오해는 아니다. *New International Commentary on the New Testament*(Grand Rapids:

Eerdmans, 1994)에 나오는 고든 피의 고린도전서 주석은 내가 읽어 본 책 중에서 이 구절을 가장 면밀하고 논리적으로 설명했다.
8. Evelyn Eaton Whitehead and James D. Whitehead, *A Sense of Sexuality: Christian Love and Intimacy*(New York: Doubleday, 1989), 100쪽에서 인용된 "The Goods of Marriage."
9. Mary Anne McPherson Oliver, *Conjugal Spirituality: The Primacy of Mutual Love in Christian Tradition*(Kansas City: Sheed and Ward, 1994), 12.
10. Oliver, *Conjugal Spirituality*, 12쪽에서 인용.
11. Gary and Betsy Ricucci, *Love That Lasts: Making a Magnificent Marriage* (Gaithersburg, Md.: PDI Communications, 1993), 95.

2장 결혼에서 하나님 발견하기

1. Thomas N. Hart and Kathleen Fischer Hart, *The First Two Years of Marriage* (New York : Paulist, 1983), 117-118쪽에 인용된 Belden C. Lane, "Rabbinical Stories," *Christian Century*(12, 16, 81).
2. Bailey, *The Mystery of Love and Marriage*, 101.
3. C. J. Mahaney, "God's Purpose and Pattern for Marriage," *According to Plan* audiotape series(Gaithersburg, Md.: PDI Communications, 1994).
4. Philip E. Hughes, *The Second Epistle to Corinthians: New International Commentary on the New Testament*(Grand Rapids: Eerdmans, 1962, 1982), 178.
5. C. K. Barrett, *A Commentary on the Second Epistle to Corinthians*, 2nd ed. *Harper's New Testament Commentaries*(New York: Harper&Row, 1973), 175.
6. Philip Yancey, *What's So Amazing About Grace?*(Grand Rapids: Zondervan, 1997), 263쪽에서 인용. (『놀라운 하나님의 은혜』 IVP)

3장 사랑하는 법 배우기

1. Porter, "The Necessary Enemy," *The Collected Essays*, 184.
2. Yancey, *What's So Amazing About Grace?*, 266.
3. 이 인용구와 뒤따라 나오는 설명은 존 버거의 *Do You Love Me?*(Manchester, N.H.: Sophia Institute, 1987)에서 발췌함.

4장 존중을 배울 때

1. Leon Morris, *The Gospel According to John: New International Commentary on the New Testament*(Grand Rapid: Eerdmans, 1971), 274쪽에서 인용.
2. Oliver, *Conjugal Spirituality*, 38쪽에서 인용.
3. Ricucci, *Love That Lasts*, 70.
4. Ricucci, *Love That Lasts*, 121쪽에서 인용.
5. John Owen, *Sin and Temptation*, edited and abridged by James Houston (Portland, Ore.: Multnomah, 1983), 29. (『죄와 유혹』 은성)
6. William Law, *A Serious Call to a Devout and Holy Life*(New York: Paulist, 1978), 294. (『경건한 삶을 위한 부르심』 크리스천다이제스트)
7. Dan Allender and Tremper Longman III, *Intimate Allies*(Wheaton, Ill.: Tyndale House, 1995), 287.
8. Allender and Longman, *Intimate Allies*, 281.

5장 영혼의 포옹

1. 이 문장과 다음에 나오는 네 가지 인용문은 Terry Glaspey, *Pathway to the Heart of God*(Eugene, Ore.: Harvest House, 1998), 16, 24-25쪽에서 발췌.
2. 이 인용문과 이에 뒤따르는 문장들은 *Christianity Today*(1998년 5월 18일)에서 Phyllis Alsdurf의 글 "McCartney on the Rebound"에서 발췌.
3. Yancey, *What's So Amazing About Grace?*, 265쪽에서 인용.
4. 이 글을 쓴 후 아내가 내게 다가와 어깨 너머로 내가 쓴 글을 읽었다. 그러고는

"내가 당신에게 성자 같다고 하지 않았던가요?"라고 물었다. 나는 그 물음에 웃음을 터뜨렸지만, 그 문제에 대한 해답은 아직 미결 상태다.

5. 이 표현은 고든 피 박사가 자신의 주석에서 약간 바꾸어 말한 NIV 성경에 근거하고 있다. 구약에도 '결혼의 의무'에 관한 구절이 있다. 일부 다처제였던 당시에도 말이다(출 21:10 참조).
6. Jacques Ellul, *Prayer and Modern Man*(New York: Seabury, 1979), 56.
7. 엘로이즈와 아벨라르에 관한 인용은 Bailey, *The Mystery of Love and Marriage*, 5에서 나온 것이다.

6장 깨끗하게 하는 결혼

1. Oliver, *Conjugal Spirituality*, v-vi.
2. Pseudo-Athanasius, "The Life and Activity of the Holy and Blessed Teacher Syncletica," trans. Elizabeth Castelli, in *Ascetic Behavior in Greco-Roman Antiquity*, Vincent Wimbush, ed. (Minneapolis: Fortress, 1990), 284.
3. Saint Ambrose, *Concerning Virgins*, book 1, chap. VI, para 25-26.
4. C. S. Lewis, *The Four Loves*(New York: Harcourt Brace, 1971), 111. (『네 가지 사랑』 홍성사)
5. Hart and Hart, *The First Two Years of Marriage*, 50.
6. Allender and Longman, *Intimate Allies*, 278.
7. Allender and Longman, *Intimate Allies*, 288.
8. Blaise Pascal, *Pensées*, trans. A. S. Krailsheimer(New York: Penguin, 1966)
9. François de Salignac de La Mothe Fénelon, *Christian Perfection*(Minneapolis: Bethany House, 1975), 205. (『그리스도인의 완전』 브니엘)
10. Law, *A Serious Call to Devout and Holy Life*, 228.
11. Fénelon, *Christian Perfection*, 90.

7장 둘만의 역사 만들기

1. Hart and Hart, *The First Two Years of Marriage*, 15.

2. Oliver, *Conjugal Spirituality*, 26.

3. Oliver, *Conjugal Spirituality*, 33.

4. Oliver, *Conjugal Spirituality*, 34쪽에서 인용.

5. Anne Tyler, *A Patchwork Planet*(New York: Knopf, 1998), 218-219. (『바너비 스토리』프레스21)

6. Jerry Jenkins, *Hedges: Loving Your Marriage Enough to Protect It* (Brentwood, Tenn.: Wolgemuth and Hyatt, 1989), 142.

8장 거룩한 분투 견디기

1. Ricucci, *Love That Lasts*, 50.

2. Otto Piper, *The Biblical View of Sex and Marriage*(New York: Scribner's, 1960), 114-115.

3. Piper, *The Biblical View of Sex and Marriage*, 134.

4. 딩컨에 관한 자료는 다음 몇 가지 작품에서 조금씩 모았다. *Abraham Lincoln, Speeches and Writings*, 1832-1858(New York: The Library of America, 1989); Frederick Owen, *Abraham Lincoln: The Man and His Faith*(Wheaton, IL.: Tyndale House, 1976); Shelby Foote, *The Civil War: A Narrative*, Vols. 1 & 2(New York: Random House, 1958, 1963); and Dale Carnegie, *How to Win Friends and Influence People*(New York: Simon and Schuster, 1994). (『데일 카네기의 인간관계론』더클래식)

5. 린드버그에 관한 자료는 다음 몇 가지 작품에서 조금씩 모았다. Anne Morrow Lindbergh, *Bring Me a Unicorn*(New York: Harcourt Brace Jovanovich, 1971); Anne Morrow Lindbergh, *Hour of Gold, Hour of Lead*(New York: Harcourt Brace Jovanovich, 1973); Dorothy Herrmann, *Anne Morrow Lindbergh: A Gift for Life*(New York: Ticknor and Fields, 1993); Roxanne Chadwick, *Anne Morrow Lindbergh: Pilot and Poet*(Minneapolis: Lerner, 1987); and A. Scott Berg, *Lindbergh*(New York: G. P. Putnam's Sons, 1998).

6. Eugene Peterson, *Take and Read*(Grand Rapids: Eerdmans, 1996), 44.

9장 앞을 향해 넘어지기

1. *Reader's Digest*(1998년 7월)에 Pam Hoepner가 쓴 실화에 바탕을 둠.
2. Oliver, *Conjugal Spirituality*, 126쪽에서 인용.
3. Ricucci, *Love That Lasts*, 129쪽에서 인용.
4. 1998년 워싱턴 주 벨링엄의 한 포럼에서 렝글이 재인용한 것을 들었다.
5. Hart and Hart, *The First Two Years of Marriage*, 19.
6. Ricucci, *Love That Lasts,* 152쪽에서 인용.
7. Whitehead and Whitehead, *A Sense of Sexuality*, 197.
8. Ricucci, *Love That Lasts*, 124쪽에서 인용.
9. *The Jerusalem Post*(1998년 5월 15일)에서 나온 이야기.
10. Yancey, *What's So Amazing About Grace?*, 84.
11. Yancey, *What's So Amazing About Grace?*, 281쪽에서 인용.

10장 섬기는 자 되기

1. Piper, *The Biblical View of Sex and Marriage*, 153.
2. 이 문장과 뒤따라 나오는 인용은 *GQ*(1998년 6월), 232-235쪽, Robert Draper의 "Death Takes a Honeymoon"에서 인용.
3. Ricucci, *Love That Lasts*, 5-6.
4. *People*에 실린 Jack Friedman과 Barbara Sandler의 "Winning at Home"에서 발췌한 설명 (1/11/9).
5. *GQ*(1999년 9월)에 실린 Elizabeth Gilbert의 "Losing Is Not an Option"에서 인용.
6. C. J. Mahaney, "A Husband's Responsibilities," *According to Plan* audiotape series.
7. Dietrich Bonhoeffer, *The Cost of Discipleship*(New York: Macmillan, 1963 rev. ed.), 149. (『진정한 사도가 되라』 보이스사)
8. Oliver, *Conjugal Spirituality*, 1.
9. Piper, *The Biblical View of Sex and Marriage*, 157.

10. Allender and Longman, *Intimate Allies*, 317-318.
11. Whitehead and Whitehead, *A Sense of Sexuality*, 13쪽에서 인용.

11장 성욕을 지닌 성자들

1. Whitehead and Whitehead, *A Sense of Sexuality*, 11쪽에서 인용.
2. Oliver, *Conjugal Spirituality*, 13.
3. Allender and Longman, *Intimate Allies*, 228.
4. John Calvin, *Institutes of the Christian Religion*, book IV, chap. 12, para. 26. (『기독교 강요』생명의말씀사)
5. Mary Anne Mcpherson Oliver, "Conjugal Spirituality," *Spirituality Today* 43, no.1(Spring 1991), 54.
6. Edmund Leites, *The Puritan Conscience and Modern Sexuality*(New Haven, Conn.: Yale Univ. Press, 1986), 12-13.
7. Kathleen Fischer Hart and Thomas N. Hart, "The Call to Holiness in Christian Marriage," *Spirituality Today* 36, no. 1(Spring 1984), 16.
8. Piper, *The Biblical View of Sex and Marriage*, 79.
9. Nahmanides, *The Holy Letter*, 60.
10. Ricucci, *Love That Lasts*, 159.
11. Harold Best, *Music Through the Eyes of Faith*(San Francisco: Harper San Francisco, 1993), 40.
12. 감사는 건강한 영혼을 지닌 그리스도인의 가장 근본적인 덕목이다. *The Glorious Pursuit: Embracing the Virtues of Christ*(Colorado Springs: NavPress, 1988)에서 더 자세히 설명했다. (『일상 영성』CUP)
13. Piper, *The Biblical View of Sex and Marriage*, 215.
14. Piper, *The Biblical View of Sex and Marriage*, 216.
15. Thomas N. Hart, *Living Happily Ever After: Toward a Theology of Christian Marriage*(New York: Paulist, 1979), 44.
16. Lewis, *The Screwtape Letters*, 102.

17. Lewis, *The Screwtape Letters*, 102-103.
18. Nahmanides, *The Holy Letter*, 116.
19. Whitehead and Whitehead, *A Sense of Sexuality*, 75.
20. Whitehead and Whitehead, *A Sense of Sexuality*, 150.
21. Whitehead and Whitehead, *A Sense of Sexuality*, 151.
22. Elton Trueblood, *The Humor of Christ*(New York: Harper & Row, 1964), 32. (『그리스도의 유머』CLC)
23. Oliver, *Conjugal Spirituality*, 28에서 인용.

12장 하나님의 임재

1. Evelyn Eaton Whitehead and James D. Whitehead, *Marrying Well: Stages on the Journey of Christian Marriage*(New York: Doubleday, 1983), 187
2. Fénelon, *Christian Perfection*, 4.
3. Brother Lawrence, *Practicing the Presence of God*, trans. John J. Delaney (New York: Doubleday, 1977). (『하나님의 임재연습』좋은씨앗)
4. Oliver, *Intimate Allies*, 61.
5. Allender and Longman, *Intimate Allies*, 89.
6. Allender and Longman, *Intimate Allies*, 99.
7. Allender and Longman, *Intimate Allies*, 101.
8. 알렌더와 롱맨이 가장 잘 설명하고 있다. "하나님만 유일하게 인간의 마음을 채우는 것은 아니다. 하나님은 인간이 그분 이상의 것을 추구하도록 만드셨다. 하나님은 경이로운 겸손을 발휘해 사람들이 창조주와의 관계에서만 만족하지 못하는 무언가를 만드셨는데, 이는 이해하기 어려운 일이다"(*Intimate Allies*, 146).
9. Allender and Longman, *Intimate Allies*, 161.
10. Allender and Longman, *Intimate Allies*, 78.
11. 내 책 *The Glorious Pursuit*에서 자세하게 논의했다.

13장 두 가지 사명

1. Dietrich Bonhoeffer, *Letters and Papers from Prison* (New York: Macmillan, 1972), 347-348.
2. De Sales, *Thy Will Be Done*, 20.
3. De Sales, *Thy Will Be Done*, 46.
4. De Sales, *Thy Will Be Done*, 47-48.
5. De Sales, *Thy Will Be Done*, 85.
6. Helmuth James von Moltke, *A German of the Resistance: The Last Letters of Count Helmuth James von Moltke* (London: Oxford Univ. Press, 1946), 51.
7. Anatoli Boukreev and G. Weston DeWalt, *The Climb* (New York: St. Martin's, 1997), 142.
8. Piper, *The Biblical View of Sex and Marriage*, 78.

에필로그 : 부부란 무엇인가?

1. Alexander Yelchaninov, "Fragments of a Diary: 1881-1934," in *A Treasury of Russian Spirituality*, Oliver, *Conjugal Spirituality*, 53쪽에서 인용됨.
2. Oliver, *Conjugal Spirituality*, 24쪽에서 인용.
3. Oliver, *Conjugal Spirituality*, 75.